名人身影

《老照片》编辑部 编

山东画报出版社

济南

图书在版编目（CIP）数据

《老照片》精选集. 卷二. 叁, 名人身影 / 《老照片》编辑部编. -- 济南：山东画报出版社, 2025. 3.
ISBN 978-7-5474-4798-7

Ⅰ . K260.6

中国国家版本馆 CIP 数据核字第 2024HG0942 号

MINGREN SHENYING

名人身影

《老照片》编辑部 编

策　　划	冯克力
责任编辑	赵祥斌
装帧设计	王　芳　刘悦桢

出 版 人　张晓东
主管单位　山东出版传媒股份有限公司
出版发行　山东画报出版社
　　　　社　　址　济南市市中区舜耕路517号　邮编 250003
　　　　电　　话　总编室（0531）82098472
　　　　　　　　　市场部（0531）82098479
　　　　网　　址　http://www.hbcbs.com.cn
　　　　电子信箱　hbcb@sdpress.com.cn
印　　刷　山东临沂新华印刷物流集团有限责任公司
规　　格　160毫米×230毫米　32开
　　　　　　15印张　327幅图　300千字
版　　次　2025年3月第1版
印　　次　2025年3月第1次印刷
书　　号　ISBN 978-7-5474-4798-7
定　　价　98.00元

如有印装质量问题，请与出版社总编室联系更换。

出版说明

　　问世于1996年底的《老照片》，向以"定格历史，收藏记忆"为宗旨，勉力观照百多年来人类的生存与发展。经累年出版，已然成一回眸过往的窗口、民间史述的平台。

　　2017年，值《老照片》出版二十年之际，编辑部曾编纂了一套《老照片》精选集，包括《重回现场》《风物流变》《名人身影》《民间记忆》四种，系从已出版的第1辑至第110辑《老照片》里甄选而成。

　　这次推出的四种同名精选集，乃其续编，故以"精选集·卷二"名之。所选篇目，悉出自第111辑至第150辑《老照片》。

　　今后，随着《老照片》丛书的陆续出版，未来或有"精选集"之卷三、卷四……相继推出，亦未可知。

《老照片》编辑部

2025年1月

1

目录

从出访到寓居：周馥的三次青岛之行

王 栋

近日，研究者在淄博云志艺术馆馆藏老照片中，发现了一组1904年10月山东巡抚周馥奉命前往南京署理两江总督时，顺访德租青岛，并观礼驻防德军阅兵的照片。这些从未公开的珍贵照片，不仅让今天的人们能直观地看见历史，而且引出了周馥从出访到寓居、三次来到青岛的往事。

出访：主政山东后的"破冰"之旅

1904年10月，大清帝国的官场上发生了一次不大不小的人事变动。署理两江总督的江西巡抚李兴锐（1827—1904）卒于任上后，由直隶总督兼北洋大臣袁世凯（1859—1916）保举，山东巡抚周馥（1837—1921）奉命署理两江总督。两年前，这个淮军文书出身、能写一手好字的安徽布衣刚从四川布政使升任山东巡抚。虽然周馥督鲁时间不长，但其在任期间治水患、减赋税、办实业、兴教育……对这个儒家文化发源地的近代化推进有目共睹，对此后十余年齐鲁大地的政治、经济、文化等方面产生了深远的影响。而这不仅与他在19世纪70年代以来追随李鸿章帮办洋务积累的丰富经验有关，更与他1902年12月擢山东巡抚不到半年的青岛之行有关。

显然，这次被后世赞为"破冰暖冬"的青岛之访在周馥上任之初就已开始筹划。对谙熟洋务的周氏来说，1897年11月因德国占领胶州湾如鲠在喉，怎样妥善应对就成了他履新之后亟需解决的问题之一。这次史无前例的出访在时任德国胶澳总督都沛禄（Oskar von Truppel，1854—1931）看来，

图 1　1904 年 10 月，周馥在青岛跑马场观礼德军阅兵仪式前，在德方翻译魏理慈（H. Wirtz）协助下，与德方人员交谈。中间白须者为周馥，其身边戴礼帽者为翻译魏理慈

图 2　1904 年 10 月，德国胶澳总督都沛禄在阅兵仪式前，与周馥及其随行官员进行交流。中间着军装的德国人为都沛禄

也是一个"几乎无法令人相信的愿望"。因为德国海军对胶州湾的突袭和占领，再加之义和团运动和高密筑路之争，"几乎使分别坐镇济南的山东巡抚和青岛的德国总督之间不可能有任何交往"。对于周馥这次从济南主动抛向青岛的橄榄枝，让胶澳总督府有些措手不及。尽管有些居心叵测的观点认为，周馥此行是"想对这块德国保护地来个精神上的占有"，但德方却没有理由"拒绝这次友好的访问"，于是"在采取了一些秘密的防备措施之后，访问的要求到底还是接受了"。

当时人们曾推测周馥的姿态是基于这样一种动机，即"如果双方能怀着相互信任和良好愿望，而不是互不信任和彼此孤立，那么双方都能取得更大成效"。其实，周馥前往青岛的目的大概要复杂得多，除"亲眼看一看当地的境况"，对这个距离济南府三百多千米的德国租借地有个基本的了解外，后来周馥联名袁世凯上奏朝廷，史无前例地在济南、潍县和周村同时开辟商埠，也应视之为此次出访的目的和成果。

至于周馥在这个寒冷冬天的行程，尽管中德双方均有较为详细的文字记

图3　1904年10月，德国海军第三营军乐队的礼仪正在进行行进表演。周馥回到济南后，仿效德军组建了一支军乐队

图4　1904年10月，踢着正步接受检阅的德国第三海军营步兵方阵。图左侧可见周馥正举手遮阳观看阅兵

图5　1904年10月，斜背毛瑟步枪、统一骑乘白马的德国第三海军营骑兵方队

图6　1904年10月，德国海军第三营的重机枪方队在两名骑马军官的引领下接受检阅。图右侧可见一名摄影师的背影

图7　1904年10月，全副武装的德军士兵和威力巨大的马克沁水冷式重机枪。日俄战争期间，俄军从德国进口了这种型号的机枪，给予进攻旅顺要塞的日军以巨大伤亡

载公开，但迄今未发现任何当时的留影却令人费解。根据史料显示，此次出访的时间和路线是从光绪二十八年的十月廿九（1902 年 11 月 28 日）开始，由小清河乘船到羊角沟出海至烟台，十一月初七（12 月 6 日）至威海，初八（12 月 7 日）抵胶州。周馥一行来到青岛后，德方遂"派员迎接，礼貌周备，供张颇盛"，并将此时正在德国休假的管理中华事宜的辅政司单维廉（Wilhelm Schrameier, 1859—1926）的官邸腾出以供周馥下榻。访问期间，周馥曾与都沛禄举行了数次正式或非正式的会谈，除了谈及一些关于济南与青岛关系的具体问题，周馥还在为其接风的正式晚宴上强调"即使青岛已被租借给德国，但仍属于山东"，同时"鉴于（双方）机构联系的缺乏，周希望通过外交访问的方式，加以弥补"。在接见青岛的华商时，周馥谈到促进青岛与山东贸易关系的措施，也提到了在青岛设立中国领事机构的积极意义，他还提议派遣一位中国官员调解商人之间的争端或协助处理诉讼。但对此，都沛禄在稍晚的会晤中表示了异议。

应汉学家卫礼贤（Richard Wilhelm, 1873—1930）之邀，周馥在青岛期间还参观了刚刚开学两年的礼贤书院。由于时间有限，虽然没法观看学生们提前准备的演出，但周馥提议组织一次有奖的作文比赛。对此学生们非常高兴，他们从上午 9 点一直等到下午 5 点，最终周馥到来后，向优胜者颁发了一百五十元的奖金。而卫礼贤之前提出的，礼贤书院的学生在经相应考试后可进入山东大学堂继续深造的建议也得到了正式认可。此外，周馥还在山东铁路公司的安排下，乘坐火车前往潍县，参加了潍县至昌乐区间铁路的开通仪式。

结束此次为期三天的青岛之行后，周馥辗转省内多地，于 12 月 20 日才回到济南。在随后上奏朝廷的密折中，周馥提到了自己在青岛的见闻：

> 德人经营不已，土木之工日数千人，洋楼大小几近百座；修街平道，种树引泉，以及电灯、自来水、机器厂等，德国岁拨银三四百万两。此外，建筑码头、修造船坞和炮台，闻估一千数百万两，大约三五年后始能粗备。

周馥还认为，德国营建青岛的目的在于：

> 窥其意旨，以振兴商务、开采矿产为本，而以笼络中国官商为用。深谋远虑，愿力极宏。在我视为租界，在彼以视若属地。

显然，周馥已清楚地知晓德国人已将青岛视为己有。而条约签订后，生活在租借地的国人受制于德国管理，也很难提出异议。对此周馥提出"内修戎政，外固邦交"的策略："惟有讲求工商诸务通功易事，与之相维相制，而因以观摩受益。"

周馥这次主动出访"为山东巡抚出巡胶澳之始"，开启了双方持续十年的对话与交流，周馥的继任者之中，杨士骧（1860—1909）、吴廷斌（1839—1914）、袁树勋（1847—1915）、孙宝琦（1867—1931）皆曾到访青岛。

作为友好与积极的响应，胶澳总督都沛禄在次年3月前往济南进行了回访。而之前德国方面对周的猜忌与戒备，也被"他那真诚坦率和健康的幽默感立刻扫去"。对于双方始自周馥的互动，《胶澳发展备忘录》的编撰者也

图8　1904年10月，接受检阅的德国海军第三营野战炮兵方阵。当时驻青岛德军配备的是77毫米口径的轮式轻型速射野战炮

图9　1904年10月，参与检阅的德国海军第三营野战炮兵和牵引火炮的骡马车

图10　1904年10月，在阅兵现场的一侧，几个盛装的德国女士正在饶有兴趣地骑马，骑马姿势还是欧洲女性传统的侧骑式

认为，"与中国当局保持这种十分友好的交往，为中国人对保护区德国人的信任提供了保证，同时也对山东省产生了良好的作用。"

告别：途经青岛的履新之行

两年后的 1904 年 10 月，周馥再一次来到了青岛。不过这次并不是正式的出访，而是告别之行。对于周馥的此次到来，中德双方均无更为翔实的文字记载公开，但相对较多的图片资源可以让人们在百余年后的今天大致了解这位年逾古稀、须发皆白的老人在青岛的活动轨迹。

根据 1904 年的《北洋官报》所记，周馥在 11 月 16 日（十月初十）将代表着军政大权的印信交接给护理巡抚山东布政使尚其亨（1859—1920）后即前往周村，并计划于 11 月 21 日（十月十五）从青岛乘坐"新济"轮前往上海。

此时距青岛改旗易帜的胶州湾事件已过去了七载。这一年，大港 I 号码

图 11　1904 年 10 月，阅兵式观礼席上，精彩的表演吸引了盛装出席的男男女女纷纷站立观望。看来彼时已经有了折叠椅。远处伊尔蒂斯兵营的营房和起伏的丘陵清楚可见

图12　1904年10月，观礼结束后周馥似乎被阅兵卷起的风沙迷了眼睛。旁边是德方已备好的送其前往码头的专车

头于3月6日正式竣工启用，连接青岛与省城济南府的山东铁路（今称胶济铁路）也在6月1日全线贯通。当时出版的《胶澳发展备忘录》曾这样评论："租借地的发展在各个方面都取得了可喜的进步，尤其是新建大港和铁路对贸易与交通的推动作用越来越显而易见。"彼时之青岛，俨然已成黄海之滨一颗冉冉升起的新星。除却这两件在青岛城市发展史上的大事，1904年，中德两国还在北京签署了《续立会订青岛设关征税办法附件》，胶澳总督府、欧人墓地、植物试验场，以及崂山的梅克伦堡宫疗养院相继开工建设，《青岛及其近郊指南》《青岛新报》《德亚瞭望》等书籍报章也先后出版发行。德国人在青岛不遗余力地投资与建设，让这座位于边隅之地的渔港小镇渐渐呈现出了一幅新兴都市的图景。

　　周馥再次莅临青岛，胶澳总督府照例给予了甚隆的礼遇。这一次，他被安排住进了威廉皇帝海岸（今太平路）的海因里希亲王饭店。除了和都沛禄

图 13　1904 年 10 月，德方人员与已经乘坐上马车的周馥和随从交谈话别。左三为周馥，左四为魏理慈

总督在其位于奥古斯特·维多利亚湾畔（今汇泉湾）的官邸进行会晤，还与青岛的军政官员、宗教领袖等合影留念。周馥还饶有兴致地观看了德方在占地广大的跑马场（今汇泉广场）为其准备的阅兵仪式。

　　这组照片显示，这次颇为正式的阅兵不仅有礼仪性质的军乐队行进表演，还有踢着正步的步兵方队、统一驭马的骑兵方队，更有马车拖拽的马克沁重机枪方队和野战炮方队。显然，德方是在尽地主之谊的同时，也顺势耀

图14 1904年10月，陪同周馥观礼的随行官员，左侧几位大人的恭敬之情溢于言表

武扬威地向周馥和随行中国官员展示德意志强大的军事力量。这次在彼时青岛难得一见的阵仗，引来了大量的德籍侨民围观点评。一时间，在这个秋冬季节略显荒凉的广场之上，有了难得的热闹与人气。今天，我们已经无从知晓周馥在这块中国领土上观礼德军阅兵时的心情，大概是五味杂陈之中的难以名状吧！

寓居：赋诗怀旧中的乐得其所

在青岛仅住了一天，周馥就登上了前往上海的轮船。12月5日（十月廿九），他在南京接过了两江总督的印信。两年后，六十九岁的周馥又被任命为闽浙总督，但尚未成行，旋又调补两广总督。次年四月十七日，周馥接到"上谕两广总督开缺，另候简用"，遂"于交卸折内奏明回籍就医"。

退隐后的周馥居于安徽芜湖，辛亥革命后，为避乱世兵火，周馥偕家人四十余口自上海北上，又一次来到了青岛。与前两次的出访和转乘不同，这回周馥在今湖南路、蒙阴路路口处的自家大宅门里当起了寓公，这应该与他第一次来青岛的见闻有着很大关系。在暂居的三年里，除了继续与卫礼贤等人的友好往来，周馥还与吕海寰（1842—1927）、陆润庠（1841—1915）、赵尔巽（1844—1927）、劳乃宣（1843—1921）等寓居青岛的年过古稀，且经常往来的前清官员自组"十老会"，他们常聚在一起赋诗怀旧，也算乐得其所。时在天津开办纱厂的四子周学熙（1866—1947）也常来看望父亲，并认为德人治下的青岛可为"久居之地"。1913 年，周学熙买下了沧口的原德华缲丝厂旧址筹建棉纺厂，并"向德商瑞记洋行（Arnhold Karberg & Co.）订购了英国爱色利斯纺纱机五千锭，但货未到即战起，日本出兵围攻青岛……"战事又起之后，周馥又偕家人前往天津。"一战"结束后，周学熙"以全部

图 15　1904 年 10 月，周馥一行与送行的德国军政官员话别

图16　1904年10月，周馥一行由大港登船前往上海。从跪在登船梯旁的卫队人员的号衣上可以看出，周馥这次青岛之行的警卫工作已由两江总督府负责

厂产作价三十万元，并另醵资凑足一百二十万元作为青岛华新纱厂资本。此时因原订纱机因瑞记洋行停业，遂改向美商美兴公司订购美国怀丁厂纱机，先为一万五千锭，后续加五千锭"。1919年年底，这家被誉为"我国民营事业之巨擘，执华北纺织业之牛耳"的纱厂才正式开业。而回到天津这座曾经的北洋系兴起之地的周馥一直过着远离纷争、含饴弄孙的平静生活，不过他还是不断地用文字叮嘱子孙"待人以厚，齐家以俭，治学以儒，处世以善"。1921年10月21日，八十三岁的周馥故于天津。

（图片由云志艺术馆提供，原载《老照片》第134辑，2020年12月出版）

刘鹗及其子女的两张照片

穆 公

刘鹗抚琴照

本人手头这张老照片，细算一下，至今已有110年了。照片不仅提供了100多年前北京照相业的有关信息，更令人们感兴趣的是，照片中的人物竟是收入《辞海》的近代名人、《老残游记》的作者刘鹗（铁云）。

照片尺幅为14厘米×20厘米（约相当如今8英寸的照片），粘贴于24.5厘米×31.5厘米的印花硬纸板上。纸板的印花相当精细，用赭石色线条和花卉图案围成边框，中间用于粘贴照片。下边框空白处有"虎坊桥东路北沈德昌照相馆"字样，值得注意的是，这一排紫色的宋体字似是用铅字蘸印色手钤上去的。笔者猜想这种印花纸板，是各照相馆通用的，并非一家专利，为作区分故用手工钤上照相馆名称和地址，并作宣传。

照片中的人物有三，中坐抚琴者即刘鹗，右边弹琵琶者是刘鹗的古琴老师张瑞珊，左边年轻的持箫者是刘鹗第四子刘大绅。照片是在一个草木扶疏、绿树成荫的花园中拍摄的，背景是一堵覆有琉璃瓦的古色古香的围墙，近处许多盆栽枝繁叶茂，花朵绽放……此处看似某王府或富家花园之一隅。

笔者查阅到了刘鹗丁未年为《十一弦馆琴谱》写的叙（序），文中有一段这样的描述："……乃于最繁最盛之区之侧有蝶园焉。铁云所赁以居者也。有山，有池，有楼以望月，有台正对西山之爽翠。有大树合三人抱。室中有三代秦汉以来金石文字，有唐宋元明书画，有四朝古琴。每当良辰景美，铁云鼓琴，张君弹琵琶，赵君吹箫，三人精神与音韵相融化，如在曲江天下第一江山山顶。明月高悬，寒涛怒涌，尘嚣四绝，天籁横流，人耶琴耶？情耶景耶？俱不得知而知之矣。苏若兰之言曰：'非我佳人，莫之能解。'"陶靖节之言曰：'此中人语云，不足为外人道也。'"

这段描写不仅告诉我们刘鹗在北京租了一所大宅门，庭院中的景色绝美。而且描绘了他和朋友在美景中抚琴奏乐的精神境界，这不由使人想起《老残游记》中对音乐出神入化的描写，原来作者是有深厚现实生活基础的。

据《铁云先生年谱长编》记载：

> 光绪三十三年　丁未　公元一九零七年　五十一岁
> 五月由南方到北京，住板章胡同。
> 为琴师张瑞珊刊印其所著《十一弦馆琴谱》并作叙，述其渊源和成就。

由此可推断，上面所描写的花园即北京板章胡同一老宅——蝶园。

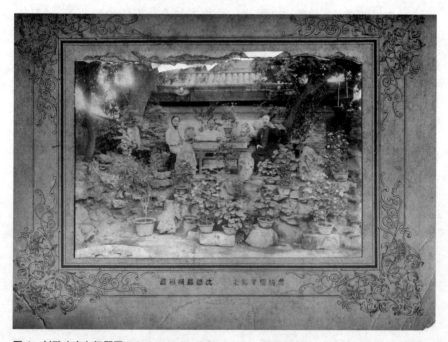

图1　刘鹗（中）抚琴图

最后有两点还要说明一下：

第一，为什么笔者认定照片中那年轻人并非"赵君"，而是刘大绅呢？因为笔者是大绅公的外孙，年少时就生活在大绅公膝前多年，也见过大绅公许多旧照。此外，赵君（子衡）是铁云公二十余年之莫逆交，年龄应更长些才对。

第二，这张照片是室外照，可见当时沈德昌照相馆是可以扛了照相机上门服务的。铁云公《乙巳日记》（1905年）七月二十一日有如下记载："下午千佛岩落成，招王、赵来观并吃晚饭。"铁云公的亲家罗雪堂曾说："在板章胡同（铁云先生）将所藏造像嵌在院中假山上，名为'千佛岩'，恰好我有事去京，王效禹、方药雨也从天津来了，铁云先生请我们在家吃午饭，看他所得的《崔敬邕墓志》，在'千佛岩'前照了一张合影……"（详见《我和〈老残游记补篇〉》第54页）由此可见铁云公拍户外照不止一张，早在抚琴照前二年就有千佛岩四人合影了，但是否沈德昌照相馆拍的就不得而知了。

刘鹗子女照

介绍过刘鹗百年抚琴照后，再说说另一帧老照片。

这帧照片也是祖辈留下的遗物，照片高14.7厘米、宽20.5厘米，粘贴在一张24厘米×29厘米的硬纸板上，纸板呈浅灰色，有凹凸感的暗花纹。下部有烫金繁体"宝记"二字，两侧各有一手写花体英文，一为"SHANGHAI"，另一英文词语不识。多年来我并不知照中人是谁，故有与己无关的感觉，不是很重视。有一年，我突然想到把照片的翻拍件传给长我三岁的表哥向他请教，但他也不认识。表哥拿照片请他六叔（我的六舅）看，六叔眼神不好，正在仔细端详，一边的六婶眼尖，一眼就认出并大叫着："这中间的女士是我二姑妈哎！"奔八高龄的老太太"一语中的"，解开了这张老照片的谜底。

六婶是太谷学派第三代掌门黄葆年的孙女，她的二姑妈就是刘鹗（铁云）的女儿刘儒珍。照片上的六男一女正是刘鹗的子女，对我们来说，都是爷爷辈的老亲，其中也包括了我的外公刘大绅。

据有关资料记载，铁云公有六个儿子、四个女儿。长子大章，字伯著（右一坐者），本是铁云公哥哥渭青先生的第三子，过继给铁云公的。曾赴日本留学，获政治学学士学位。铁云公为他捐过一个候补通判，后他在密云县衙门做过科员。五十岁时因脑溢血病逝。

二儿子叫大黼（音 fǔ），字扆（音 yǐ）仲（左一坐者），王氏生，但从小不学好，嫖赌都干，后来又吸上了鸦片，晚年住苏州定慧寺给和尚抄经度日，后死于苏州。

三儿子名大缙，字建叔（右一后立者），衡氏生，是个忠厚老实的人。曾在上海青年会学过英文，入股上海蟫（音 yín）隐庐书店，同时管理淮安田园，往返于沪淮之间。铁云公继妻郑氏晚年即他终养的。

四儿子大绅，字季英（左一后立者），茅氏生，是国学大师罗振玉的长婿。早年在日本留学，攻读西方哲学，回国后任中华书局编辑，又在金城银行天津总行及附属通城公司、诚孚公司等处任职，退休后一心钻研易学，著述颇多，是太谷学派第四代传人的佼佼者。

五子大经，字涵九（前排左一立者），茅氏生。上海中法工商学校毕业。历在各铁路局工作，晚年行医，医道很好。是铁云公医学继承人。

六子大纶，字少云，王氏出（前排右立者），也曾在上海中法工商学校就学，后不务正业，染有毒瘾，曾在国民党军队做一小军官，被日军俘虏，其后不详。

四个女儿中只有长女儒珍（中坐者）成人，王氏出。嫁黄葆年次子黄仲素。其他三女均早殇。

照片中的人物搞清楚了，要考证照片拍摄年代也就容易多了。据《铁云先生年谱长编》记载：

> 光绪二十二年　丙申 1896 年（铁云公四十一岁）
> 四月初六，第五子大经生，茅氏出。
> 光绪二十六年　庚子 1900 年（公四十四岁）
> 三月二十日，第六子大纶生，第三妾王氏所出。

图2　刘鹗子女合影。约摄于1904年或1905年

　　观照片上的大经八九岁年纪，大纶更小五六岁的样子，依此推论，照片应拍于1905年前后。

　　然而《长编》中"光绪三十一年 乙巳 1905年"（铁云公四十九岁）条又记载道：长子大章赴日本留学。二月十二日"大章今晚上船"。二十五日"接大章大阪来信云身体甚好，饮食能惯，甚慰余心"。《长编》作者说明："著伯先生赴日留学，初入大阪商船学校，所以到大阪。后来则转入早稻田大学政治科。"既然长子大章这一年离开了上海东渡留学，所以照片不可能是1905年2月12日之后拍的。从着装上看照片中人着的是冬衣。可见拍照时应在1904岁末或1905年初，或正因为大章要赴日才拍了这张姐弟照以作纪念呢。

　　至于此照的拍摄地点，照片的底板上明确印有"SHANGHAI"字样，与今日上海的汉语拼音恰相吻合。底板正中烫金的"宝记"二字，也帮助了我们查找到此店的来历。

据上网查阅：晚清期间，上海最有名的老照相馆非"宝记"莫属。网文曰："我们今天尚能看到的清末人物肖像照，也以印有'宝记'馆铭的居多。宝记的老板叫欧阳石芝，广东新会人。他是康有为的学生，性喜交游，一般文人雅士多喜欢去他那里拍照，并常常爱在照片上题词写诗。这种喜好成为当时文人墨客的一种时尚，欧阳石芝也因此被称为'最有书卷气的影楼老板'。'宝记'创办于1889年，乃欧阳石芝接手原丽华照相放大公司的设备而开设。约五十年间'宝记'曾先后在南京路上搬迁了多次……"

至此，又一帧经历了112年的老照片可以肯定了。它比"抚琴照"还要年长两岁。它提供给我们丰富的历史信息和文化内涵，当然，还有待于我们进一步考证和了解。

（原载《老照片》第113辑，2017年6月出版）

莫理循与"至好"黄中慧

林冠珍

穿过一片枫杨林，美丽如画的安徽歙县西溪南村出现在眼前。村里有一座正在修缮、尚未开放的古民居，精致的砖雕门楣上刻有"宝善堂"字样；两只倒立的石狮子，雄踞在大门两侧，尽职地拱卫着大宅院；楼门外墙呈八字形张开。导游说，古时官宦人家的府第才有这样的形制，就是俗话说的"衙门八字开"。

在楼的外墙上，有一个说明牌：

宝善堂

始建于明朝末年，为清状元黄思永的祖宅。黄思永，光绪六年（1880）状元，他建议国家发行证券，将民间闲散资金回归国库以增强国力，但未被采用，故弃官经商，成为整个北方商业的领袖人物。他心系百姓，捐资赠银，建桥铺路，施粥济民，受恩师翁同龢举荐，再次入朝为仕，担任"中国工艺商局"局长，并发行了中国历史上第一支股票——招信股票。毛主席曾亲切地称赞他是中国商业第一状元，他也是中国历史上第一个弃官经商的官员。此宅就是在他高中状元之后，在祖宅原有基础上进行扩建而来。

黄思永？想起来了，2006年，我曾在天涯论坛的"近代风云"栏目里以"惊见黄思永长子黄中慧的照片"为题发的一则短讯："最近福建教育出版社出版的《莫理循眼里的近代中国》大型图片集中收有一张黄中慧的照片，非常清晰，请有心人转告其后人。"2005年底这本书出版后，笔者对莫理循收藏的人物照片充满好奇，总想更多地了解照片主人公的生平事迹。

图 1　黄中慧（约 1872—？）赠与周自齐的肖像，摄于
1905 年。据徐家宁先生考证，这张照片拍摄于青岛容彰
照相馆。这家照相馆至少在 1900 年以前就营业了，留
下不少老照片

黄中慧是其中之一。查阅了有关民国辞典，都没有查到此人，在网上寻觅，
可看到不少有关黄思永的介绍，顺带提及他儿子黄中慧："他努力学习，善
于接受新思维和新事物，而且教育其子黄中慧学英文，学西方科学技术，并
送黄中慧赴美国深造，黄中慧后成为他兴办实业的得力助手。"其他皆语焉
不详。莫理循收藏的黄中慧照片，看上去像是一位俊朗的戏曲小生（图 1），
而所附信函的书法也颇有可观之处（图 2）。于心不甘，想，如果能找到黄
中慧的后人，就可以了解到黄中慧的更多信息吧，于是在互联网上发了上
面这条消息。

　　十几年过去了，会不会有黄中慧新的信息呢？有没有人注意到我发的
这条消息呢？果然有些吉光片羽。有学者感叹，黄氏父子"堪称北方地区颇

图2　光绪三十一年五月卅日（1905年7月2日），黄中慧写信给中国驻美参赞周自齐，引荐莫理循

具代表性且富有影响力的绅商。然而既有研究对黄思永关注较少，其子黄中慧更湮没无闻。……关于黄氏父子生平的记述，散见于清末民初各野史笔记、杂著中"。神龙仍然现首不现尾。在有关国民党元老张静江描述中得知：1901年，时年二十四岁的张静江在北京，与年长他五岁的黄中慧一见如故，即义结金兰。以此推测，黄中慧约生于1872年。

黄中慧与"辛亥关东革命第一人"张榕

重读《莫理循眼里的近代中国》和《清末民初政情内幕——〈泰晤士报〉驻北京记者、袁世凯政治顾问乔·厄·莫理循书信集》（以下简称《莫理

图 3　赵尔巽（1844—1927），辽宁铁岭人。清末民初政治家、改革家。历任安徽、陕西按察使，甘肃、新疆、山西布政使，湖南巡抚，盛京将军，四川总督，东三省总督等职。1914年任清史馆总裁，主编《清史稿》，为袁世凯所封"嵩山四友"之一

CHAO ERH SUN

循书信集》)，对照沈嘉蔚先生对黄中慧做的简注："黄中慧，赵尔巽（图3）幕僚，在1904年时署理度支部务，前湖南巡抚（1902—1904在任）。他与莫理循有一些通信。莫理循在日俄战争末期复黄中慧的一封信里，对中国人的反日言论作了激烈的反驳，为日本军事当局辩护。但在后来他改变了这种态度。"显然，沈嘉蔚先生也未查到黄中慧的资料，他采用的是《莫理循书信集》编者骆惠敏先生对黄中慧的注："赵尔巽的幕僚，当时署理度支部务，前湖南巡抚。"研读有关资料后发现，这是误译，是赵尔巽署理度支部务（户部尚书），并曾任湖南巡抚，而不是黄中慧。《莫理循书信集》中，收录了黄中慧1904年11月13日从北京工业讲习会致莫理循函一封，莫理循1904年11月16日、1905年5月29日回复黄中慧函两封。沈嘉蔚先生说的"莫理循在日俄战争末期复黄中慧的一封信里，对中国人的反日议论作了激烈的反驳，为日本军事当局辩护"，指的是1905年5月29日的这封。

　　这封信的背景是，东北志士张榕在光绪三十一年三月二十七日（1905年5月1日）写信给黄中慧，报告日俄战争后期东北的惨状、东北官僚的腐

败及日本人所犯的罪行。这封信被黄中慧长期珍藏，附有马万里、吴景濂、梁漱溟、张继、李煜瀛等十五人题跋。黄中慧临终前将此信辗转给了张榕的姐姐张桂的养子秦诚志。1989年此信被辽宁省博物馆收藏，是国家一级文物。

张榕，辽宁抚顺人。在青少年时，张榕目睹沙俄在东北的侵略暴行，立志改革社会的思想逐渐萌芽。1903年张榕赴北京，住在东单观音寺张家的至交世仁甫翰林家，到译文馆学习俄文。这期间，结识年长他十二岁的黄中慧。黄中慧精通英语、日语，曾游历日本和欧美，醉心欧美式的民主政治，反对专制皇帝，他们志趣相投，成为忘年交。1904年日俄战争爆发，张榕弃学回乡，与热血青年在兴京（今辽宁新宾）、海龙一带组织"关东独立自卫军"。1905年7月下旬，张榕又回到北京，创办秘密刊物，鼓吹革命。结识吴樾，成为生死之交。1905年9月24日，清政府派遣五大臣出洋考察宪政。吴樾、张榕在北京前门车站拟炸五大臣，吴樾当场牺牲，张榕逃跑后被捕。

张榕被捕后，世仁甫联合朝野的东北籍知名人士，共同奏请保救。黄中慧电告直隶总督，愿以全家性命做担保。黄中慧又请父亲黄思永帮助解救。黄思永和太监总管李连英交好，用重金向李连英行贿。李连英跪求慈禧太后："张榕是家里的孩子，是兴京人，年轻不懂事，请老佛爷恩典恩典吧！"得慈禧太后同意，将杀头罪改为叛逆罪"永久禁锢"。

张榕入狱不久，和典狱长王璋结成莫逆之交。1908年夏，王璋带着张榕越狱逃亡到日本。到东京后，张榕结识了孙中山，加入了同盟会。为了不忘黄中慧、世仁甫的救命之恩，张榕易名黄仁葆。

1910年秋，张榕由东京返回大连，联络革命党人掌握的关外民军，准备武装起义。未及实行，武昌起义的消息传到东北，张榕立即从大连转入奉天，与咨议局局长吴景濂商议联合革命志士，逼迫东三省总督赵尔巽反正，宣告独立，未果。1912年1月23日，张榕被赵尔巽、张作霖合谋暗杀，时年二十八岁。孙中山在南京为张榕举行了盛大追悼会，称他为"辛亥关东革命第一人"。

张榕的一生，迅如火花。1904年日俄战争爆发，他才二十岁，正是对生活充满各种幻想的年龄，却因外敌入侵，涂炭家园，他以青春和热血甘当反帝反封建的先锋。在日俄战争后期，1905 年 5 月 1 日，他在给黄中慧的信中悲愤地写道：

> 弟至沈后未得一函，所寄他处之函件均为邮政送回，盖日军不准在沈华人与他处通信。机关滞碍奈何，奈何？而日人虐遇华人于斯，可见一斑。战地无公法，信然，信然！
>
> 沈垣风景大异从前，反不如俄军驻临之时，实为意料不及。日人骄气不可向迩。每日军人四处淫掠。有至军政署控告者，军政官裁判动云："亡国之民何顾廉耻。"军政主官实为小山，小山专恃虐遇主义。奉天华官依然衮衮，无一人敢与争者。小山向人宣言"战地无公法，战地无交涉"。奉省官场凤善媚外，不亦从而言曰无公法，无交涉？哀哉，我东三省！哀哉，我中国！合东三省官场凌迟之不足以谢东三省之人也。
>
> 前奉人议开报馆，已为日军政署所阻，不讲情理。只云"不准开办"而已。
>
> 计由辽河至沈阳计九十里，沿途村落，半归一炬。一村中所幸存者仅数间破屋，炮弹或洞其壁，或摩其顶，其余都成瓦砾一片而已。……一路所见，除日工兵、日运车以外别无所有。最动目者，野犬数十争食之未收之死人死马之余骨。近沈城之停车场，火尚未熄，闻之有腥气。此中强俄，葬此不知凡几。惨矣哉！以此推之，当时之惨杀狂战实令人心悸。
>
> …………

这封信近一千八百字，字字血泪，声声控诉。黄中慧抄录一份给时任英国《泰晤士报》驻北京记者莫理循，希望他同情中国人民的苦难，委托他将信交给日本驻华公使馆，以制止日军在中国东北的罪恶行径。莫理循将信交由巴克斯翻译成英文给他看。（图 4）

巴克斯，就是著有充满着"幻想的性生活"的《太后与我》、自诩是慈禧的英国小情人的那位。莫理循不懂中文，1899 年在一次总税务司赫德的家庭酒会上认识了比自己年轻十一岁、会流利汉语的巴克斯，十分高兴，遂开始了长期的合作。巴克斯不仅为莫理循提供中文方面的情报，也替他将有关中文报刊、诏书等内容译成英文。莫理循对巴克斯多有依赖。但后来莫理循发现了巴克斯有惯于欺骗的一面，对他产生了厌恶。不知巴克斯的翻译是否真实、准确地表达了张榕的意思，莫理循看后，对张榕的言论恼羞成怒，极为不满。1905 年 5 月 29 日，他武断粗暴地给黄中慧回复说：

> 我已经仔细地阅读了你非常好心让我看的奉天来信。这封信显然是由一个在奉天待了很短时间的人写来的，而且我相信此人非常愚昧无知、脾气也很暴躁。不论怎么讲我都信不过这封信中的话，它给人的一切感觉都是不真实的。由于日本人对往来信件进行些限制（这在军事上是绝对必要的问题），你的通讯人员把这件事说成是日本人苛待中国人的一个例子，然而这是正当要求，是所有人，中国人以及外国人都必须服从的。
>
> 我决不相信放手让日本兵在这个城里奸淫掳掠的故事。我决不相信有人告状时，日本宪兵司令会说出"亡国之民已无羞辱之感"的话。
>
> 日本宪兵司令禁止在奉天筹办报纸，这是非常正确的。那个地方是在日本军事占领下，他们是那里的主人。
>
> 这是一封彻头彻尾的有害的信，在我看来，这是一个彻头彻尾的坏人写的。如果日本人发现他从奉天寄出了这样的信，而奉天目前正处于日本人的戒严令之下，他们会理所当然地把他枪毙。

莫理循不但没有同情中国人民正在遭受的战争涂炭，没有正视张榕所报告的现实，反而暴跳如雷，极力为日本人辩护。他明确告诉黄中慧，不会按他的要求，将信转给日本驻华公使馆，解释说："因为那样只是有害而无利。务必请你原谅我这样给你写信，因为我以为作为你的朋友，你希望我告诉你实话而不是欺骗你。"

莫理循的战争

莫理循何以如此失态？缘于他是这场战争的煽动者和鼓吹者。国际舆论界有把日俄战争称之为"莫理循的战争"的说法。

1897 年 3 月，莫里循抵达北京，正式入职《泰晤士报》常驻北京记者。7 月至 11 月，他奉命接受报社的第一个采访任务就是赴西伯利亚、中国东北考察俄国铁路建设情况。当外界多数人都不知道横跨西伯利亚的铁路路线走向哪里时，莫理循已敏锐地发现了俄国人的野心，这条铁路的终点是中国的旅顺口（俄称亚瑟港），俄国人想尽量把铁路往南延伸，把越来越多的中国东北地区和俄国的领土相连接。

1898 年 3 月 5 日，莫理循从李鸿章的英文秘书毕格德处得到情报，俄国向中国提出十分专横的要求：俄国必须享有旅顺口和大连湾的主权。为了能让中国方面做出让步，俄国驻华临时代办巴府罗富向李鸿章和张荫桓（总理衙门大臣）各行贿五十万两银子。莫理循立即写了一则电讯，刊发在 7 日的《泰晤士报》，题为"列强与中国俄国的要求"。而此时，英国政府还没醒悟，当天英国外交副国务大臣寇松在议会下院答复质询时却说："我们没有收到足以证实这些消息的情报。"

1902 年，英国和日本为维护其各自在中国与朝鲜半岛的利益结成了"英日同盟"，旨在反对俄国在远东扩张，都想保护他们在中国东北的贸易垄断权，阻止俄国在中国肆无忌惮地扩张势力。莫理循站在英国的立场上，尤其不愿意看到俄国在中国坐大。他说："要知道，如果俄国被击败，俄国在亚洲的势力就会大大减小，同时英国的势力就会大大加强。"他只要有机会，就鼓励日本挑战俄国，就连他《泰晤士报》的上司都觉得他太过分了，一再降低他通讯稿中鼓吹战争的调子，引起他的强烈不满。在俄国外交界中，人人都对莫理循恨之入骨。他在 1903 年 11 月 3 日的日记中写道："如果没有战争，我会哀叹自己在中国的工作失败了。"1904 年 2 月 8 日，日俄战争爆发。这一消息对莫理循来说是个大喜讯，他兴奋得几乎连字都写不出来了。

图5 乃木希典（1849—1912）。这张照片是日俄战争期间随军记者拍摄的。他的两个儿子都在这场战争中战死。1912年明治天皇去世后，乃木与妻子一道剖腹殉死

1905年1月2日，旅顺口被日军攻陷。莫理循作为推动日俄战争的有功之臣，应邀陪同乃木希典（图5）及其参谋部官员参加入城仪式。莫理循骑上高头大马，所有人都对他"满嘴恭维个不停"。他与乃木将军及其将领一起坐在十字台桌旁，一边享用着日本清酒、美食，一边观看焰火、化装剧表演，其中一个装扮成俄国军官，傻模傻样地跳舞出丑。万岁的欢呼声响彻云霄。1905年1月25日，他在《泰晤士报》刊发了长篇通讯《旅顺城内的见闻》，详细叙述了俄军投降后旅顺口的状况，极力美化日军"把火力对准了码头、港口中停泊的舰船，极少在建筑物上浪费弹药，显示了少有的人道主义精神"。日本方面对他感恩戴德。他把俄军的投降刻画成世界上最丢脸的一次事件。当时有人说，这篇通讯改变了全欧洲对俄国的看法。在这篇通讯

里，他觉得中国人并没有遭受战争的伤痛。他写道："旅顺城里平民状况良好，完全不需要外界的同情怜悯。平民在战斗中受到的伤害不值一提……留在城里的很多中国人都说自己受到了良好周到的对待。"

可想而知，莫理循如果认可张榕报告的中国东北战后的情况，就等于自掌耳光。

在日俄战争后期，美国罗斯福总统和英国政府都不愿意看到日本毫无节制地发展霸权。罗斯福总统担心，打了胜仗后的日本"会骄傲得趾高气扬，转而反对我们"，他出面斡旋，在美国新罕布什尔州朴次茅斯海军基地召集和谈。1905 年 6 月 23 日，《泰晤士报》电令莫理循赴美参加和会。所有人都认为这项任务是莫理循的荣耀，但莫理循心里却百般不乐意，他对上司说："从我个人讲，我强烈反对在这个当口和谈，我认为总统的行动对于日本是'干涉'和妨碍。……为什么要和平？我们从和平中能得到什么好处？在我看来，俄国败得越惨，它受的灾难越大，我们的地位会变得越好。"1905 年 7 月 3 日，他离开北京时，许多外交界的显赫人物到车站给他送行，其中有美国驻华公使柔克义、北京公使馆怀队司令官包沃上校、日本公使馆陆军武官青木上校等。

在莫理循"随身带了许多介绍信"中，就有一封是他出发前一天，1905 年 7 月 2 日，黄中慧写给清政府驻美参赞周自齐的引荐信（参见图 2）：

芝籇仁兄大人阁下：

久不通信，念甚。今有伦敦泰晤士访员毛利生君因日俄和事特来美都。此君于此次战事最称有功，于中日交涉持论公允，弟与之至好，特为介绍。将来和议开后，如有请其相助之处，不妨开诚布公，尽情相告，彼必能竭力助我。毛君此行，实我国之福也。附呈近来小照一纸，惠存为幸！

此颂矼安。

弟黄中慧顿首

五月卅日

同事诸君，特此致意。

图6　1905年8月5日，罗斯福总统和日本天皇及俄国沙皇的特使在美国朴次茅斯海军"五月花"号军舰上。左起依次为俄国首席谈判代表谢尔盖·维特伯爵及他的助手罗申男爵、罗斯福总统、日本首席谈判代表小村寿太郎男爵和他的助手高平公使

　　"芝簵"是谁，长期是个谜。直到2016年周自齐的孙子周政先生发了一则博客："据周氏族谱记载，祖父周自齐的表字是'巽斋'，而大家熟知的'子廙'是他的号。族谱上还记载了他的早期别号'芝簵'，他在同文馆学习时使用过这个别号。"这才真相大白。周政先生猜测：周自齐与黄中慧可能曾是京师同文馆的同学，或周自齐从京师同文馆毕业后在总理衙门工作时与

图 7　1905 年 8 月，美国朴次茅斯日俄和会期间合影。后排左一莫理循、左三美国记者塞缪·布雷斯，前排左四《泰晤士报》驻美国记者斯莫利、左五日本记者大西理平

黄中慧有过交往。事实上，周自齐在美国时已经停止使用"芝簃"，开始使用其他的别号了。

关于莫理循的中文名，音译有多种，信中的"毛利生"即莫理循。

黄中慧在给周自齐信中称自己与莫理循是"至好"，可见他们的关系不一般。黄中慧写这信时，距给莫理循看张榕的信不过一个多月，黄中慧无疑是希望日俄和谈，还中国东北太平。

这封信未收入《莫理循书信集》，黄中慧的"近来小照"和信也没有交给"芝簃仁兄"，而保存在莫理循的图片档案里。也许莫理循压根没有去拜访周自齐，黄中慧寄希望于"中日交涉持论公允"的莫理循"必能竭力助我""毛君此行，实我国之福也"的想法太天真了，中国人的诉求完全不在莫理循的考虑之列。1905 年 9 月 4 日，他持美国驻华公使柔克义的介绍信，拜见了美国总统罗斯福，从交谈中他清楚地知道，是罗斯福向日本施加了很大压力，使日本放弃了战争赔偿，达成《朴次茅斯和约》，令莫理循非常失望。他希望和谈破裂，把俄国彻底打垮，和谈成功了，说明日本"彻头彻尾"地投降了。

1906 年 4 月，莫理循从美国转道英国后回到中国，看到中国"新政"后的一些变化，及日本在道义上的失德和它对英国贸易的威胁，尤其是他到奉天考察后，实地感受到日军对东北人民的烧杀淫掠和野蛮的经济侵略，对中国、对日本的态度出现了明显的变化，转向激烈地批评日本。他的上司十分惊讶他的"180 度的大转弯"，鉴于英国和日本在 1905 年再次签订针对俄国的"英日同盟"，就压制不准刊发他的新见解，令莫理循十分委屈和恼火。所以沈嘉蔚先生在黄中慧的注里说：莫理循"对中国人的反日言论作了激烈的反驳，为日本军事当局辩护。但在后来他改变了这种态度"。

"横槊登坛"黄中慧

能与莫理循成为"至好"，一定不是等闲之辈。在《老照片》第一三五辑中《德国人拍摄的胶济铁路》一文中写到了黄中慧事件：1905 年 4 月 30 日，身穿洋装的山东道台黄中慧陪妻子坐胶济铁路头等车回青岛省亲。列车行至高密站时，德国人奥力虚站长误把他当作日本侦探，不由分辩，强行把他赶下车，交由几位兵士看押。当同车厢的人告诉站长，黄中慧是中国监司大员的真实身份后，奥力虚才发觉自己太冒失了，赶忙请黄中慧上车。黄中慧赌气："就留在高密，不走了！"最后不得已，胶济铁路的总负责人、胶济铁路主要设计师锡乐巴出面对黄中慧进行安抚，并撤了奥力虚站长职务，这事才了。在 1905 年 5 月 31 日出版的《申报》，以《详记黄观察被火车站长殴辱事（山东）》为题报道了此事。观察，是清代对道台的别称。道台，大致相当于现在的副省级官员。如此高官遭受洋人给予的奇耻大辱，青岛、上海还有其他城市的报纸也都争相登载了这一新闻并发表了评论。当时，全国正在掀起收回欧洲列强利权的运动，因此，这件事在社会各界反应极其强烈，

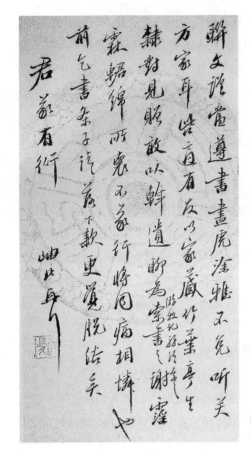

图 8 《清近现代名人书法与辨伪》载黄中慧手书

也使黄中慧一时成了报纸的主角。

　　笔者在孔夫子旧书网上购得一册《清及近现代名人书法与辨伪》，内收有一帧没有上款，也不知何时黄中慧写给友人的信（图 8）。编者辑有注：

　　　　黄中慧（清末至民国间），江苏江宁（今南京）人。字秀伯，一字岫北。黄思永长子。以道员分直隶，尝居长庚幕。后曾任职于驻日使馆及驻美国纽约使署。驻美时期，曾频繁与汪康年通信，曾上驻美伍（廷芳）公使条陈小吕宋领事用人行政机宜电稿（载《汪康年师友书札》第

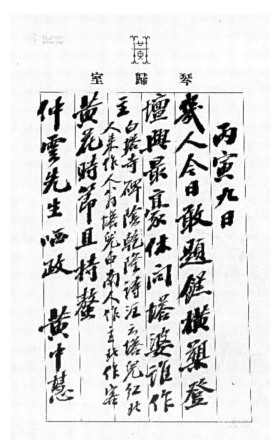

图9 黄中慧用"琴归室"专用
笺写的诗。日本学者西田养稼在
1918年出版的《琴归室诗钞》序
中夸说："黄君秀伯少以神童闻，
诗赋文章靡不擅场，尤以经学考
据著于世。"

三集），与陈英士亦为莫逆交。1905年曾在《华北杂志》第六期发表《敬
请中外同志预筹东三省善后策启》。著有《琴归室诗抄》不分卷，《琴
归室七绝》一卷等。（图9）

1905年10月1日《申报》有《长将军保举洋务人员赴伊犁（北京）》
一文："伊犁地方现在俄人觊觎交涉颇形棘手，长留守于二十六日奏调黄秀
伯观察及陆观察随往襄办洋务。闻黄秀伯久任美国领事，陆观察亦在俄国充
参赞官十有余年，可谓洋务得人矣。"

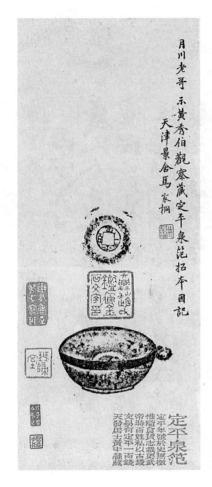

图 10　黄中慧收藏"定平一百"泉范拓本。上有马家桐题跋，称"月川老哥。示黄秀伯观察藏定平泉范拓本因记"

　　1905 年，黄中慧才三十三岁，已经是"道台""观察"了？黄中慧给莫理循的名片上的头衔也是 Taotai（道台），可是查了《清宫藏清代官员履历档案汇编》，并没有黄中慧的名字。笔者怀疑，会不会是黄中慧的富商老爹为他捐了个"候补道台"，为了避免解释起来麻烦，省略了"候补"二字？像张静江二十一岁时，其父以银十万两捐得二品候补道衔。1906 年 11 月 20 日《申报》载："新疆候补道黄中慧、江督武巡捕李炳寅、刑部主事王基磐前赴日本，来沪钟浚，由鄂至沪。"其中明确写有"候补道"。

戊戌年间，黄中慧与著名改良派报刊出版家、政论家汪康年多有通信。《汪康年师友书札》内收有黄中慧致汪康年信函 12 封。从信的内容可见，其虽然身处异国，却满满的家国情怀，热心国内各项维新事业。他对汪康年述说，随伍廷芳出使之事："慧之辞亲远游，志在学业（本欲习律例引法于伍宪，故有美洲之行），本非图名利，而家大人尤期望甚笃。临行嘱曰，须时时以君国为念，万勿为一家一身计"。其间"遍历长崎、神户、横滨、东京等区，默察其勃兴之故，又躧金山、锡加沽、华盛顿、纽约克，跨海而东拂英岛，经法都，天下显闻之国，阅过其半"，得以开眼看世界，体会各国兴衰大势。

黄中慧的父亲黄思永因喜谈洋务而被诬"通夷"被拘禁，后因八国联军入城，从狱中出逃，黄中慧亦因义和团运动爆发，从秘鲁告假回京。父子二人有感于八国联军入侵北京后，满目疮痍，流民失所，为赈济贫民，开振实业之风气，倡设北京善后工艺局。黄中慧在辛丑年五月二十九日（1901 年 7 月 14 日）给庆亲王奕劻的《倡议北京善后工艺局说帖》中报告：

> 联军入京，四民失业。强壮者流为盗贼，老弱者转于沟壑。一载于兹，殊堪浩叹。洋兵未退，有所慑伏，犹且抢劫迭出，几于无日无之。将来联军全撤，无业游民生计日绌，苟不早为之所，则民不聊生，人心思变，更何堪设想。今欲地方安静，必先为若辈筹其生路，然后继以峻法，使之进有所图，退有所畏。善后之策，如斯而已。兹谨拟工艺局章程若干条，防患未形，寓养于教，是否有当，伏乞。

并拟附了《北京工艺局创办章程》，共十六条，明确了开办工艺局的意义、业务范围、组织结构、资金来源、发展前景等。黄中慧的这个说帖成了晚清十年间各地掀起创办工艺局所浪潮的开端。北京工艺局开办后，由黄思永任总董（Director General），黄中慧任监督（Director），地址设在北京琉璃厂。

北京工艺局"兼采西法又辅以报馆学堂则民智易开"，还办了北方地区第一份白话旬刊杂志《京话报》，黄中慧任主编。设论说、中外新闻、海外拾遗等门类。提倡白话，鼓吹变法自强。自言创办宗旨为"开民智，消隐惠。只用京中白话，将紧要时事，确实新闻，择其于国计民生有所关繁者，著为论说，演得明白晓畅……以期引人入胜，而劝化感格于无形之中"。可惜这本杂志1901年9月创刊，11月便停刊了，只出了六期。在创刊号中《论创办这〈京话报〉的缘故》，黄中慧说：

> 试问咱们中国四万万人，这里头哪一个不是咱们大清国的百姓？既作了咱们大清的百姓，可就要知道这忠君爱国的四个字怎么讲。你们大家伙想想，咱们太后同皇上，现在到了陕西，吃也没（读作灭）有好的，穿也没有好的，为了这些百姓惹下这么大的乱子，带累他们母子二位。吃了多少的苦，呕了多少的气，还（读作孩）要替人家赔钱赔礼。你们到底知道不知道？这是谁的不是咧。我告诉你们说吧。咱们从前跟洋人打仗，打的不是一回，都可以说是洋人的不好，来欺负咱们。惟独这回

图11　1924年在南京，黄中慧的妹妹黄中纯（前排右三）与家人合影。后排右一为其当体育老师的丈夫冯公智，毕业于国立南京高等师范学校。从照片上可以看到，家人多数身着新派洋装，气度非凡

子的错，却是都在这边了……

像老太太一样唠唠叨叨，可谓苦口婆心，不忘"忠君爱国"。

《莫理循书信集》中收录的黄中慧1904年11月13日从"北京工业讲习会"致莫理循函，据核"北京工业讲习会"英文为Peking Industrial Institute，应译为"北京工艺局"。黄中慧给莫理循的名片上的地址亦是Director of the Peking Industrial Institute——北京琉璃厂工艺局。当时黄中慧为户部尚书赵尔巽的幕僚，代其向莫理循求教："亲爱的莫理循博士：顷奉大札，当即将台端忠告面陈赵尔巽大人。赵大人迅即决定放弃阁下未予赞同之计划。惟此间需款孔急，熟筹良策以补朝廷匮乏，实为重要。敢烦阁下设法襄助。赵大人伫候复音。黄中慧拜上。"莫理循于1904年11月16日回了一封长信，很耐心地回答了他为何"谴责采取大量发行有奖债券的办法来改进中国岁入的意见"。莫理循在信中还说："在中国，发展的机会是不可限量的。矿藏、铁路、公路、水路实际上全都没有开发。中国的货币是世界上最笨重又不便于使用的。"他们在信中讨论的都是高大上的国家财政大事。

笔者2006年在"天涯"上发的消息，还真引起了黄思永家族人的注意，有人写了博客，笔者联系上了博主冯力先生。得知：黄思永有六儿六女。原配夫人金氏生三男三女，继室（不知姓氏）生三男三女。黄中慧为长子。黄中慧同父异母的妹妹黄中纯的外孙子冯力先生致力于收集整理黄思永的族谱，可是仅查到黄思永六个儿女的名字。黄中纯在女儿（即冯力的母亲）十三岁时就去世了。鉴于众所周知的原因，家人对家世闭口不谈，唯恐引起灾难。关于黄中慧这一支，完全失去联系，下落不明。家里的老照片也悉数销毁。仅存的一张黄中纯年轻时和家人合影的底片，也被涂上墨汁。喜爱摄影的冯力先生细心擦去墨迹，重新冲洗照片，才见到真容（图11）。笔者还试图向辽宁省博物馆了解张榕给黄中慧信的收藏经过，寻找黄中慧信息，但因单位人事更迭，时间久远，已不知情了。

2020年2月18日知乎网发布一条没有句读的黄中慧小传，"求大神帮忙断句"，网友"冷眼看世界"很认真地跟帖，断句如下：

黄中慧，字秀伯，年四十二岁，江苏江宁县人。分省补用道，历充出使西班牙马得力随员，美国纽约华盛顿随员，考察美国各埠工商制造委员，阿蒙夏等处赴会随员，秘鲁国利马兼嘉理约正领事官，钦差庚子议约全权大臣庆亲王随员。蒙论入府当差，辛丑约成，力辞保案。蒙王特保道员。庚子九月，独力创办《北京新闻汇报》。辛丑，独力创办《京话报》。北京工艺商局创办人，热心公益，见义勇为，精英国语言文字。

这是笔者目前看到有关黄中慧最全面的介绍了，不知出自哪本典籍。"年四十二岁"，大概是 1914 年，仍是"补用道"还没有转正。1916 年陈其美被暗杀，黄中慧送了挽联："血肉相搏，我不如君，竟成谶语；樽俎折冲，世无知己，谁复欢迎"；1927 年李大钊遇害，黄中慧也送挽联："求仁得仁，公应无憾；以暴易暴，吾谁与归"。黄中慧与这些革命先烈有何交集？仍是个谜。

黄中慧在历史的波涛中时隐时现，他的每一条履历都折射出时代的光芒。

（感谢北京社科院窦坤研究员、复旦大学马建标教授、北京大学陈冰教授、福建师范大学涂秀虹教授、福建教育出版社杨桂丽编审、黄中慧的亲属冯力先生对本文的学术支持）

（原载《老照片》第 140 辑，2021 年 12 月出版）

珍贵的端方历史影像

徐家宁

　　2016年底，秦风老照片馆收藏了两张有关端方的珍贵历史照片。图1为两江总督端方（左）与江苏巡抚陈启泰的合影；图2是端方与多人的合照。在图2中，二排左数第八人是时任两江总督的端方，左数第七人是时任江苏巡抚的陈启泰，端方与陈启泰身后中间的是时任陆军第九镇统制徐绍桢，站在其左边胸前挂着多枚勋章的是时任江南陆军讲武堂总办的舒清阿，坐在前两排戴礼帽穿西式大衣的多是日本教习。

　　陈启泰，湖南长沙县人，字宝孚，号伯平、鲁生。道光二十七年（1847）生。同治六年（1867）中举，同治七年戊辰科二甲进士，选翰林院庶吉士，散馆授编修。同治十三年（1874）及光绪六年（1880）任会试问考官等，后改任监察御史。陈启泰在御史任内，以直言敢谏著称，被视为清流党，但也遭时忌而被调出，先任大同府知府，后移大名、保定，前后凡十五年。光绪二十三年（1897），陈启泰擢云南迤东道，摄布政使职。光绪三十一年（1905）调任安徽按察使，兼摄提学使。次年迁江苏布政使。光绪三十三年（1907）升任江苏巡抚。宣统元年（1909）五月病逝。陈启泰独生女儿陈征嫁给袁世凯第六子袁克桓（1898—1956），而端方女儿陶雍嫁给袁世凯第五子袁克权（1898—1941），因此端、陈二人也算关系密切，故有二人合影。

　　徐绍桢（1861—1936），字固卿，祖籍浙江钱塘，生于广东番禺。父徐灏。光绪二十年（1894）甲午科广东乡试举人，后为广西藩署幕僚，江西常备军统领，福建武备学堂总办。1902年奉派至日本考察军事。1904年受李兴锐提拔，任两江总督衙门兵备处总办，护理江北提督。1907年任新建陆军

图1　两江总督端方（左）和江苏巡抚陈启泰合影

第九镇统制，驻军江宁城关。1911 年 10 月 10 日武昌起义爆发，南京新军与旧军的江防军和缉私营冲突加剧。11 月 4 日，险遭两名满族军官怀枪行刺，后率部回应革命，在秣陵关起义。辛亥革命后历任南京卫戍总督、孙中山广东军政府广州卫戍总司令、总统府参军长、广东省长、内政部长。孙中山逝世后，曾短暂退隐。1932 年复任挂名国民政府委员。1936 年 9 月 13 日病逝于上海，葬南京麒麟门外小白龙山。

舒清阿（1877—？），字质甫，湖北荆州驻防旗人，汉军正白旗。初入湖北武备学堂学习，后被选派赴日留学，入成城学校、日本陆军士官学校中华队第二期步兵科，1903 年 11 月毕业回国，同年考中恩科举人。1904 年 10 月任湖北参谋营务处军谋学咨议官，1905 年任湖南新军第一标标统。后随端方出洋考察。1906 年随总督端方北上，调任两江督练公所总参议。1907 年 5 月成立江南陆军讲武堂，兼任总办。旋调北洋陆军任职，赏给陆军步队正参

图 2　端方（二排左八）、陈启泰（二排左七）等人合影

领，成为直隶总督袁世凯的下属。1909 年赴日观操，1910 年 6 月 23 日充北
洋督练公所总参议，记名陆军协都统衔，同年 12 月 1 日赏加副都统衔，后
任陆军部正参议官，1911 年 6 月 14 日任新军滦州会操西路军总统官。武昌
起义爆发后，任北军第一军参谋长，随军南征，旋任荆州副都统，1912 年 1
月 19 日，被任命帮办湖北防务。民国后任总统府军事顾问、陆军部军事顾问，
1912 年 11 月 26 日授予陆军中将，后曾与冯耿光、伍光建等去欧美九国考察
军事。

　　综合以上每个人的简历，这张照片应该摄于 1907 年冬，极可能是慈禧
太后万寿节（11 月 29 日）之时。这两张照片均由南京惟肖照相馆拍摄，根
据其英文店名"The Examination Hall Photographic Studio"，可知这家照相馆
位于夫子庙的江南贡院附近。据徐寿卿 1908 年出版的《金陵杂志》记载，
这家照相馆位于贡院大街，正如其馆名英文之推测，这里也是南京照相馆最
集中的地方，当时南京共有十家照相馆，其中六家都设在那里，有趣的是离
"惟肖"照相馆不远还有一家"惟妙"照相馆。照片中的端方面对镜头应对
自如，细看还会发现他手里握着一副眼镜。如果再仔细观察，图 2 中第四排
左边有三个人在底片曝光期间晃动了，因此人影模糊，摄影师在暗房对这张
照片进行了涂改，在这三个"虚幻"的脸上画上砖缝，让他们"消失"了。

　　原照片为黑白两色，由吴浚伊女士进行修图工作，再由徐丹语女士完成
数字彩色复原。此为秦风老照片馆从事历史照片彩色复原之时代工作的一环，
以推动中国老照片收藏、复原、编辑、出版和展览等工作继续向前迈进。

　　（图片由秦风老照片馆提供，原载《老照片》第 131 辑，2020 年 6 月出版）

国家图书馆藏苏曼殊历史照片考辨

张　萌

苏曼殊的身世之谜

苏曼殊本名苏戬，法号曼殊，生于清光绪十年（1884），卒于民国七年（1918）。他出生在一个商人家庭，父亲苏杰生（1846—1904）当时经营着中国和日本间的茶叶进出口生意。他的人生虽然短暂，但经历颇丰，这与他个人有关，也和时代背景脱不开干系。作为甲午战争后自费留日学生群体中的一员，苏曼殊在青年时期具有激进的革命思想，对推翻清王朝统治的革命运动及革命团体抱有极大热情，先后加入青年会、同盟会、拒俄义勇队、南社等有明确政治抱负的革命组织和文人群体，并以这些组织的机关刊物为主要阵地，发表诗作、译作。后因友人章太炎与刘师培反目、刘师培夫妇叛变革命等事件，对革命心生幻灭，后期虽不积极参与，却一直关注革命动向。

1903 年，苏曼殊出家为僧，此后虽以"衲""衣钵"等自称，却仍做俗世之事。喜研佛法，通梵文，编撰《梵文典》《初步梵文典》《梵书摩多体文》等著作。他自幼乐游善画，颇具天赋，一生画作虽多，却不为生计所用，皆应友人之求或情之所至而作，被称为"诗僧""画僧"，由此可见苏曼殊在文学和艺术上的造诣。由于苏曼殊特殊的身份和经历，交往圈子多为民国时期文化界和政界的名流，他一生中与友人的合影能牵扯出半部民国史。

国家图书馆所藏曼殊幼年的影像只有两张。一张为其坐于养母河合仙（1847—1923）膝上的照片（图 1），拍摄于 1888 年，时年四岁。另一张是其与日本的"外祖父母"的合影（图 2），小曼殊身着和服立于一对老夫妇之间，拍摄于同一年。这两张照片最早见于曼殊寄给好友刘三［即刘季平，生于光绪四年（1878），卒于民国二十七年（1938），因在家中排行第三，故称刘三。他是苏曼殊在日本成城学校时期的同窗，二人十分交好。曼殊挥金如土，囊中羞涩时便常向其告贷，刘三每每都慷慨相助。曼殊一生与其通信最多］的信中，照片的裱夹上标注着照片的冲洗地——江户（今东京）。和这两张照片一同寄给刘三的还有一张曼殊身着僧服的半身像（图3），以及河合氏的女儿——曼殊异父异母的姐姐榎本荣子（图4），她是河合氏与其第三任丈夫的女儿，裱夹封二有苏曼殊毛笔手书"扶桑造相捧赠刘三居士　慧龙寺曼殊"（图5），值得一提的是这四张照片的裱背上都有刘季平先生的毛笔手书，由于刘先生的书法是南社（1909年由柳亚子、陈去病和高旭成立于上海，取"操南音，不忘本也"之意）中的佼佼者，所以这四张照片的题记又不失为珍贵的手稿。

扉页刘季平毛笔手书如下：

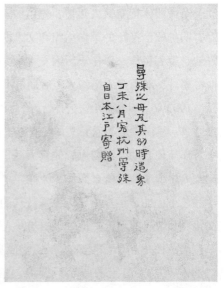

图1　幼年苏曼殊与养母河合仙合影及背面刘三手书

图2 幼年苏曼殊与"外祖父母"合影及背面刘三手书

丁未八月　予客杭州　曼殊自日本江户寄赠造象一帧　幼时与其外祖父母造象一帧　坐母怀造象一帧　姊氏造象一帧　徽告十方弟子　启文八册　曼殊学道有年　行将西谒梵土　顷留滞东京　一皈心于佛学　旁及绘事　走函索予序　其新著梵文典曼殊画稿二书　筇滕一截云　九年面壁成空相　自注余出家刚九年　万里归来一病身　泪眼更谁愁似我　亲前犹自忆词人　予因此感念曼殊于人间世事　厌弃殆尽　而天末故人独劳眷顾　相思不已继之以哭　曼殊可谓丰于昵者矣　予以何缘勾当至此　有滔如湖　有马如驴　有眼青白　有口胡卢　持此以谢曼殊　曼殊其破涕为笑也　刘三识

后有刘三钤印。

文中所提筇滕或系河合氏的陪嫁品。诗文"九年面壁成空相（自注余出家刚九年），万里归来一病身。泪眼更谁愁似我，亲前犹自忆词人"。原题：东来与慈亲相会，忽感刘三、天梅去我万里，不知剃（涕）泗之横流也。可

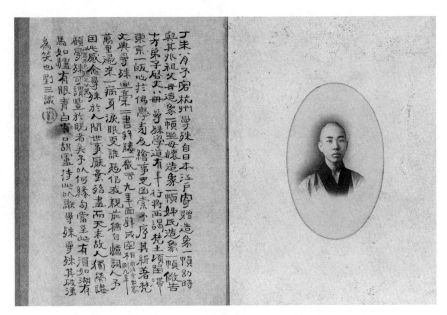

图3 苏曼殊僧服胸像。左为刘三手书

见曼殊内心孤苦飘零之感。天梅是高旭的字，生于光绪三年（1877），卒于民国十四年（1925），江苏金山人，中国同盟会重要成员，南社创始人之一，也是革命刊物《觉民》《醒狮》的创刊人。

于此，我们有必要谈谈曼殊的身世。关于曼殊的生身父母，说法不一。

第一说：为河合氏和其第一任丈夫所生。河合氏是继正室黄氏后嫁入苏家的妾，为日本本土人，在嫁给苏杰生之前曾嫁过一个日本人，而曼殊即她和前夫的儿子。

第二说：为一日本女子若子和苏杰生所生，但是若子在生下曼殊三个月后便离开了苏家，以致曼殊对若子其人毫无印象。所以曼殊心里把河合氏作为生母是自然而然的事情。虽然曼殊认为自己有中国血统（苏家）而否认第一种说法，但是跟苏杰生的关系一直都十分淡漠。

第三说：为河合氏和苏杰生所生。这是曼殊自己认同的观点。

第一种说法是可以否定的，河合仙是1873年嫁入苏家的，那时曼殊还

图 4　曼殊之姊榎本荣子

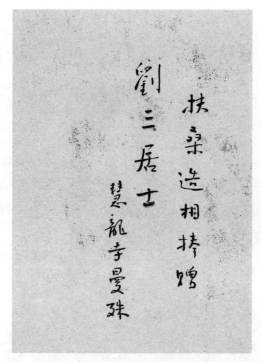

图 5　苏曼殊毛笔手书

未出生，她并不是带着曼殊嫁进来的。所以苏曼殊为苏杰生之子这点毋庸置疑，至于第二种曼殊生母是若子的说法，目前也只有口述上的证据。从曼殊的生平来看，与其有交集且作为母亲一样存在的人必为河合仙无疑。河合仙对曼殊尽过养育之责这点也是凿凿。图 2 中的这对老夫妇是河合仙的父母，如若他们真为曼殊的外祖父母，只在两种情况下才成立：其一，河合仙为曼殊的亲生母亲（这一点曼殊的庶母大陈氏是否定的）。其二，若子为河合仙的亲妹妹。关于河合仙和若子的关系，有传闻说是姊妹俩，若子在苏杰生和河合仙于日本的家中住过一段时间，并帮忙家中事务。笔者认为比较可信的一种观点是曼殊的生父为苏杰生、生母是名为若子的日本女性，河合仙是苏曼殊的养母。不过河合仙在曼殊六岁时就与其分开了，曼殊对此有童年的记忆，对她也有亲切感。直到 1907 年，时隔十八年后，曼殊在东京与心中的

图6　苏曼殊与河合氏合影

图7　图6背面手书

母亲再次晤面。这次见面对曼殊的意义重大，二人留下合影（图6），后被名号为宫内幸太郎的照相馆洗印出来，也置于这批照片中。背面有钢笔手书，应为曼殊的笔迹：

　　昔达磨（摩）南游东粤　有白衣老生者　对讲儒书　既而问曰　大师西来　东方圣人之言谛审否　达磨（摩）答曰　亦诚善哉　直是非而已　余思浊世昌披门户　齮龁猖狺嗷嗷　其见人也　进退一成规一成矩　从容一若龙一若虎　其谏我也似子　其道我也似父　明乎礼义而陋于知人心　非真无知也　无著菩萨曰　诸儿夫覆其一向显虚妄　是故余不欲接人　饭罢关门倚于檽梧而吟此　吾与慈母之幻影也　忆知己　刘三寂处　西湖书此　致之　亦证其心量耳　曼殊

图8　苏杰生胸像

前面洋洋洒洒一段参佛之所悟，后题款注明内容、手书地点和作者。说明手书是在归国后题于裱背的。

　　曼殊家人的照片中有两张其生父苏杰生的照片，不过都为同一底版洗印。照片为胸像（图8），苏杰生着中式衣服，头戴瓦帽。从图像上看，苏杰生和苏曼殊在容貌上有颇多相似的地方，比如脸型、嘴唇。苏杰生的姜室大陈氏（1868—1940）为苏家生了五个女儿，家人照片中就有一张曼殊妹妹们年幼时的合影（图9），但是曼殊本人并不在场。这张合影夹在木夹板中，上面还附有玻璃压板，照片一角粘于玻璃压片上且有些微损毁。照片背面贴有说明签，上毛笔手书标注"从左至右四姊惠芬　日本佣妇　三姊祝年　三庶母陈氏　二姊祝龄"。从生年来排，祝龄（惠龄）、祝年（惠芳）、惠芬（焕）都比曼殊小，故而这里的"姊"应该是对同辈女性的通称，并不是特别指称姐姐的意思。照片中惠芬的样貌尚小，还被佣妇抱于怀中，推测应该是拍于1895年苏齐出生以前。嫡母黄氏（1847—1923）育有一女苏燕，是为曼殊的大姐，其后便是同辈的第二个姐妹祝龄了。如此看来，曼殊同父的姐妹共有六人，分别为苏燕（1872—1907）、苏祝龄（1886—?）、苏祝年（1888—?）、苏惠芬（1890—?）、苏齐（1895—?）、苏惠珊（德西，1902—?）。

　　而与曼殊同辈的兄弟只有一个，即曼殊同父的哥哥苏煦亭（1875—1935，字子煊，名焯），他是苏家的长子、河合氏和苏杰生的儿子。他的照片有两张，一张为其胸像（图10），另一张就是他与儿子苏绍贤（1909—?）的合影（图11）。苏绍贤是苏曼殊唯一的侄子。合影中苏煦亭样貌尚年轻，

图9 苏曼殊家人合影。左起依次为苏曼殊之四妹惠芬、日本佣妇、三妹祝年、三庶母大陈氏、二妹祝龄

图10 苏煦亭胸像

图11 苏煦亭与其子苏绍贤合影。摄于1909—1910年

头戴瓦帽，着中式上衣，小绍贤尚在父亲怀中坐。苏绍贤有个妹妹名为绍琼（1913—1929），她有五张照片在柳亚子处，并捐赠至国图，拍摄于不同时期，可惜她同叔叔曼殊一样早逝，哀郁厌世致饮毒自杀，并留下四封遗书。苏家的后人中大概只有她一人与叔叔同好，喜欢文学，却多愁善感。她尤其喜欢三叔（嫡母黄氏生有一子苏焜，生于 1878 年，卒于 1883 年。曼殊行三，大哥苏焯，二哥苏焜）曼殊的作品，死后家人发现其枕边还留有《曼殊全集》两册，她生前也常说："世上与我情相同者，三叔之外，又有谁人哉？"柳亚子先生于 1939 年 11 月 7 日补记了四张照片的信息，包括拍摄时间、地点、照片中为何人，刚好可以用来作佐证：

民国八年正月　时年六岁　绍琼女士单人照（图 12）

民国十五年暑假　十三岁　和同学挚友何玉珍女士合影（图 13）

民国十七年二月十二日　十五岁　和冯秀霞女士在诹诹山山半同摄的合影（图 14）

民国十八年　十六岁自杀同年　独人照（图 15）

苏曼殊的家世及流传下来的家人照片大抵如上所述，他幼年和少年时期辗转中日几处生活，自幼缺乏父母亲的陪伴。虽然他出生在一个大家族中，但一直缺乏归属感，这种情绪在其日后的艺术作品与经历中都有所体现。

本文中刘三于"丁未八月"的毛笔手书、曼殊 1907 年在与河合氏见面后的留影裱背手书，以及曼殊兄长苏煦亭的照片、曼殊侄子苏绍贤的照片、曼殊侄女苏绍琼的照片和曼殊妹妹们的照片，在笔者目之所及，目前还未见于出版物。

图 12　苏绍琼幼年照

图 13 苏绍琼（右）与何玉珍合影

图 14　苏绍琼（右）和冯秀霞合影

图 15　苏绍琼半身像

作为革命者的苏曼殊

比起谜一样的出身和疏离的家庭关系，苏曼殊的交友圈倒是颇广。从赴日求学时期开始，他留下的照片以与友人的合影居多。

苏曼殊的故乡在广东省香山县沥溪村，这片土地在清末民初的中国具有重要意义。香山县不仅是中国第一个留美学生容闳的故乡，也在其影响下洋务派选派出了一批留美幼童。此后越来越多的留洋者从这里走出去，这里也逐渐成为中国的华侨乡，侨居和留学在这里是普遍现象。留学生们在国外甚至可以组成广东香山县同乡会。尤其是在1895年甲午战争失败后，北洋水师的全军覆没让清廷中改良派的官员们感受到了奇耻大辱。19世纪60年代，中日两国都开始寻求强国之路，中国发起了洋务运动，日本推行明治维新。三十多年过去，日中社会的发展在这几十年间拉开了显著的差距。甲午一战的失败，让朝野一致开始关注身边这个弹丸之国，1896年第一批赴日中国留学生才十三人，至1906年这个数字就变为了一万两千余人。留日风潮在国内十分火热，不仅有清廷派出的大量官费留学生，民间也有很多自费留学生赴日学习军事、技术等，渴望学成后回国效命，为中国富强寻求出路。

1898年，苏曼殊随表兄林紫垣进入横滨的大同学校学习，时年十五岁。这所学校虽然设在日本，但实际上是一所华侨为教育下一代而开办的私立学校，教授中、英文预科。苏曼殊在这里度过了四年的学习时光，国内局势也与他的留学生活紧密相关。这所学校的名字是康有为起的，里面任教的中英文教师也是康有为推荐的，其时他正在国内积极地参与变法，先是公车上书，又是百日维新，严重威胁到保守派的利益，中国驻日外交官唆使横滨的华侨社团首领破坏大同学校这个滋长维新思想的温床。1902年，大同学校的存亡进入紧急关头，林紫垣把苏曼殊和其从兄苏维翰一起送去东京读书。虽然二人不在同一学校，但是联系较为密切。1912年，苏曼殊从嗒班归国时曾在香港逗留，与苏维翰见过面，二人留下合影一张（图16），馆藏同底版照片有三张，其中一张背面有柳亚子钢笔手书"曼殊与其从兄墨垒合影 季春摄于香港 原片藏曼殊从弟维骏处"。

图 16　苏曼殊（右）与从兄苏维翰合影。摄于 1912 年

1902 年对留日中国学生来说是不平凡的一年。是年 4 月，革命党人章太炎在东京召开集会，积极宣传革命。七八月份东京发生了震惊留学界的成城学校入学事件（朝廷视自费生为乱源，限制其进入培养陆军士官的成城学校，最终事件上升到抗议的留学生代表"以死上谏，换取留学生民权自由之思想"的地步。在清驻日公使的请求下，此举被日本政府制止，并将其遣送回国。其根本还是革命党与清廷之间的矛盾）。这年冬天，留日学生和青年革命志士便成立了中国青年会。苏曼殊进入成城学校后也加入这个具有鲜明革命色彩的群体中，秦毓鎏处藏有一张青年会在当时拍摄的合影（图 17），曼殊位于后排左数第五个。这里面大多数人都是早稻田大学的学生，比如秦毓鎏、冯自由和苏曼殊。他们也积极参与留日学生运动，钮瑗、秦毓鎏和张肇桐在成城学校入学事件中就曾作为学生方代表，对运动的推动起到一定的作用。合影中也有中国共产党创始人之一陈独秀。国图馆藏此照片背面钢笔手书如下文字：

壬寅冬青年会摄影　在日本东京（秦毓鎏藏）　自左而右　先上后下　1 胡景伊（文澜）　2 金邦平（伯平）　3 □□　4 汪荣宝（衮父）　5 苏子谷　6 萨端（韵坡）　7 王嘉驹（伟人）　8 蒋震方（百里）　9 华鸿（裳吉）　10 嵇镜（涤生）　11 吴绾章　12 □□　13 钮瑗（翔青）　14 □□　15 □□　16 谢晓石　17 潘赞化　18 秦毓鎏　19 陈由己（仲甫）　20 熊慕蓬　21 周宏业（伯勋）　22 张肇桐（叶侯）　23 □□　24 董鸿祎（恂士）　25 董伟堂

此外，馆藏亦有这年留下的广东留日学生合影一张（图 18），照片背面有柳亚子先生钢笔手书：

壬寅年广东留东学生摄影（后排从左至右）"香山苏子谷即曼殊""鹤山冯瑞岐""鹤山黄润贵""香山杨梦波""鹤山王霈霖"（中排从左至右）"鹤山冯斯栾""香山郑华星""南海冯懋龙　自由""南海罗籍刚""香山苏维翰　墨垒""香山唐玉书"（前排从左至右）"鹤山黄锡权""香

图17　壬寅年冬青年会在日本东京合影。后排左五苏曼殊，前排左四陈独秀

图18　广东留日学生合影。这幅摄于壬寅年（1902）的粤籍留日学生合影，其中有苏曼殊
（后排左一）、冯自由（中排左三）、苏维翰（中排右二）、冯斯栾（中排左一）等革命学生

山张文渭""花县汤时敏"

时间和空间恰到好处的碰撞，促成了苏曼殊卷入这个改写了中国历史的革命群体。首先他是广东香山县人，赶上了甲午后的留日热潮，而同乡兼革命之积极推行者孙文把寻找革命新生力量的目光放了留日学生身上。1900年，随着义和团事件、自立军起义和惠州起义的爆发，清政府的统治摇摇欲坠，激进分子多流亡到日本并群集东京。革命思想在日本留学生中间迅速蔓延，使他们成为革命的新兴火种。其中诸多革命人物都与苏曼殊有交集，如宫崎寅藏、邵元冲。1916年，他们同在西湖二我轩留有合影一张，图书馆藏有这张合影的翻拍照片，原照为裱卡照片（图19），原照上有毛笔手书如下：

　　左立倚栏者黄君真民　托腮而坐者曼殊大师　坐中座者邵君元冲　右坐者白浪滔天宫奇（崎）寅藏氏也　四君皆我旧友　民国五年宫奇（崎）君应同人之约来游卤（"西"的异体字，下同）湖　曼师邀其至二我轩留一小影　丁时余以他事不及陪　此照系寅藏氏临行贻我作纪念也　丙辰新秋　徐忍茹识于卤湖工程局之人倚楼。

通过这段文字可以获得一些信息，照片上左侧靠栏杆的人为黄真民，托腮者为曼殊，坐在中间的是邵元冲，坐于右侧的是宫崎寅藏。这张照片为时任浙江西湖局局长的徐忍茹所题记，但他自己并未出现在照片上。这次西湖之游系宫崎寅藏应约而来，其间苏曼殊邀请同游的几个人一起到二我轩（杭州老牌照相馆，创建于清光绪年间，位于杭州湖滨路至平海路，专门从事黑白人像拍摄与人物写生绘画。1909年至1936年间在《申报》上刊登过广告，1933年在上海开设分馆）合影。民国初期，日本政府沿用对清末留日学生的积极接受、消极教育和利己管理政策，又要面对该政策带来的负面效应：留日者反日。这与其培养留日学生"亲日倾向"和借此扩大日本在华势力的目的相反。与此同时，北京政府希望日本政府协助监管留日学生的反复请求。因此日本政府以自身利益最大化为目标，既暗中调查、秘密监控留日学生中的政党势力、政治活动等，严防他们的"反日"活动，又同时采取选择性监

图 19　苏曼殊（左二）与邵元冲（左三）、宫崎寅藏（右三）等合影。摄于 1916 年

管，以被动、配合性的管理游走于留日学生与北京政府之间。1912 年 12 月
2 日，外务省收到密报：国民党在日本东京设立支部，派遣夏重民到日活动，
且已于 11 月 27 日在牛込区西五轩町清风亭召开支部成立大会，参会者百余
人，经过几轮演说，选举冯裕芳、黄真民为正、副部长，余祥辉任干事长等，
并在 决议宗旨、政纲后散会。12 月 9 日，外务省又接到密报：中国国民党
东京支部各省代表六十余人，在清风亭开会，重点讨论该支部关于《俄蒙协
约》应采取的对策和方针。密报中提及的国民党东京支部选举出的副部长即
为此次合影中的"黄君真民"，可见他也是留日学生群体中政治活动的积极
参与者。宫崎寅藏是日本的改革家，一直很向往中国革命，也是黄兴与孙中
山初识的主要牵线人，他于 1897 年即已主动结识孙文，深受其革命情怀的
感染，暗中筹资支持革命，并把他引荐给日本的政治家们。可以说辛亥革命
的胜利，离不开他的帮助。同游者邵元冲是中华革命党人，他于 1911 年留日。
苏曼殊在日本时就和该党派的几个重要成员关系交好，其中便有邵元冲。在拍摄这张照片时，苏曼殊已不再是那个沉浸在"海天龙战血玄黄，披发长歌览大荒"（见苏曼殊1903年离开日本时的诗作《以诗并画留别汤国顿》）情绪中的青年革命者，但是他与这些早期革命党人一直维持着亲密的友谊。

纵观苏曼殊的一生，革命思想在其1903年出家前有较为显性的表现，尤其是在他的旅日求学期间，这种思想很大程度上受到了当时环境的影响。虽然出家对苏曼殊来说是思想上的一个转折点，但是也不能断言他在这之后对革命就漠不关心了。陈独秀看他看得透彻，认为他的癫狂是装出来的，"若信了，就真的上了曼殊的当"。这件事也可以从苏曼殊的信札中得到证实，在噉班时期他仍关注着国内革命的动向，况且他的故识多为革命党人，只是受到了刘师培叛变，以及刘师培与章太炎关系交恶等事件的影响，对革命的希望一时间有所幻灭。

苏曼殊的友人圈及其出家始末

南社人与苏曼殊

说起苏曼殊的交友圈，南社人应为首要。南社这个在20世纪初盛极一时的革命文学团体，被誉为同盟会的宣传部，有反帝反清的政治纲领，为辛亥革命做足了舆论准备。孙中山在南京临时政府中委任了很多南社人以要职，南社的革命属性和政治抱负由此可见。而我们也恰恰是因南社创始人柳亚子先生，得来了苏曼殊的这些旧照。柳无忌在《柳亚子与苏曼殊》一文中谈及父亲为先逝的南社友人编撰集子，其中对苏曼殊作品的收集及其身后的考证最为长久，前后达十四年（1926—1940）。

1908年9月，即苏曼殊在江浙时期，与刘师培、何震及柳亚子等人留下一张合影，这张照片也能在柳亚子全集中看到，照片上的人都还是青年模样。柳亚子先生再次出现在与苏曼殊有关的照片中，就是在苏曼殊死后他去悼念扫墓时与曼殊墓的合影了，这样的合影不止一张。苏曼殊的墓地是1924年由南社人徐忏慧出资修筑的，故而这些合影应该摄于1924年以后。在《柳亚子选集》中收录了1928年写的《西湖谒曼殊墓有作》四首，苏曼殊已离世十载，柳亚子也开始为他做集子，只是仍感"难慰零鸿断雁人"。照片上

图20　苏曼殊与孙伯醇合影一。孙湜，字伯醇，安徽寿县人

除了柳亚子外，还有几位年轻女子，有可能是柳亚子的弟子。有墓碑的照片
或许是这次悼念时所拍。1944年和1945年柳亚子又写过悼念曼殊的诗，此
时曼殊已逝二十多年，竟还"入梦容颜故故亲"，可见苏曼殊在其心中的分
量。这点也能从他给苏曼殊的信中看出，1910年6月，即苏曼殊在喃班任教
时期，他去信向其索文，信中称其为"吾师"，语气谦和。他欣赏苏曼殊的

KANDA, TOKIO.

图 21 苏曼殊与孙氏昆仲合影。后排从左至右依次为孙伯醇、孙天逸
（字以同，安徽寿县人），前排从左至右依次为苏曼殊、孙景山

才气，"惊才绝艳美无伦"。关于苏曼殊在文学上的天赋，陈独秀也是赞许的。
他说苏曼殊学作诗很晚，先是跟章太炎学，可是老师并没有好好教，又跟他
学，他也未好好教，苏曼殊挑自己喜欢的诗书看又试着自己写，却越写越好，
实为天才。

另一位与苏曼殊交往频繁的南社人就是刘季平，即刘三。他和苏曼殊相

图 22　苏曼殊与马小进合影。马骏声，字小进，号退之，别号梦寄，广东台山人。曾为孙中山先生的秘书，后赴美国哥伦比亚大学留学，归国后在台湾做导演。摄于 1910 年

识于东京的成城学校，后来又加入了南社。馆藏虽然没有二人的合照，却因他们之间的书信获得了苏曼殊儿时的照片，以及曼殊遗墨的照片。在柳亚子交付北新书局校对的《曼殊全集》插图中，有一张《黄叶楼图》，为苏曼殊所绘。黄叶楼是刘三在沪郊华泾修筑的屋室，也是他的藏书楼，并且自号黄叶老人。他的夫人陆灵素曾记下苏曼殊绘黄叶楼的经过：

曼殊有回路过，一夕饭罢，画兴忽至，乃索胭脂至画碟中，曼殊且
画且谈笑，顷刻成《黄叶楼图》。又蘸墨作横幅，笔端胭脂未净，枯柳
残鸦，皆作紫褐色，诚奇笔也。

由于苏曼殊坦白直率的真性情，加上早年的留学经历，除与刘、柳二人
在交往中留下了数量较多的相关图像外，与南社中的其他成员也留有一些活
动或聚会的合照，现将整理出来的馆藏目录列于下（对照片中南社人的考证
参见柳无忌编《南社纪略》1983版，其中有以姓氏笔画为索引的南社成员名
单）：

　　1.《苏曼殊与孙伯醇合影一》（图20），拍摄地不详，拍摄年份不详，

图23　苏曼殊与叶楚伧、柳亚子、朱少屏等人合影。后排从左至右依次为苏曼殊、叶楚伧（原
名单叶、宗源，字卓书，号楚伧，别号小凤，江苏吴县人）、费公直（原名善机，字天健，号
一瓢，江苏吴江人）、柳亚子、朱少屏，前排从左至右依次为梁龙（字云松，一字云从，广东
梅县人）、田梓琴（字梓琴，号玄玄，湖北蕲春人）、景耀月（字秋陆，号太昭，别号帝召，
山西芮县人）、吕志伊（字天民，云南思茅人）。摄于1912年

有于上海兆芳照相馆洗印版，其中一张背面有钢笔手书"曼殊 伯醇同摄八月二十四日 戡志"；

2.《苏曼殊与孙伯醇合影二》，拍摄地不详，拍摄年份不详，有于东京江木照相馆洗印版；

3.《苏曼殊与孙氏昆仲合影》（图21），拍摄地不详，拍摄年份不详，有于东京工藤写真馆洗印版；

4.《苏曼殊与马小进合影》（图22），拍摄地不详，摄于1910年，有于上海名为 H. J. RICH 的照相馆洗印版，其中一张裱卡右侧有毛笔手书"小进燕影 造象捧赠 亚子足下"；

图24　苏曼殊抱婴儿与沈燕谋、郑同荪（郑之蕃，字仲鹈，号桐荪，别号焦桐，江苏吴江人）等合影。从左至右依次为应溥泉、苏曼殊、郑同荪、沈燕谋、傅盛勋

5.《苏曼殊与朱少屏合影》，拍摄地不详，拍摄年份不详，有于上海名为 H. Riches & La 的照相馆洗印版，朱少屏，号屏子，上海人，中国同盟会会员，曾任国民政府驻马尼拉总领事馆领事；

6.《苏曼殊与周小山、朱少屏合影》，拍摄地不详，拍摄年份不详，洗印地点不详；

7.《苏曼殊与叶楚伧、柳亚子、朱少屏等人合影》（图 23），摄于上海，1912 年，洗印地点不详；

8.《苏曼殊抱婴儿与沈燕谋、郑同苏等合影》（图 24），拍摄地点不详，拍摄时间不详，有于上海兆芳照相馆洗印版；

9.《苏曼殊与沈燕谋、郑同苏等合影一》，拍摄地不详，拍摄时间不详（与《合影二》为一天拍摄），洗印地点不详，后排从左至右依次为应溥泉、沈燕谋，前排从左至右依次为傅盛勋、苏曼殊、郑同苏；

10.《苏曼殊与沈燕谋、郑同苏等合影二》，拍摄地不详，拍摄时间不详（与《合影一》为一天拍摄），洗印地点不详，后排从左至右依次为傅盛勋、郑同苏、苏曼殊、施女士（乔义生之夫人）、乔义生；

11.《苏曼殊与邵元冲、宫崎寅藏等合影》，拍摄于西湖二我轩，1916 年，洗印地点不详。

僧人苏曼殊

僧人算是苏曼殊的一个身份，因为后来他也还俗了，可是还俗后常以"袈裟""衣钵""衲"等自称，又做俗世的事情，并不斋戒，行为上很随性。至于他出家受戒的经过或可称为一件轶事。1903 年底，苏曼殊经大同学校时期同窗冯自由介绍到了香港，暂住在陈少白主办的《中国日报》处，性格孤僻鲜语，居数月后，决意出家为僧，拜师受戒。于是在惠州一破庙落发为僧，可这庙实在是残破，主持老僧事必躬操，平日饮食均凭化缘，经常不能果腹，于是苏曼殊偷了师兄的戒牒，趁师父一日外出，随即取了其仅有的二角银洋出逃。钱全买了船票，饿了三天肚子才回到香港。来年筹到一笔钱，又出游暹罗（泰国）和锡兰（斯里兰卡），在这次出游中烧了戒疤并留下一张盘坐于树下的受戒相。

图 25　苏曼殊受戒照。摄于 1904 年

　　同年归国后，他在长沙实业学堂任教，还把这张照片给学生们看，说他是在越南某寺受戒的，他受戒是在臂膀上，不是在头上，这与中国的受戒是不同的，他的学生黄梦钧在《书曼殊大师》一文中提到过此事。图书馆的藏品中也有这张照片（图 25），尺寸不大，为 9 厘米 ×6 厘米的散片裱卡，裱卡背面有曼殊的毛笔手书"暹罗造幻影一幅，捧赠刘三足下　曼殊"。这样苏曼殊烧戒疤的地点就出现了两个，一个如黄梦钧所述是越南，一个是苏曼殊留下的毛笔手书暹罗。首先可以肯定的是曼殊的戒疤是在这次暹罗、锡兰的出游过程中烧的。其实受戒和烧戒疤并没有必然的联系，然而唐代以后，随着度牒的大量发行，出家人的身份比较复杂，有些人为了逃避徭役而加入僧人队伍，为了整肃僧团，主持传戒的大德议定了受戒燃顶的做法，作为终身之誓，沿用至今，便成为汉僧受戒的标记。由此可见，苏曼殊在臂上的戒

图 26　苏曼殊僧装照。摄于 1915 年

疤并非在国内所烧。烧身、烧臂一是为了供养诸佛，二是为了消除业障。至于苏曼殊受戒的地方到底为何处，仅凭这三条证据并不足以判断，因为他自己所言所书未必可信（苏曼殊堂弟苏维骎在柳亚子给曼殊做考证时曾去信言"曼殊信札及杂记中所云各弟名字，家中并无此人，想是他的同道人也"。馆藏中有其题为与"季弟""桂弟"诸弟合影若干张，经考证，也并非苏家的人），况且苏曼殊这次出游是独行，所以这张照片的拍摄地实为难辨。之后上海兆芳照相馆（自威海分设上海，1899 年成立，1914 年 12 月 22 日首次

出现在广告中，位于英大马路泥城桥堍，馆主史流芳。1915 年 12 月 19 日新
屋落成，重新开业。1949 年 2 月 1 日，最后一次出现在广告上）重新冲洗过
这张照片，外装帧做了裱夹，目前馆藏共有四张同内容的受戒照，裱背有曼
殊手书的一张，上海兆芳照相馆洗印的有三张。由此，也可以看出照片的真
实性隐藏在文本之下，当面对一张全然陌生的人物照时，图像的意义则由记
录照片的文本而生成。而悖论在于文本不能作为图像真实性的全然保证，当
出现如上述情况时如果没有柳亚子先生后来的考证，后人很可能把与现实不
相符的意义赋予图像。所以，摄影表面上是反映现实，但实际上摄影影像自
成一个世界，企图取代真实世界（桑塔格语）。

　　除了受戒照，苏曼殊还留有一张后世常见的僧装照，这张照片也被柳亚
子先生选为《曼殊全集》第一册的插图。馆藏中有各种规格和装裱形式的同
内容照片，其中有一张照片（图 26）是 1915 年在东京洗印的，照相馆或馆

图 27　苏曼殊与长沙实业学堂学生合影。摄于 1905 年

图 28　苏曼殊与徐忍茹等人在南湖合影。摄于 1916 年

主的名字为 J. HASEGAWA，HASEGAWA 是日本姓氏长谷川的罗马拼音，J
应该是名的缩写。另有着袈裟而执扇与长沙实业学堂的学生合影一张（图
27），苏曼殊坐于正中，照片背面钢笔手书"乙巳夏长沙实业学堂摄影（秦
毓鎏藏）"。秦毓鎏是曼殊在早稻田大学高等预科（1902 年冬）读书时的同
窗，二人同为青年会成员，并留有于东京合照。乙巳年是 1905 年，为曼殊
出游受戒后的第二年，这张照片前文所述学生黄梦钧也有一张，但"所藏已
佚去"，馆藏两张，一张本为秦毓鎏所藏，应为柳亚子为苏曼殊做集子时从
秦处得来，另一张是同底版在无锡的惠生照相馆扩印而成，裱卡装帧。目前
馆藏的苏曼殊着僧服照片仅有此三种底版。还有些照片苏曼殊并未着僧服，
但是在照片的注释中被他人以"僧""大师"相称，可见他的僧人身份在友
人中也是被认可的。比如苏曼殊与徐忍茹等人 1916 年在南湖的一张合影（图
28），是翻拍照片，原照下方题有"丙辰月圆后七日，偕高僧曼殊、张参谋、
岳军伉俪暨内子，同游南湖，酒阑，特摄此影，以留纪念。庶不负金风亭长

棹歌诗云：自从湖有鸳鸯目，水鸟飞来定是双。书此以博同游一叹也。忍茹识"字样。上文中提到的柳亚子在苏曼殊墓前的合影注释名称亦为"曼殊大师西湖墓塔图"。

苏曼殊擅写诗作画，又因其僧人的身份，被后人称为"诗僧""画僧"。他不难令人想起唐时的一位文人，即"诗中有画，画中有诗"的王摩诘。苏曼殊在给何震的《画谱自序》中也提到了王维，认为"山水画自唐始变"，李思训、王维画法分别代表北宗和南宗。但他个人比较欣赏王派的虚和萧散，有"惠能之禅意"。苏曼殊作画是无目的性的，多为应友人之邀而作，一生从未卖画。

2018 年香港苏富比春拍《曼殊上人妙墨册子》以 2881.35 万港币成交，创造了苏曼殊画作拍卖价格的历史新高。苏曼殊的照片是随着柳亚子先生的手稿一起捐赠给国图的，在这批手稿中亦有这本《妙墨册子》。苏曼殊的真迹目前存世者不足百件，原作大多流散各地。经统计，1907 年他在《民报》和《天义报》上发表了十三幅作品，1908 年在《文学因缘》上发表了九幅。国家图书馆所收藏的名家手稿中有柳亚子和柳无忌一同誊写编撰的《曼殊余集》（十三册），其中第十三册为插图类，里面所收曼殊照片、相关图像及作品十分详备。

（图片由国家图书馆提供，原名分别为《苏曼殊的身世之谜》《作为革命者的苏曼殊》《苏曼殊的友人圈及其出家始末》原载《老照片》第 131、132、133 辑，分别于 2020 年 6 月、8 月、10 月出版）

温秉忠与宋庆龄赴美留学

李鸿捷

近年来，史学界对 19 世纪 70 年代清廷派遣"留美幼童"的历史有不少的研究文章发表。其中述及幼童温秉忠时，不少文章会提到他在 1906 年偕宋蔼龄参加西奥多·罗斯福总统在白宫举行的招待会以及他在 1907 年护送宋庆龄、宋美龄姐妹赴美留学的经历。

据笔者考证，除在赴美行程中对宋氏姐妹的照应（一直将两姐妹护送至新泽西州 Summit 镇的 Potwin 学校）外，温秉忠在选派宋庆龄作为官费留学生时也是有所关照的。

2011 年秋天，牛恩美医生从美国回上海探亲访友时跟笔者见了几次面，牛医生向笔者展示了一些牛家收藏的老照片和文字记录，其中包括她的叔叔牛惠生回忆录的部分英文手稿照片版，笔者鼓励她设法发表以供后人参考研究。牛医生后来将英文手稿交给她的亲戚徐景灿，由徐与他人一起翻译后印刷装订成小册子分送亲朋好友。2014 年 3 月，徐也给了笔者一本。

在牛惠生回忆录中，讲述了 1907 年 5 月温家姨妈和姨父（指温秉忠夫妇）去牛家探望时告知两江总督选派官费生赴美留学的消息，以及如何安排倪家、牛家及宋家孩子去美国读书的经过。

在此，笔者先交代一下相关人员之间的关系及背景以方便读者阅读：

牛惠生父亲牛尚周娶了倪蕴山牧师的长女倪桂金，宋氏三姐妹的父亲宋耀如娶了倪牧的次女倪桂珍，温秉忠在原配夫人关月屏去世后娶了倪牧的三女倪秀珍，倪牧另有长子倪锡令及次子倪锡纯。牛惠生是宋氏

图1　温秉忠。摄于1907年

三姐妹的姨表兄弟。

　　温秉忠系第二批留美幼童，1873年赴美留学，就读于伍斯特理工学院。1881年清廷提前终止留美幼童计划后，温秉忠回国，在美国驻镇江领事馆服务过。后任两江总督端方的幕僚，1906年被指派为两江总督外务部门副主管（在两江总督府时，还担任过南京一家重要的教育机构的主管），1905年至1906年间作为高级幕僚随同清廷"考察政治大臣"

图 2　宋庆龄。摄于 1907 年

戴鸿慈和端方赴美国、德国及俄国考察宪政。1907 年 8 月，受端方委派护送官费生赴美留学。

　　牛尚周系第一批留美幼童，1872 年赴美留学，1877 年在马萨诸塞州的斯普林菲尔德市立高中毕业，转往波士顿等地的技术学院学习电讯、采矿和工程铁路等专业知识。1881 年回国，先在电报局工作，后在江南船坞机械厂任翻译员，后升任负责处理涉外事务的帮办。

宋耀如（即宋嘉树，原名韩教准）1877年到波士顿后，结识了两个常来其养父经营的丝茶号喝茶的中国留学生牛尚周和温秉忠。宋耀如信奉基督教，受洗后教名为 Charles Jones Soon（回中国后不久，又将 Soon 的英文拼法改成了 Soong）。之后，宋耀如进入有基督教监理会（Methodist Episcopal Church South）背景的北卡罗来纳州 Trinity 学院（杜克大学前身）和田纳西州 Vanderbilt 大学神学院进修学习，1885年毕业。宋耀如受基督教监理会派遣于1886年1月抵达上海，后任监理会"试用传道"及"巡行传道"在昆山、七宝、太仓传教。1890年10月，宋耀如脱离基督教监理会年议会后改当自由传道人。在上海定居下来后，宋耀如在虹口朱家木桥东有恒路（今东余杭路）牛家及倪家旁购地建屋相邻而居。宋耀如先是兼职售卖《圣经》，1890年在自家地下室里开办小型印刷厂印刷《圣经》，将公司取名为"华美印书馆"。有据可查的资料显示：1903年至1910年间宋耀如在上海的阜丰面粉厂任秘书兼翻译，1900年至1906年间宋耀如还至少在三所学校教过书。

在回忆录中，牛惠生提到他1907年进入上海圣约翰大学上一年级前，其兄长牛惠霖也在是年3月份去英国留学读医，而他父亲牛尚周收入微薄，同时负担两个男孩出国读书开销太大，他去美国读书的想法就打消了。牛惠生还提到温秉忠为倪锡纯申请到了在美国学习的奖学金，并想带他的妹妹牛惠珠一起去美国。

牛惠生提到安排宋庆龄、宋美龄姐妹赴美留学时的一句话引起了笔者的注意："在温家姨妈和姨父的关心下，他们（指宋耀如夫妇）能资助她们（指宋庆龄、宋美龄）的学费。"笔者对这句话的理解是温秉忠夫妇在财力上对宋氏姐妹留美有所帮助。对此，笔者跟《东成西就》的作者罗元旭作了探讨，他的回复是："这并不使我吃惊，因为温无疑是亲戚中最富有的。"

2014年4月，笔者跟牛恩美医生及徐景灿在上海见面时，向徐索取了英文版牛惠生回忆录，上面提到的那句"在温家姨妈和姨父的关心下，他们能资助她们的学费"的英文原文是"Under the care of Uncle and Aunt Wen, they could afford to do so financially"，英文含义也有些含糊，笔者也没有再深究。

图3　牛惠生及父亲牛尚周、母亲倪桂金合影。牛尚周孙女牛恩美供图

图 4　宋耀如和牛尚周等人合影。后排左至右依次为宋耀如、牛尚周、倪锡令，前排左至右依次为倪锡纯、倪桂珍、倪桂金、倪秀珍、倪蕴山夫人

后来，笔者在撰写《李子义家族与东吴大学》一文探寻杨豹灵留美细节时，参考了朱玖琳的文章《宋氏三姐妹是怎样赴美留学的？》（见 2012 年 12 月 17 日《生活日报》）。在进一步查阅监理会早期在中国的宣教资料时，笔者又不时读到宋教准（即宋耀如）的名字，由此触发了笔者进一步探究温秉忠是否在财力上对宋氏姐妹留美有所帮助的兴趣。

于是笔者将这个想法跟一位研究历史的朋友进行了沟通，她直接否定了这种猜测，理由是：宋耀如是一位成功的商人，很早就开始售卖《圣经》且获利颇丰，故女儿赴美留学无需他人资助。笔者则陈述了自己的理由：迟至 1900 年中国总共才只有八万五千名基督教新教教徒，至 1906 年也不过十八万不到，所以不能用国外售卖《圣经》的规模来作推测（监理会出版的 *Survey of the Field Facts and Figures for 1909* 一书中记录：监理会 1909 年在全中国的信众为 2321 人）；另据宋的外甥女牛惠珍回忆：当年在宋家的小型印刷厂里印刷好了的《圣经》是由倪桂珍做校对的，因此笔者认为印刷量也不会很大。故笔者推测宋耀如的财富积累应该是有一个过程的，1907年还不一定非常富有。然而，我们都没有能够说服对方。

此时，笔者在"历史新知网"上一篇题为"王季茝、胡彬夏、宋庆龄和曹芳芸曾是第一批被公派赴美的女留学生"的文章中读到一句"当时宋庆龄还不足15岁，如果没有其姨父温秉忠的关照，不会有这样一个机会赴美留学"。于是，笔者去查询了1907年这批留学生的年龄，结果令笔者大吃一惊。

从笔者找到的15名留学生中的13名（缺陈达德和杨景斌）的资料来看，在去除最年长的曹芳芸（36岁）和最年幼的宋庆龄（14岁）后，其他11人平均年龄为22.3岁。且大部分人已经有大学学习经历，有的已经大学毕业，甚至已经工作。

在"历史新知网"的这篇文章中，还提到"宋庆龄没有像胡彬夏、王季

图5　倪家的家庭合影。前排左至右依次为倪秀珍、倪桂珍、倪桂金，后排左倪锡纯，右倪嘉树。墙上图片为倪蕴山夫妇。倪锡纯儿媳史美芬供图

莒、曹芳芸一样入读韦尔斯利女子学院，而是先入一所私立学校补习英语，翌年考入卫斯理安女子学院文学系就读，可以说是沿着姐姐宋蔼龄的留学足迹前行的"。此卫斯理安女子学院即坐落于佐治亚州梅肯市由监理会创办的Wesleyan College，时年 18 岁的宋蔼龄在此上学。

笔者又搜索到了康静、李艳平的文章《中国第一位女化学博士——王季茝》（《中国科技史杂志》2012 年第 33 卷第 2 期），其中引述了两江总督端方当时的奏折内容，大意是：1906 年端方在考察美国各高校时，"威尔士利学院校长赠送中国三个女留学生名额，免收住宿费、学费和饭费。耶路大学（耶鲁大学）校长送中国三十三个留学生名额，免收学费。干尼路（康奈尔）大学校长每年送中国六个名额，免收学费"。1907 年 9 月温秉忠带领这些学生到达美国后，十一名男生直接进入耶鲁大学或康奈尔大学，"男学生胡敦复等十一名已一律收入，计耶路大学四名，干尼路大学七名"，但王季茝等女生未能顺利入学，"威尔士利大学以女学生胡彬夏、王季茝、曹芳芸三名，程度微有未合，令入附设预备学堂，俟试验及格，再行升入。其宋庆龄一名，另择相当学堂送入"。

这批十五人的官费留学生中的十四人都进入了端方访美时答应赠送留学生名额的三所大学（或附设预备学堂）。但是，宋庆龄赴美后并没有进入这些大学（或附设预备学堂），而是与时年九岁的宋美龄一起先入宋耀如和温秉忠在上一年探访过的位于新泽西州 Summit 镇的 Potwin 学校补习英语，一年后入卫斯理安女子学院，但是宋庆龄的官方记录还是在马萨诸塞州波士顿的韦尔斯利学院（前面奏折译作威尔士利学院）并享有官费待遇。

在跟那位研究历史的朋友作进一步交流后，笔者倾向于温秉忠夫妇没有直接提供"财力"上的支持。但是，在温秉忠的"关照"下，宋庆龄取得了官派名额。这里所谓的"关照"并非指在考试时放了水，而是指在入选年龄（宋只有十四岁）及就读学校（宋去了未赠送留学名额的卫斯理安女子学院）上对宋庆龄的尺度有所放松。

此后不久，循着前面提到的朱玖琳文章中的线索，笔者找到了 1907 年 6 月 17 日《申报》刊登的两江总督端方在初一日（6 月 11 日）发出的"挑选男女学生赴美游学"牌示的内容，内有"均以在中学堂以上毕业、程度较深、

图 6　温秉忠。摄于 1930 年

能直接听讲者为合格”一句。尚未从中西女塾毕业的宋庆龄明显不符合“中学堂以上毕业”这一入选条件。

　　据此，笔者推断牛惠生回忆录中提到的“care”和“financially”，应该是指温秉忠的“关照”使得宋耀如可以在“财力”上负担两个女儿同时赴美留学的开销了。此时的宋耀如还需负担正在威斯里安女子学院上学的宋蔼龄（十八岁）、比宋庆龄年幼一岁的宋子文（十三岁）、比宋美龄年幼一岁的宋子良（八岁），以及只有一岁的宋子安的生活及教育。

　　行文至此，我们会发现，同船的官费生倪锡纯、宋庆龄及自费生牛惠珠、宋美龄四人均是温秉忠的姻亲。

　　其中牛惠珠（十岁）抵美后于当年 9 月上旬由 Mrs. J. C. Johnson 从首都

华盛顿带到了佛蒙特州 Brattleboro 小镇，9 月 18 日开始正式寄养在马萨诸塞州 Milton 镇的霍布鲁克（Holbrook）家，并开始在 Milton 公学上学。温秉忠在 9 月 18 日写信给霍布鲁克太太，希望能在他和夫人倪秀珍离开美国之前访问霍布鲁克一家和他的外甥女牛惠珠。随后，温秉忠造访了他们。

另外，这批学生中相当一部分人，或者家庭具有教会背景，或者本人具有教会学校背景。

据笔者朋友在美国国家档案馆官网找到的资料显示，温秉忠及夫人一行二十三人（其中二十一人入境时的身份系学生）乘坐 Minnesota 轮于 1907 年 8 月 28 日自上海抵达华盛顿州西雅图，目的地是首都华盛顿。除了十四名官费留学生（没有杨豹灵的名字）及已知的自费生宋美龄、牛惠珠，另外五名学生（据排列次序来看，均为男生）的中文姓名及背景尚有待作进一步的探寻。

结束此次访美行程后，温秉忠和夫人倪秀珍于 1907 年 10 月 31 日乘坐 Kaiserin Auguste Victoria 轮由纽约前往汉堡。他们一共在美国待了两个月出头。

（原载《老照片》第 145 辑，2022 年 10 月出版）

抗日义士安重根的遗照

金月培

　　老照片的神奇之处，是可以让冰冷的历史变得具有温度，让模糊久远的岁月变得清晰可见。这两张从韩国安重根纪念馆获得的人物照片，定格记录的是东亚近代史上一位特殊人物，在其生命终点时的瞬间。

　　安重根，字应七，1879 年 9 月 2 日出生于朝鲜黄海道海州的一户官宦家庭。1895 年甲午战争后，朝鲜半岛一步步被日本控制、蚕食，沦为日本的殖民地，目睹国难临头，安重根立志投身于恢复国家主权独立的抗日运动，最终踏上了慷慨赴死之路。

　　1909 年 10 月 26 日上午 9 时 30 分左右，哈尔滨火车站的站台上，印刻下了安重根谱写的历史。

　　当天，曾参与策划发动侵略中国、朝鲜的甲午战争，参加对中国百般勒索的《马关条约》的拟定和谈判，曾密谋控制朝鲜李氏王朝、吞占朝鲜半岛，且曾出任过日本朝鲜统监府统监，对朝鲜实施殖民统治的日本政治家伊藤博文，乘坐专列来到哈尔滨，和俄国财政大臣科科夫切夫进行会谈。当伊藤博文在站台上走向欢迎他的日本侨民队伍时，早已经准备多时的安重根从人群中冲出，开枪射击，将双手沾染了近代中国、朝鲜民族血泪，象征着近代日本对朝鲜、中国侵略扩张的伊藤博文当场击毙。

　　根据史料记载，成功刺杀伊藤博文后，安重根振臂高呼"大韩独立万岁"，从容就捕。之后，先是被关押在哈尔滨俄国裁判所，当年的 11 月 3 日引渡到日本殖民统治下的关东州（旅顺、大连地区），关押于位于旅顺的日本关东都督府监狱署（原址位于今旅顺日俄监狱博物馆）。

在旅顺监狱中，安重根共计被审讯 11 次，其间慷慨陈词，对自己刺杀伊藤博文的理由加以陈述，痛斥日本对周边国家的扩张侵略，阐述有关东亚和平的理想。最终于 1910 年 2 月 14 日被日本关东都督府地方法院判处死刑，3 月 26 日就义，时年仅三十一岁。闻知安重根的壮烈故事，袁世凯曾题悼诗：平生营事只今毕，死地图生非丈夫。身在三韩名万国，生无百岁死千秋。

本来安重根希望在 3 月 25 日赴死，即韩国（1897—1910 年，朝鲜王国改称大韩帝国）为纪念纯宗皇帝的诞辰日设立的建元节，日本当局考虑到如果在这一天行刑，会引起韩国人民的强烈抗议。而此后的 3 月 27 日又是西方宗教的复活节，由于 3 月 25 日和 27 日都很难作为行刑日，最终日方定于 3 月 26 日对安重根执行死刑。

这两张照片，就拍摄于安重根被关押在日本关东都督府监狱署期间。

其中的第一幅（图 1），摄于 1910 年 3 月 10 日。当天，经日方批准，安重根的弟弟安定根、安恭根以及威廉神父（韩国名字洪锡九）来到监狱最后探望，安重根在此时向弟弟留下了著名的《告同胞言》和《最后的遗言》：

> 我死了以后，希望把我的遗骨埋在哈尔滨公园旁，等我们恢复了国家主权后返葬到祖国。我到天国后仍会为国家的独立而努力。你们回去后向同胞告知，每一个人都应负国家的重任，尽国民的义力，合心合力创下功劳，实现实业。当大韩独立的呼声传到天国之时，我会欢呼，高唱万岁！

照片所摄的，就是这历史的一幕发生时的情景。照片中会谈桌前正在口述话语的男子就是安重根，他的身后身边坐着的全是进行监视的日本军警。照片前景中央，安重根目光所示、正与之进行交谈的人，是探望安重根的威廉神父，照片左侧两名表情凝重的年轻人，则是安重根的弟弟安定根、安恭根。

另外的一幅照片（图 2）是安重根的单人照，拍摄的时间就是在他被执行死刑的 1910 年 3 月 26 日。这天上午，安重根换上了他的母亲托人于前一天晚上送来的朝鲜民族服装（白色上衣、黑色裤子），于 10 点钟被押到行刑室，这张照片就是在此时所拍摄，安重根在行刑室中，穿着白色的韩服。这是这位渴望实现国家独立、渴望东亚和平的抗日义士，生命最后一刻来临前的照片。

图 1　安重根在监狱接受家属和神父最后的探望

　　日本关东都督府地方法院向日本外务省提交的《安重根死刑始末报告书》中记载，当时安重根曾想要高呼"东洋和平万岁"口号，但被典狱官制止，而后立即被用白布蒙住眼睛，于 10 时 4 分由狱卒执行绞刑，15 分钟后狱医进行检查，确认死亡。

　　作为后话，安重根就义后，尽管当天赶到旅顺的安重根的弟弟安定根、安恭根想要认领回遗体，但监狱当局根据日本政府特别命令，拒绝交出安重根的遗体，并于下午 1 时在监狱署墓地某处秘密埋葬。在旅顺哭喊怒骂不已的安重根的两名弟弟，则被日本警察强行送至火车站，乘坐当天下午 5 时的火车返回朝鲜。

　　因为日本当局销毁档案、记录，抗日义士安重根的遗骨究竟埋在何处成了谜团。第二次世界大战胜利后，奉行侵略扩张的日本军国主义遭到失败，1948 年，大韩民国临时政府主席金九和朝鲜人民委员会主席金日成在平壤会

图2　安重根身着民族服装

谈时，就提出了共同寻找安重根义士遗骸、迁葬回祖国的设想，以此完成安
重根"等我们恢复了国家主权后返葬到祖国"的遗愿。经过漫长、艰苦的史
料搜集、查证，2008年，经中国政府批准、协助，当年3月25日至4月2日，
及4月10日至4月29日，由朝鲜、韩国发起，中国、韩国具体实施，在旅
顺进行了发掘调查活动。然而遗憾的是，按照间接史料所进行的调查，并没
有能找到安重根遗骨的埋葬位置，历史的谜团仍未解开。

（原载《老照片》第122辑，2018年12月出版）

林则徐曾孙林轼垣

——大时代里的家族往事

林冠珍

闲读《清末民初政情内幕——〈泰晤士报〉驻北京记者、袁世凯政治顾问乔·厄·莫理循书信集》，看到一封 1918 年 3 月 19 日"林轼桓"在新西兰惠灵顿写给莫理循的信。本书编者、澳大利亚国立大学教授、华裔学者骆惠敏先生为"林轼桓"做了一条简注：

> 林轼桓系中国外交官，是焚烧英国鸦片，使英国以此为理由发动第一次鸦片战争（1839—1840）的广东总督林则徐的曾孙。［……］马尾船政学堂毕业，此时在新西兰任领事（1917—1922），以前他在温哥华任领事（1914—1917）。

他是福州人，我的前辈老乡，还有更多的故事吗？骆先生的注里有"［……］"符号，表示翻译时有删节，我很想知道被删节的内容是什么。到福建师大图书馆借来英文原版《莫理循书信集》，一比对，发现被删的只是林则徐的生卒年"1785—1850"这几个数字，没有其他新内容，令我非常失望。只好用百度搜索，跳出一行字："很抱歉，没有找到与'林轼桓'相关的网页。"

林则徐曾孙、名门之后、清末民初领事级外交官，就没一点痕迹吗？找来《林则徐世系录》，查得，原来林则徐的这位曾孙名叫林轼垣，怪不得查不到呢。"垣"（yuán）与"桓"（huán）字形相似，读音却完全不同。骆先生在英文版中很明确写的是 lin Shih-yuan，不是骆先生的错，而是中译本

图1 1926年,福州三坊七巷三官堂。右一林轼垣、右二林子东、右三钟锦棠的母亲、左一钟锦棠的妹妹、左二林轼垣夫人钟锦棠、左三妹妹的女儿

的笔误。

从《林则徐世系录》得知,林轼垣的独养女林子东先生还健在,让我十分惊喜。她曾任福建人民出版社总编辑、福建省社科院副院长、福建省社科联专职副主席、全国政协委员,是新四军老战士、老新闻工作者、出版人。她与中国共产党同龄,今年虚百岁。历史原来离我并不遥远。

百度搜索林轼垣,终于有了零星的线索。网上看到的信息,多数内容重复,或语焉不详。很意外地看到郑芳著、福建教育出版社出版的《16个福州家族的百年家史》,封面赫然是年幼的林子东与父亲林轼垣等家人的合影(图1),内文中还有一幅林轼垣的个人照片(图2)。林轼垣的形象一下子立体鲜活了起来。

莫理循是谁?林轼垣为何给大名鼎鼎的莫理循写信呢?

图2　1919年，林轼垣在新西兰中国领事馆官邸

莫理循，澳大利亚人。他从1897年任英国《泰晤士报》驻北京记者，1912年被袁世凯聘为政治顾问（图3）。袁世凯去世后，他仍任北洋政府顾问至1918年，在中国生活了二十一年。这二十一年的历练，使一名医学博士成长为了闻名中外的"北京的莫理循"。1917年11月到1918年5月，他休假回澳大利亚和新西兰探亲、访问，受到官方和民间的极高礼遇，一路上"充塞着访谈、演讲、午餐、晚宴、欢迎"，他很享受这种在聚光灯下的名人光环。他在惠灵顿参加一次活动后，在日记中写道："如果没人邀请，或者没有头面人物出席我的演讲会，我倒会感到烦恼。"这是他生前最后一次回他的故乡澳大利亚。他在1918年12月，受总统徐世昌之邀，以中国参加巴黎和会代表团技术顾问的身份前往欧洲，离开北京。巴黎和会期间，他因病到英国治疗，至1920年去世，再也没有回到中国。

林轼垣何时结交莫理循，已无从考证。但从林轼垣写给莫理循的这封信中说"收到你上月10日的来信"（骆先生说此信没有找到，不知写了啥），"你

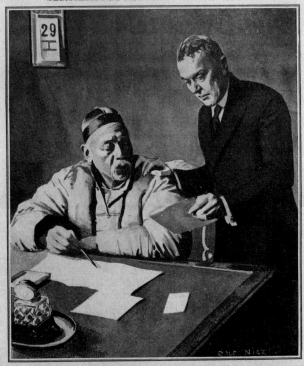

THE ILLUSTRATED LONDON NEWS

No. 3828. — VOL. CXLI.   SATURDAY, AUGUST 31, 1912.   With Supplementary Special General Birth Picture, and Nigerian Flowers in Colour. SIXPENCE.

The Copyright of all the Editorial Matter, both Engravings and Letterpress, is Strictly Reserved in Great Britain, the Colonies, Europe, and the United States of America.

THE POLITICAL ADVISER OF THE CHINESE REPUBLIC AND ITS FIRST PRESIDENT: DR. G. E. MORRISON —
"PEKING" MORRISON — AND YUAN SHI - KAI.

图3　1912年8月31日《插图伦敦新闻》封面，图注是"中华民国第一任总统的政治顾问莫理循博士和总统袁世凯"。这是为了强调莫理循的知名度和重要性，媒体伪造的照片。莫理循对这张照片评注说："许多图片新闻刊载我的画像，最有趣的是伪造我站在袁世凯身旁并以一份文件请其过目的那张画像。这是总统和他的秘书蔡廷干的快照，不过蔡的头被我的头取而代之了。"

还曾慨允为我设法在各方面相助"来看，他们不单有通信，可能还见过面。这封信的主要内容是恳求莫理循帮助，请新西兰政府废除有损中国人尊严的人头税。林轼垣说："你最近访问新西兰时受到的隆重欢迎，证明你在这个国家和它的政府官员中所享受的崇高声望，没有人比你处于能够更好地为我帮忙的地位了。"

林轼垣作为中华民国驻新西兰领事，努力为保护本国侨民利益，据理力争。这封信写得有礼有节，不卑不亢，情真意切，令我肃然起敬。当时第一次世界大战尚未结束，中国加入了协约国，与英国（新西兰是英国领属国）是同一战壕的战友，共同对抗同盟国。林轼垣还试图说明中华民族为盟友做出的牺牲和奉献，以博得新西兰政府的同情。他写道：

> 我拟在新西兰召开下届议会时，向新西兰政府提出交涉，以使愿在

图4　1919年，林轼垣和家人在新西兰中国领事馆官邸。墙上挂的肖像，一幅为林轼垣，另一幅为当地华人妇女。按习惯，官邸要挂主人夫妇的像，当时林轼垣夫人还没到新西兰，没有照片，就找了一幅当地女子的照片挂上。可见他在生活上不拘小节

图 5　1919 年，林轼垣夫妇与侄女希嘏在新西兰中国领事馆官邸。希嘏陪同林轼垣夫人从中国去新西兰，并留在新西兰读书。回国后在江西一所中学教书

新西兰永久定居的中国人，无论哪一类，除必须通过一次教育测验之外，都无须再缴一百（镑）人头税。自从议会于 1908 年通过法案，对中国移民施行教育测验办法以来，只有十五个中国人进入新西兰（已在新西兰入籍的华人的女眷及子女不在此列）。这个小小数目足以证明，教育测验在过去十年中，已成为防止华人大批入境的坚实壁垒。如果新西兰政府担心一旦取消人头税会引起华人大批入境，我相信我的政府准备同自治领政府商谈限制每年中国人移居新西兰的数目。我的主要愿望是维持我们国家的尊严。

唯独对中国人抽征一百（镑）人头税，显然是不公平地歧视我们中国人，而中国目前在战争日益紧张的时刻，已经并且正在继续使用种种物质办法对大英帝国在目前这场战争中的事业表示同情，新西兰政府更应废除这种有损中国尊严的税法。

新西兰的排斥华人立法开始于淘金热时代。当时，中国人是新西兰唯一来自亚洲的移民。新西兰为此制定了纯粹是针对中国移民的法律。自从新西兰于1881年开始对每一个中国移民抽征十镑人头税以后，那些知名的新西兰政治家几乎都是排华法案的倡导者和支持者。1893年，甚至有人主张应把人头税从十镑提高到五百镑，最后确定为一百镑。除去人头税之外，1908年又推行了"限制中国移民"法案，这项法案建议"实行教育测验制度，要求每一个入境的中国人，必须能阅读一百个由执行测验的海关收税官随意选择的英文字"，以进一步阻拦中国人入境，以"有效地实现维护我们国内的种族纯洁性"。

莫理循是否曾应林轼垣的要求向新西兰政府游说，不得而知。但可以肯定的是，这个忙没有帮成。"种族歧视"在西方世界里是一个难以清除的痼疾。经过几代外交官和当地华人华侨的努力，新西兰人头税直到1944年施行了其他更巧妙、更隐蔽的限制中国移民法律时方才取消。到了1947年始有中国人获准在新西兰永久定居。

承蒙北京外交学院郑启荣教授、复旦大学马建标教授、福建省地方志编纂委员会卓亦明老师等方家的悉心指导和帮助，查阅了1918年印行的田原祯次郎编《清末民初中国官绅人名录》、故宫博物院明清档案部和福建师范大学历史系合编《清季中外使领年表》、"中华民国驻纽丝纶（惠灵顿）领事（1912—1939）年表"、张德彝著《八述奇》等资料。综合各种资料，笔者尝试为林轼垣做个小传：

> 林轼垣（1876—1955），字蔚岑，福建侯官（今福州）人，林则徐第三子林拱枢之孙。清末民初外交官。北洋水师学堂毕业。历任驻英公使馆随员（1901.10—1906.3）、福建洋务局翻译委员、分省补用知县、驻温哥华领事（1911.10—1917.10）、驻新西兰领事（1917.10—1922.5）。归国后，怀抱"实业救国"的理想，与林灏深、林步随等兄弟投资兴办实业，终因时局动荡，且不善经营，没有成功。1938年后避居上海法租界当寓公。1955年逝世于上海，安葬在复旦墓园。

"VANITY FAIR" Series.　　　　　　By Permisson.

CHANG TA-JEN.
"He was recalled to Peking to take up his duties as tutor in English to the Son of Heaven." "Jehu Jr." in Vanity Fair.

图6　英国《名利场》杂志系列漫画中的张德彝。图注为"他被召回北京，担任天子的英语教师"

　　所查资料中没有明确林轼垣何时任"福建洋务局翻译委员"。"福建洋务局"存在时间很短，只有十年，档案资料鲜少。鸦片战争后，清政府开放五口通商，厦门、福州均为五口之一。福建设招商总局，专办英、法等国通商事务。1866年，设福建通商总局，承办对外通商交涉事务。1899年，福建通商总局改称福建省洋务局，1910年裁撤。以此推测，林轼垣任此职应是在他从英国回来、赴温哥华任职之前。

　　"分省补用知县"不算实职，只是个身份。我对林轼垣在任温哥华领事之前有个"分省补用知县"的身份很好奇。"分省补用知县"是取得做知县资格后，经吏部铨选，被分配到某个省，待有空缺后补用，相当于现在的"后备干部"。知县在全国的名额是固定的，只有当某知县去世、调职、致仕或被革职等情况发生时，才有空缺出来。获得"补用知县"的渠道有两个：一是考取，二是捐纳。每有实缺，通常是进士优先，举人次之，拔贡更次之，捐纳最后。有的人要熬十几年才得补实缺，而一任只有三年。林轼垣受过西式教育，又出使英伦多年，开眼看了世界，会对这后备的七品芝麻官感兴趣吗？他是通过考取，还是捐得的"补用知县"的身份呢？一切已湮没在历史的尘埃里了。

想起严复，曾留洋多年，他在北洋水师学堂任总办时写的《送陈彤卣归闽》中的一句诗"当年误习旁行书，举世相视如髦蛮"，自悔由于学了横向书写的英文，在社会上被看作如同洋人般的异类，心生悲凉，深感失意。他三次科考落第，连捐带保才"以道员选用"。严复是近代维新派的代表人物，大力推举西学，但是在那个时代，人们仍然视科举为正途，期望通过科举晋身，以实现自己的人生抱负。林轼垣的上司、驻英公使张德彝（图6），毕业于北京同文馆，一生八次出国，在国外度过二十七个年头，是职业外交官，曾当了光绪皇帝五年的英文教师。他晚年却并不为自己的经历而自豪。他教导他的子孙："国家以读书能文为正途……余不学无术，未入正途，愧与正途为伍。而正途亦间貌与为伍。人之子孙，或聪明，或愚鲁，必以读书为要务。"他为自己学了英语，没有走八股入仕的正途而遗憾。严复、张德彝尚且如此看重"正途"，我们也可以理解林轼垣对"分省补用知县"身份的眷念。

1911 年 10 月，林轼垣被任命为驻温哥华领事时才三十五岁，任期跨清帝国被中华民国革故鼎新，经袁世凯、黎元洪两任总统。这期间国内时局多变，国外波谲云诡。第一次世界大战期间，日本帝国主义趁欧美各国无暇东顾，1915 年 1 月 18 日，日本驻华公使日置益向袁世凯总统递交了妄图灭亡中国的"二十一条"秘密文件。消息传出，震惊中外，举国哗然，人们强烈抗议，呼吁不得与日本签约。1915 年 6 月 10 日《东方杂志》以"救国储金活动遍布各省"为题，报道：

我国国民对于此次中日交涉愤慨特甚。各省长官屡次联电外交部请责，各地人民多结合团体，迭次开会讨论，其最著者，如国民对日同志会、劝用国货会、救国储金团等。或上书政府，请勿退让，或唤起国民，实行爱国，其热诚皆有足多……

救国储金之计画，系劝国民自行输款，存储国家银行，俟额满五千万时，由存款人议决用途，作为设立兵工厂训练陆海军振兴国内工业等需。先是，有人投函上海各报，发表意见，即有多人赞成，遂在上海设事务所，以计画告诸政府，亦表同意。四月九日，中国银行开始收款。现上海一埠已达五十万元，各省皆闻风继起，事务分所之成立者，已七十余处，北京亦于五月八日成立。人民之储金者，均极踊跃。

侨居世界各国的华人华侨积极响应祖国号召，募集军费驰援祖国。据《中日"二十一条"交涉史料全编》统计，收到海外声援电报多达二十四封。如，1915 年 3 月 12 日中国外交部收檀香山少年演说社电："大总统暨各部及报界鉴：日妄要求，请拒绝，宁死战，愿筹饷。"

林轼垣积极发动华侨筹款，1915 年 4 月 29 日，中国外交部收到他从温哥华发的电报："外交部：十码。据域多利中华会馆爱国团长李梦九禀称，已募集军饷二十万元，为决定，恳密示，转请电呈大总统钧鉴等因。理合电闻，并恳代呈。……林轼垣叩。二十七日。"其身居海外，情牵中华，可见一斑。

据石晓宁在《一战中加拿大国民党支部"党禁"事件始末》中披露，1916 年，林轼垣还被卷进了加拿大华人社区的激烈党派之争。

加拿大的华人在辛亥革命前，支持孙中山革命，尤其是加拿大的洪门致公堂，将堂所抵押，筹款捐助。民国建立后，洪门与本地华人社区始终认可袁世凯以及后来的北洋政府的合法性，认为民国伊始，排满革命任务已完成，国家要共和宪政、稳健建国。"二次革命"后，孙中山的再度革命、再造共和的主张使得国民党与加拿大以洪门为首的华人社区产生了激烈的冲突。冲突首先表现在报端。洪门机关报《大汉公报》与国民党机关报《新民国报》形成了拥袁与反袁、宪政与革命的论争。洪门一方批评革命党人"知破坏而忘建设，只爱党而忘国家"，国民党"要唤起民众，推翻现政权"。党争不断，造成了加拿大华人社区的分裂与敌对。林轼垣由于多次寻求加拿大警方与司法部门参与，要求禁止《新民国报》，与国民党矛盾日深。1916年12月，以温哥华大同阅书报社社长身份示人的国民党支部总理陈树人等人，向中华民国外交部状告林轼垣曾在袁世凯洪宪时期"庇护帝制党派，辱国殃民，请速撤换"。同时罗列了许多林轼垣"贪赃渎职"的行为。袁世凯去世后，黎元洪执政，国民党此次倒林行动，是向新政府清算旧官员。党争双方都告到北京外交部，尤对于林轼垣案"或控告，或保留，所执理由，判然各异"。当时的外交总长伍廷芳，遂令加拿大总领事杨书雯前往查清真相。

一直没有在相关史料里看到对林轼垣案的调查结论，想必是"查无实据"，不了了之，否则不可能在事后，又任命他为驻新西兰领事。

外交官就是这样在大风大浪里成长起来。

我微信联系了林轼垣的外孙、林子东的儿子孙海丁老师。他很热情地发来了家里仅存的林轼垣的照片。这几帧照片历经磨难，极为珍贵。曾在郑芳所著《16个福州家族的百年家史》一书里见到的那张林轼垣个人照，原版是有林轼垣娟秀的小楷亲笔题识的（参见图2），而郑芳书里用的没有，这令我十分兴奋，读其题识，似听到他对亲朋的低语笑谈：

> 择业不慎，滥厕外交。冲风涛，跋险阻，桴浮四海，辙绕二球，侣与黄须碧眼儿相激战，日敝精于敦槃坛玷间，不觉衰朽催迫，鬓毛凋落。盖自三出国门，迄今又八稔矣。此八稔中自新大陆辗转来南，各去中州一二万里，前则昏旦殊时，今则寒燠迥异，叹萍踪之无定，怅岁月之如流，建树毫无，私心愧赧。遐思古人，长枕大被，华萼相辉之盛，感慨益难自已。东归何日，北望怅然。拍兹影自怜笑，爰书数语，以抒胸臆。
>
> 己未仲秋蔚岑识于纽丝纶官舍

"择业不慎，滥厕外交""建树毫无，私心愧赧"，虽是自谦，可否也有与严复、张德彝辈同感没有进入"正途"的遗憾？ "敦槃""坛玷（坫）"，都是指代外交及谈判场所。"侣与黄须碧眼儿相激战,日敝精于敦槃坛玷间",展现了一位弱国外交家舌战群儒、长袖善舞的万丈豪情。"激战"二字,浓缩了当年外交场上的多少刀光剑影和弥漫硝烟。披泽"长枕大被,华萼相辉之盛",兄弟友爱、手足情深的温馨,是林轼垣一辈子的感念。"东归何日,北望怅然",虽贵为外交官,也与常人一样,饱含着海外游子的思乡忧伤。

这张照片拍摄于"己未"年,即1919年的新西兰(纽丝纶)官邸,从1911年任驻温哥华领事,1917年转任新西兰领事至1919年,正是"八稔"。1922年任职期满回国后,林轼垣再也没有涉足职场。这帧照片,林轼垣冲洗了多张,都题了同样的款识,个别字有差异,可见是经他反复推敲的。这是林子东家里仅存的林轼垣墨迹,可以说是林轼垣职业外交生涯的真实写照。

带上鲜花,带上祝福,在海丁老师的陪同下,拜访了世纪老人林子东先生,倾听她讲述林轼垣和家人的故事。

老人精神矍铄,思维清晰,说要走进5G时代。她与我一见如故,侃侃而谈,毫无生分之感。老人在南方虽已生活了八十多年,一开口还是地道的北京口音,里面分明镌刻着她童年的烙印。

从林则徐儿子林拱枢那一代起,就开始在北京发展。林子东1921年出生在北京。十四岁前基本都在北京东四四条的一个大四合院里生活。爷爷是林拱枢的长子。子东从没有见过爷爷奶奶,不知道他们的情况。林轼垣兄弟八人,没有姐妹。他排行第七,林步随排行第八。

北京的大宅院里住着三兄弟:她生父林步随一家,养父林轼垣一家,还有三伯父林灏深一家。林灏深是光绪二十一年(1895)的进士,曾任分部学习、学部右参议、学部左参议、弼德院参议等职,是朝廷的正四品官员。他挽张之洞的对联,"时事多艰,如见独居深念日;风流未尽,怅望后来继起人",一直被后人视为金句。他有三男三女,长大后大部分都出国了。晚年他迁移上海,单身独居,后在上海去世。

林轼垣从新西兰回国时,已年近五十,膝下无子女,林步随就张罗过继一个孩子给他续香火。林子东兄妹六人,她与二姐是双胞胎。传统观念,过继一般要男孩,1923年弟弟出生后,原想把小弟过继给林轼垣的。可是弟弟太瘦小了，林轼垣夫妇怕养不好，对不起林步随，转而看上了双胞胎。二姐小时候爱哭，就选了较皮实的小子东了。这时子东约三岁。

"您养父没有孩子，为什么不纳妾呢？这在旧社会是很正常的事啊。"我想八卦一下林轼垣。老人笑了，说："他大概受西方思想的影响，懂得尊重女性。我养母比养父年轻十二岁，很漂亮的，他不会再去想别的女人了吧。再说，养母也是厉害的呢，他不敢。哈哈。"（参见图7）

关于林轼垣的外交生涯，都是林子东出生以前的事了，她极少听养父母提起，所以不知其详。郑芳的《16个福州家族的百年家史》封面照片，是子东约五岁时，大概是1926年，林轼垣夫妇带子东回福州暂住时所拍摄的。当时租住在福州三坊七巷的三官堂（参见图1）。海丁老师又给了我一个惊喜，这张照片，原版是有衬卡的，上有"二妙轩"照相馆的标识。研究中国近代摄影史的爱好者一定会视其为珍宝，现已难觅得有"二妙轩"标识的老照片了。"二妙轩"是福州城较早开张的照相馆之一。标识的设计很有现代

图7　1919年，林轼垣美丽的夫人钟锦棠在新西兰

感，有福州、南门兜的花体英文拼写，电话号码也已是三位数，可见当年福州的近代化程度。从照片上可看出，林轼垣租住的房子是很洋派的建筑，有西式百页门窗，家里已装了电灯。福州是中国第一批拥有市内电话、电灯、自来水等近代化设施的城市。全家福里，个个绫罗绸缎，衣冠楚楚。林轼垣脱去了西服，穿一袭长袍马褂，虽年已半百，仍器宇轩昂。养母钟锦棠是福州大户人家的千金，此时也把洋裙换成了唐装，挽着传统的发髻，端庄而典雅。子东穿着小皮鞋，戴着长命锁，一派小公主范儿，可见是爸妈手心里的宝。看来当时他们家的生活品质还是不错的。

"养父母对我很当回事哦，你看我还健康着呢，独女，从小养得好。"老人说起时，脸上还漾着甜甜的幸福感。林子东虽然过继给了伯父，但养父母仍让她与同胞兄弟姐姐们一起玩，一起读私塾，兄妹们感情很好。家里请了先生教授国学，林轼垣和林步随亲自教授英文。所以兄妹几个国学和英文都非常好，没有进过正式学堂，可以直接考上中学。林子东考上了福州三山中学，二姐考上北京女一中，小弟考上北京男二中。

林步随（图8）小林轼垣四岁，和三伯父一样，是进入"正途"的。他是清末最后一代翰林，任翰林院编修。曾被派往美国任留学生总监督八年。这期间，他进入美国西北大学学习英语，攻读法学，并结交了顾维钧、颜惠庆、施肇基、王宠惠等中国外交官。北洋政府时代曾任国务院秘书长、铨叙局副局长、币制局副总裁、税务专科学校校长等职。他还担任过袁世凯的法律顾问古德诺的翻译，将他著名的《共和与君主论》，由英文译成中文在《亚细亚日报》发表，在当时产生了巨大影响。北伐战争以后，他弃官从商，想走实业救国之路，和林轼垣、林灏深一起，把多年的积蓄几乎全部投资实业。他先后开办过山西汽车运输公司、通州电力公司，担任过天津聚兴诚银行经理等。但在军阀混战、政治动荡的年代，他们不断地被劫受骗，加上身为书生也不善经营，最终血本无归，家道中落，沦为寓公。林步随晚年常和陈宝琛等清朝遗老轮流在各自的家里举行诗会。

在北京大宅院里，年幼的子东印象很深的是，生父家里的敲木鱼声和养父家里的麻将声。生母傅璇漪（图9）是湖南人，道台的女儿，在京城有几门显赫亲戚。她三姐夫瞿鸿禨，是军机大臣。她大姐的儿子朱启钤，曾任北

图 8　林轼垣的弟弟、林子东生父林步随　　　　图 9　林步随的夫人、林子东生母傅璇漪

洋政府交通总长、内务总长、代理国务总理。她是个虔诚的佛教徒，家里有她专用的佛堂，只有她有钥匙，每天上下午两次雷打不动地净手、点烛、焚香、翻读经书、在跪垫上敲着木鱼念经，一丝不苟，毫不含糊。二哥原名佛心，可能是她的精神寄寓。养父家却是高朋满座，三天两头就有亲朋好友来家里搓麻将。

　　林子东关于战争的记忆是从十岁时开始的。1931 年日本侵华，有亲戚从东北带着家眷逃难到北平，兵荒马乱的恐惧感刺痛着她幼小的心灵，也播下了她爱国的种子。1935 年，为避战乱，林轼垣夫妇带着子东回到福州。1938 年，日本人的飞机也开始轰炸福州了，林轼垣一家又逃往上海法租界。子东从福州三山中学转学到了上海华东女子中学。一家人颠沛流离，居无定所，成为"高级难民"。那时家里可能还有一些老底，虽没置房产，温饱还是没有问题的，不至于沦落街头。那一年，子东的生母去世了。当时她的大姐在上海红十字医院工作。在上海的族亲有一张合影（图 10），林子东和大姐都佩着黑纱，是为生母戴孝。从照片上看，养父林轼垣这时已没有风流倜傥外交官的精气神了，完全成为一介布衣。

1940 年，林子东考上了沪江大学。第二年暑假，她到北平看望生父及兄弟姐妹。正逢燕京大学夏季招生，见二姐和弟弟都在燕京大学读书，她征得养父林轼垣的同意，就应试转学燕京大学，被录取了。在燕京大学读了不到一个学期（图 11），1941 年 12 月太平洋战争爆发，日本人把校长司徒雷登逮走了，封闭了燕大，"华北之大，容不下一张书桌"，她又回到上海养父母身边，重上沪江大学。那时生父半身不遂卧病在床，不久又双目失明，于1944 年去世。

"您与养父生活在一起，印象中最深的事是什么？"我问。林子东说，她印象最深的是，有一次放学回家，见父亲情绪有些激动，气呼呼的。原来，当时南京汪伪政府的"行政院院长"梁鸿志与林轼垣是福州同乡，知道林轼

图 10　1938 年家族合影，摄于上海。坐者中林轼垣、右林轼垣三哥林灏深、左十三叔；立者右一林轼垣夫人钟锦棠，左二林子东，左六林子东大姐林圣观，右二林子东三伯父的三女儿林婉宜，右三十八婶，右四十三婶，左一、左三、左五十八婶的儿女，左四十三叔的女儿。林子东说，家族太大了，还有二十四叔呢，不过都不记得他们的名字了

图11　1941年，在北平合影。左林锦双（傅秀），右林玉偶（子东）。一对风华正茂的姐妹花。从小娇弱的锦双这时改名傅秀，此时已是中共地下党员。傅，是母亲的姓，锦，即为绣（秀）。"文革"时期，她蒙冤入秦城监狱七年，身心俱损。玉偶，参加革命后改名子东，取紫气东来之谐音

垣的外交才干，派人送了一封信到上海给林轶垣，请他出山，到汪伪政府任"外交部部长"。林轶垣当场把信掷还给了送信人："我是文忠公（林则徐）的后代，绝不当汉奸！"字字铿锵，铁骨铮铮。林则徐"苟利国家生死以，岂因祸福避趋之"的名言，一直是世代相传的家训。

1942年，林子东受进步思想的感召，瞒着养父母，放弃了学业，参加了新四军。虽然怀有对年逾花甲老人的牵挂和愧疚，于心不忍，但自古忠孝两难全，挡不住年轻人投奔革命的满腔热情。

参加革命后，为了安全，与老人的联系极少，偶尔通过地下交通员送封信，报个平安，其他不便多写。养父母也不知孩子的地址，没法给她写信。1946年，林子东与《新华日报》淮阴版的记者孙明相爱，在淮阴根据地结婚时，写了一封信告诉养父母。养父母不能前来祝福，是两位老人的莫大遗憾。直到上海解放后，林子东随部队进入上海后，才请假回家探望了养父母。

1949年后，林子东被派往福建，新中国刚建立，百废待兴，无暇照顾养父母。老两口相依为命，仍生活在上海。林轼垣1955年去世时，林子东因工作太忙，没能去上海参加葬礼，一直是她心中的痛。林轼垣去世后，林子东把养母接到福州身边一起生活。"文革"开始，林子东两口子就被当成"走资派"打倒了，还被抄了家，并连累了养母。后全家下放到农村。养母因长期居城市，不习惯农村的生活，就倔强地一个人在福州租房住。直到林子东被"解放"重新回福州工作，全家人才团聚。养母于1978年去世，享年九十一岁。

　　林子东参加革命后，不方便与北平的兄弟姐姐联系，互相不通音信。1945年林子东调到淮阴新华社华中总分社任记者。日本投降后，国共开始谈判，在北平成立了"军事调处执行部"，简称"军调部"，向各地区派出观察小组，执行停止内战的任务，禁止双方军队的战斗接触，妥善处理双方军队的相处与整编问题。有次林子东负责接待一个观察组。观察组里有一美籍日裔观察员叫有吉幸治，是位记者。在闲谈中，这位记者说，他来

图12　1934年，林子东的兄弟姐姐在北平合影。左起依次为李良（林曾同）、林兴（林佛心）、林圣观、凌青（林墨卿）、傅秀（林锦双）

中国后结识了不少中国朋友，在延安有凌青，在冀东有傅秀，在北平有"军调部"的翻译林圣观。林子东惊呆了，这几位都是她"长枕大被，华萼相辉"的亲姐弟啊！

林子东的兄弟姐妹，除了大姐在"军调部"工作时遇过一位德国教授，相爱结婚，1947年随他去了德国外，其他几位都在20世纪40年代脱离了没落的封建官僚家庭，投身了革命洪流。

大哥，李良（1917—1969），原名林曾同。就读于北京大学。1946年参加中共地下组织。1949年后，仍在秘密战线工作。"文革"期间被诬为"国际间谍"迫害而死。1977年12月31日，李良被追认为烈士。1978年7月18日，公安部

图13　1979年出版的《烈火真金》书影。封面是李良烈士画像，为著名画家沈尧伊所作。林子东认为，像画得很好，神形兼备。李良，原名林曾同，因与曾祖父同生日，故名。后为纪念一位李姓共产党员同学引领他参加革命，改姓名李良

发出"向公安战线的英雄李良学习"的号召。1979年4月，公安部把他的事迹编成一本书《烈火真金》（图13），罗瑞卿大将题词："李良同志称得起公安战线上一名英雄！他在毛主席的路线指引下，同党内外、国内外的阶级敌人都作了宁死不屈的斗争。"海丁老师送我网上淘来的这本书，读得我唏嘘不已。

二哥，林兴（1919—1993），原名林佛心。就读于辅仁大学。1945年参加革命，后入伍解放军。

二姐，傅秀（1921—2001），原名林锦双。就读于燕京大学。1941年加入中共地下组织，后参加八路军。

林子东，原名林玉偶，就读于沪江大学、燕京大学。1942年参加革命。1949年8月17日，是她发出的第一条《新华社福建前线十七日电》，向全

国宣告福州解放的喜讯。2007年,她和老伴就共同立下书面遗嘱:"不举行追悼会和遗体告别仪式,谢绝送花圈,骨灰撒入闽江。"老伴原是福州市副市长,2014年,九十四岁高寿过世时,她为老伴完成了"遗体捐献"的愿望,她自己也在福建省民政厅做了承诺"遗体捐献"的登记。

小弟,凌青(1923—2010),原名林墨卿,就是那位差点过继给林轼垣当儿子的瘦小男孩。就读于燕京大学。1941年参加革命,在延安时期就任老一辈革命家毛泽东、周恩来等人的英文翻译,后来走上职业外交家的道路。1985年6月12日,时任中国常驻联合国代表的凌青,代表中国政府向联合国递交了《中英联合声明》。1997年香港回归之际,凌青写了一首七绝《庆祝回归,缅怀高祖》,以告慰先祖林则徐:"粤海销烟扬我威,但悲港岛易英徽。国耻家仇今日雪,只缘华夏已腾飞。"

林轼垣弱国无外交的职业生涯,为中国人争取尊严的梦想,定格在了1922年。他的子侄们和中国人民一起,经过艰苦卓绝的奋斗,续写了绚丽篇章。

(原载《老照片》第132辑,2020年8月出版)

蔡锷与洋人的合影

张一方　张一飞

　　蔡锷，生于1882年12月18日，卒于1916年11月8日，湖南邵阳人，中国近现代杰出的军事家和政治家。他在短暂的三十四年生命里主要做了两件事：一是辛亥革命时领导云南重九起义后担任云南都督；二是1915年至1916年领导了护国运动。二者都与云南密切相关。我们的三外公（母亲的三叔）秦光第（1871—1940）是参加重九起义和护国运动的云南近代军政界著名人物，重九起义时是三十七协（旅）持事官，即军需处长，蔡锷为三十七协协统。1915年12月22日，作为云南省军需局局长的秦光第，歃血为盟，参与发起了护国运动。

　　清朝奉行的是中国传统的帝王纪年，辛亥革命后，改为国际通用的公历。1912年1月1日为中华民国元年元旦，驻云南的重要外国人物至五华山都督府致贺。当时云南省邮务总办为法国人濮兰，他专门带有照相机与蔡锷合影。当时蔡锷刚过二十九岁，年轻潇洒，意气风发。他锐意改革，更新人事，整理财源，厉行节省开支，带头减薪至六十元，与营长相等。

　　先祖父张培信（1881—1951）是云南邮政事业的开拓者，从1903年清廷在云南成立统一的云南省邮政局开始，由蒙自海关以五品官领衔华人职员，为云南省邮务官，先后从事邮政事业二十五年。《昆明市文史资料》第28辑中，有专门介绍他的文章。基于历史原因，海关及邮政一直到1946年都以洋人为正职，濮兰就是先祖父的上司。

　　这幅照片效果极佳，濮兰复制了一张送给先祖父。经先祖父、先父至今一直珍藏。2021年为辛亥革命一百一十周年，2022年又是蔡锷诞生

时任云南省邮务总办濮兰与云南都督蔡锷合影。摄于 1912 年元旦。

一百四十周年，特公之于众，略表纪念。

（原载《老照片》第 142 辑，2022 年 4 月出版）

义兼师友

——马衡与王国维的友谊

马庆芳　杨衡善

　　王国维（1877—1927，字静安，晚号观堂，浙江海宁人）与马衡（1881—1955，字叔平，别号无咎，浙江鄞县人）是两位民国时期著名文史学者。二人相识交往近三十年，虽然早年都支持维新改良，但辛亥革命后在赞成帝制还是共和上产生了分歧。因为研究学问、解析金石历史奥秘、追求学术真理是他们共同的人生志趣，政治上的分歧并未影响两位学者的友谊。最近出版的现存两人的八十七封往来书信，记录了面对不断出现的考古新发现和新课题，他们的艰辛探索和惺惺相惜之情，留下了极具学术价值和人文情怀的温馨记忆。

　　1916 年，王国维由日本回国，与马衡都居住在上海，此后两人往来密切。也是从这一年开始，王国维的治学方向从中西学兼治转向专治国学，两人的学术领域完全重合。现存两人往来书信的时间在 1919 年至 1927 年之间，此时王国维已学贯中西、跨越古今，达到人生的学术高峰，在哲学、文学、美学、文字学、历史学、考古学等诸

图 1　王国维像

图2　马衡像

多领域均取得突出成就，成为中国颇具世界影响力的人文学者。而比王小四岁的马衡此时还只是潜在的大师。马衡1920年受聘成为北京大学史学系讲师，讲授新开设的金石学；1922年担任北大考古研究室主任，不久升为教授兼任北大研究所国学门导师和考古学会主席，在当时中国考古学界已有相当影响。1927年王国维去世后，清华大学接受陈寅恪的建议，聘请马衡担任清华国学研究院特别讲师，以接替王国维的教学工作。此后马衡于1933年辞去北大教职，担任故宫博物院院长多年，成为我国近代考古学先驱和博物馆事业的重要奠基者。1955年去世前，他将毕生收藏的文物图书资料近两万件（卷）全部捐献给故宫博物院。2005年，当时的文化部副部长兼故宫博物院院长郑欣淼著文《厥功甚伟　其德永馨》纪念马衡先生："古人云：'太上有立德，其次有立功，其次有立言。'此乃人生之'三不朽'。人生在世求之其一已属不易，而马衡先生在德行、功业、著书立说三个方面都有所'立'，都令我们永远感念。"

在现存的王国维书信中，很大一部分是家信，其他信件大部分是写给罗振玉的，但写给马衡的数量也不少于四十通。这显示了两人关系密切，友情颇深。两人往来信札的主要内容是学术讨论，与现代学者的学术交流极为相近。讨论的多是金石学和考古学问题，涉及青铜器、虎符、度量衡、石铎、古文字等方面。此外，北京大学是中国最早建立的国立大学，学术资源丰富，此时又位处首都，经常协助政府文教部门承担一些国家文化教育管理和研究工作，例如国史编纂、文物的保存研究与管理、国家历史档案的收存与研究、清室财产的善后、涉外文物的管制，并参与国际学术交流。马衡是这些活动

图 3　王国维、马衡与北大同人在中央公园合影。自左至右分别为佚名、张凤举、沈士远、周作人、王国维、马衡、马裕藻、沈兼士、沈尹默、陈大齐、佚名。拍摄时间约为 1924 年

的积极参与者，他获得的学术信息也是二人书信中交流讨论的内容。马衡在每封信落款处姓名前均署以"后学"，尊王国维为师长，向他请教问题，请他审订《金石学讲义》书稿。两人在往来通信和见面中切磋讨论，交流心得和见解，互赠学术资料与著作。王国维毫无保留地指导马衡，回答问题。马衡的见解和工作成果也对王国维产生了颇多启发。马衡在王国维逝世后回忆："忆自（民国）十二年秋，先生于是时来北京，乃相与摩挲、审辨，有所发明则彼此奔走相告，四年以来未尝或辍，而今已矣，无复质疑问难之人矣。读此遗编，倍增怅惘。"这段文字生动描述了两位学者的学术交流及失去请益对象的沉痛。

1921 年，马衡牵头在北大集资，帮助王国维在中华书局出版《唐写本切韵残卷》。《切韵》是隋朝陆法言的重要音韵学著作。王国维根据法国学者伯希和在敦煌发现的唐写本辑、录、写后影印出版，为学术研究做出了贡献。唐"写本至劣，别体讹字甚多"（罗振玉信），经整理抄写后才更具学术价值。王国维在 1922 年 2 月 13 日写给马衡的信中说："《切韵》得

兄纠资印行，得流传数百本以代钞胥，沪上诸公亦均分得一册，甚感雅意也。"

　　蔡元培先生 1916 年出任北京大学校长，支持新文化运动，提倡学术研究，主张"思想自由，兼容并包"，吸收容纳不同观点的学者担任教职。他十分重视王国维的学术贡献，四次委托与王友好的马衡出面，聘请王国维参加北大学术研究工作。1917 年和 1918 年马衡两次代表北大邀请王国维出任北大文科教授，王国维均婉言谢绝。1920 年底，马衡又发信聘请王国维为北大通信研究教授。王国维 1921 年 2 月 6 日回信以"惟近体稍孱，而沪事又复烦赜"为由辞谢，但答应"俟南方诸家书略整顿后再北上，略酬诸君雅意耳"，态度已有松动。马衡 1922 年 3 月 12 日和 14 日连发二函，恳请王国维就北大教职。12 日信中写道："大学讲席先生坚不欲就，而同人盼望之私仍未能已。拟俟研究所成立后先聘为通信研究之教授，不知能得先生同意否？又同人近组织一中华史学会……拟邀先生入会，谨寄呈草章一份。如蒙俯允，曷胜欢迎！"14 日信又表达了盼望王国维就职的深情："昨呈一书，计蒙鉴及。大学同人望先生之来若大旱之望云雨，及频年敦请，未蒙俯允。同人深

图 4　梅兰芳与国内外友人在私宅合影。右三马衡、右五法驻华参赞、右六蒋梦麟、左五梅兰芳。拍摄时间约 1923 年

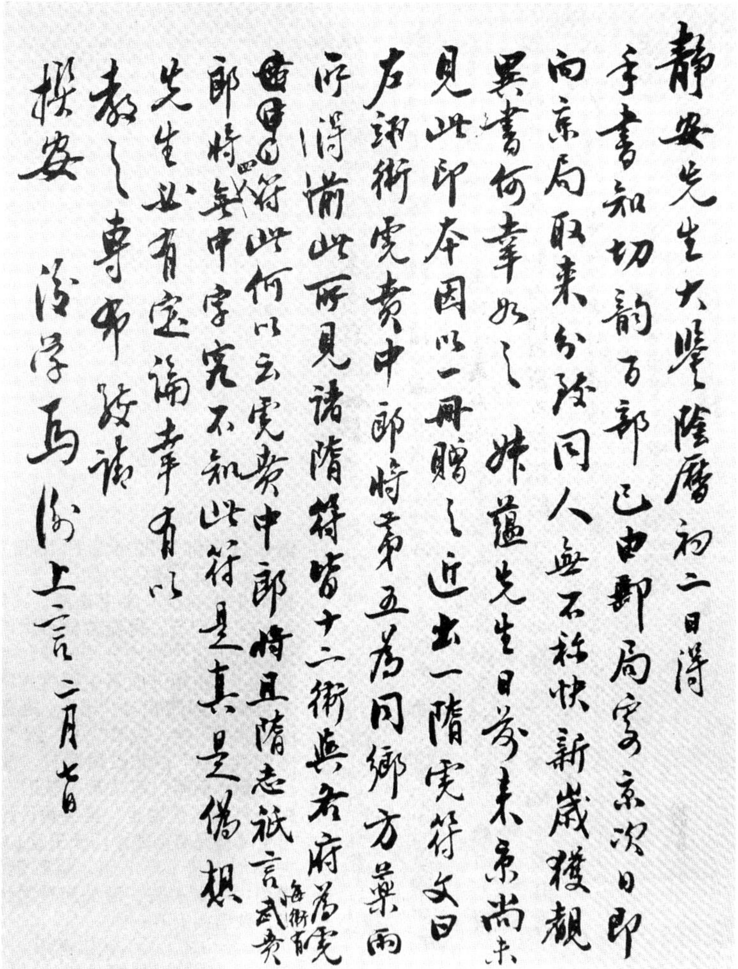

图 5　马衡 1922 年 2 月 7 日（农历壬戌年正月十一日）致王国维信

静安先生大鉴：

阴历初二日得手书，知《切韵》百部已由邮局寄京，次日即向京局取来分致同人，无不称快。新岁获睹异书，何幸如之！叔蕴（罗振玉字）先生日前来京，尚未见此印本，因以一册赠之。近出一隋虎符，文曰"左翊卫虎贲中郎将第五"，为同乡方药雨所得。前此所见诸隋符，皆十二卫与各府为虎符，此何以云"虎贲中郎将"？且《隋志》只言"每卫有武贲郎将四人"，无"中"字。究不知此符是真是伪，想先生必有定论。幸有以教之。专布，敬请撰安！

后学马衡上言　二月七日

117

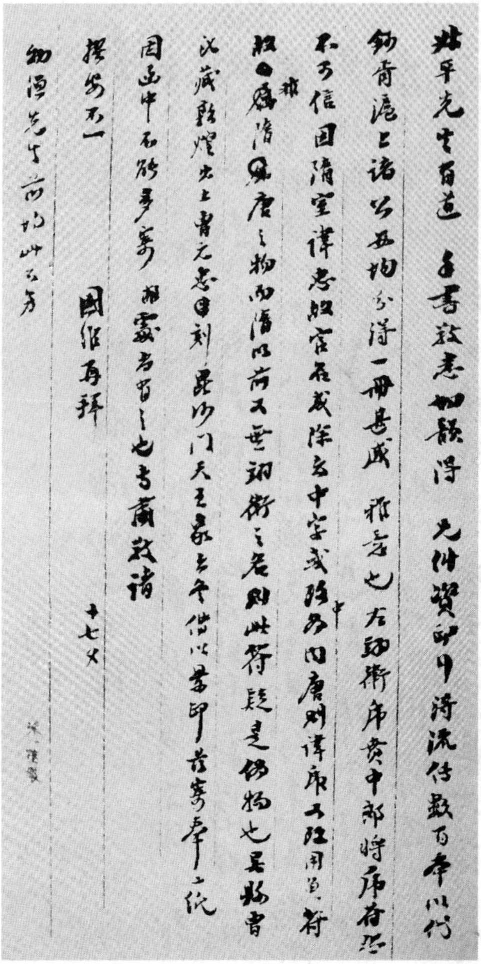
叔平先生有道 手书敬悉切韵得 兄纠资印行得流传数百本以代钞胥沪上诸公亦均分得一册甚感 雅意也 左翊卫虎贲中郎将虎符恐不可信因隋室讳忠故官名或除去中字或改中为内唐则讳虎又改用鱼符故非隋唐之物而隋以前又无翊卫之名则此符疑是伪物也吴县曹氏藏敦煌出土曹元忠刻毗沙门天王象去冬借以景印兹寄奉二纸因函中不能多寄 敝处尚有之也专肃敬请

撰安不一 国维再拜

十七夕

幼渔先生前均此不另

图 6 王国维 1922 年 2 月 13 日（农历正月十七日）致马衡信

叔平先生有道：手书敬悉。《切韵》得兄纠资印行，得流传数百本以代钞胥，沪上诸公亦均分得一册，甚感雅意也。“左翊卫虎贲中郎将虎符”恐不可信，因隋室讳“忠”，故官名或除去“中”字，或改“中”为“内”；唐则讳“虎”，又改用鱼符，故非隋唐之物；而隋以前又无“翊卫”之名，则此符疑是伪物也。吴县曹氏藏敦煌出土《曹元忠刻毗沙门天王象（像）》，去冬借以景（影）印，兹寄奉二纸，因函中不能多寄，敝处尚有之也。专肃，敬请撰安不一！

国维再拜　十七夕

以为憾。”由于罗振玉此时已应邀出任北大研究所国学门导师，加上北大多次诚意邀请和马衡的情谊，王国维终于答应了北大聘约。马衡四请王国维的故事传为北大优良办学方针的佳话。此时北大人文荟萃，成为全国学术研究重镇，新文化和新思想发展传播中心。陈独秀称赞北大说：“这样容纳异己的雅量，尊重学术自由思想的卓见，在习于专制，好同恶异的东方人中实所罕有。”

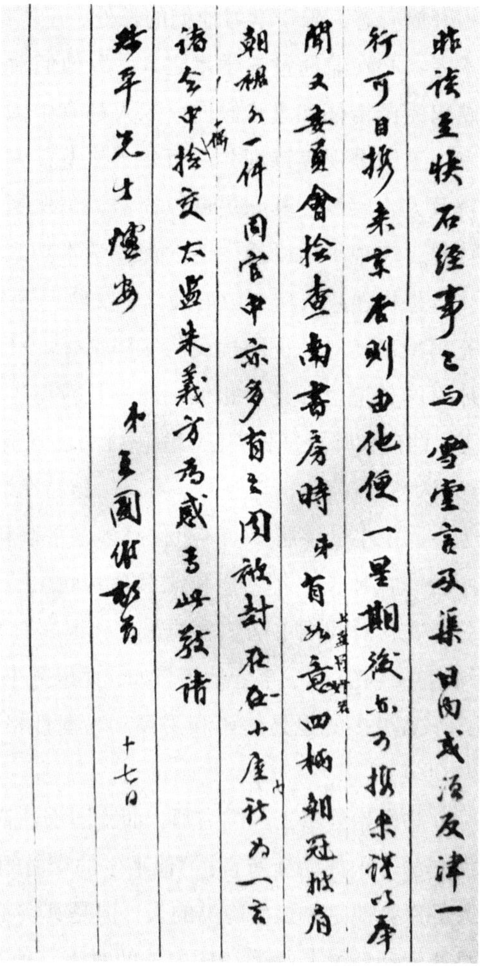

图 7　王国维 1924 年 11 月 13 日（农历十月十七日）致马衡信

昨谈至快！石经事已与雪堂（罗振玉号）言及，渠日内或须反（返）津，一行可自携来京，否则由他便，一星期后亦可携来，谨以奉闻。又委员会捡（检）查南书房时，弟有如意四柄（上并有姓名），朝冠、披肩、朝裙各一件，同宫中亦多有之，同被封在一小屋内，祈为一言诸会中，一并捡交太监朱义方为感。专此，敬请叔平先生炉安！

弟王国维顿首　十七日

　　王国维与马衡是浙东同乡，都接受传统私塾启蒙教育，打下深厚的国学基础。他们都聪敏早慧，十余岁便考中秀才。在内忧外患西学东渐的时代剧变之际，二人都放弃了科举仕宦之路，接受新思想和新知识，在不长的新式学校教育后，靠自学成才。他们都淡泊名利，醉心学术，对国内发现的大量文物饶有兴趣，选择学术研究作为终生事业。他们都热爱中国传统文化，认为中华优秀文化具有普世价值，同时对西方文化和国外学者都

119

抱开放心态，乐于学习他们的长处，王国维曾断言："异日发明光大我国学术者，必在兼通世界学术之人。"他们对人文精神和科学精神的追求，反映出爱国情怀和进步倾向。二人都有中国传统士人气质和情趣，皆能诗善书。王国维现存诗词共一百一十三首，大多为词作。他的诗词多有哲学思辨及人生感慨。其咏史诗以简洁词语概括宏大历史，见解不俗，小词亦多佳作，表现了他融通中西的深厚学术功底。马衡现存诗七十八首，这些古体诗是在强敌入侵、山河破碎、文物西迁、颠沛流离的抗日战争中写就的，充满感事伤时、忧国忧民的家国情怀。马衡诗的风格韵味颇近杜甫诗，他那时的处境也和杜甫相似。他有几首诗专集杜诗而成，可见他对杜诗的喜爱。两位大师皆擅长书法。王国维书法气清质朴，法度谨严，不乏晋韵唐风，颇具大家风范。这与他的学习、品德和性格都有关系。其作品以楷书和行楷为主，中小楷字居多，传世作品多是手稿和信札。马衡善书精篆刻，曾担任西泠印社社长多年。他和沈尹默共同主持北大书法研究会，发表过书法专著论文，对我国书法艺术的普及和提高有所贡献。基于金石学的深厚功底，马衡篆、隶、行、草皆运笔自如，尤以篆书见长，章法平匀，线条流美灵动。其作品最多的也是信函和手稿。马衡性格外向，待人热诚，幽默健谈，朋友众多。

马衡始终奉王国维为师，而王国维性格虽然内向，但对于好友，还是能深交的。正如马衡所言："他平生的交游很少而且沉默寡言……所以有许多人都以为他是个孤僻冷酷的人。但是其实不然，他对于熟人很爱谈天，不但是谈学问，尤其是爱谈国内外的时事。他对于质疑问难的人，是知无不言，言无不尽……真不失真正学者的态度。"当然，友谊最重要的基础是两人都有高尚的道德自律和人格操守，为人忠厚正直，都是正人君子，因而能互相信任，欣赏，宽容，"和而不同"也只有君子才能做到。

1924年两人的友谊经受了两次严峻考验。1924年溥仪之叔载洵拟拆除北京海淀大宫山的玄同宝塔，因涉及古物，引发社会关注。北大考古学会在派顾颉刚、李宗侗、容庚等人调查后，于8月9日在《北京大学日刊》上刊发"研究所国学门考古学会保存大宫山古迹宣言"，指出文物古迹的重要性，并将矛头指向清室。宣言引起持保皇观点的王国维不满，他于8月11日致

图 8　清室善后委员会点查组在故宫养心殿前留影。右三为马衡

信沈兼士与马衡，为清室辩护，并愤而辞去北大教职，撤回原拟在北大《国学季刊》发表的论文。虽然王国维情绪激动，但还是留有余地。他在信中说："二兄素明事理，于此'宣言书'竟任其通过发表，殆偶失之不检，故敢以意见陈诸左右。"两个月后，冯玉祥发动北京政变。北京政府 11 月 5 日通过《修正优待清室条件》，永远废除皇帝专号，将故宫开放备充国立图书馆、博物馆之用。当日即资遣太监宫女出宫，送溥仪移居什刹海醇王府。在这两次事件中，王国维的政治观点及所处立场都与马衡对立，但王国维与罗振玉不同，他不参与溥仪的复辟活动。大宫山事发生后，马衡有意挽留王国维而未果。北京政变后，小朝廷解体，王国维宫内"南书房行走"职务终止。而马衡则随即参加清室善后委员会，该会的任务是"会同清室近支人员，协同清理公产、私产，昭示大公。所有接收各公产，暂责成该委员会妥慎保管，俟全部结束，即将宫禁一律开放，备充国立图书馆、博物馆等项之用，借彰文化而垂久远"。马衡和他的二兄马裕藻教授都是该委员会的干事，二十八

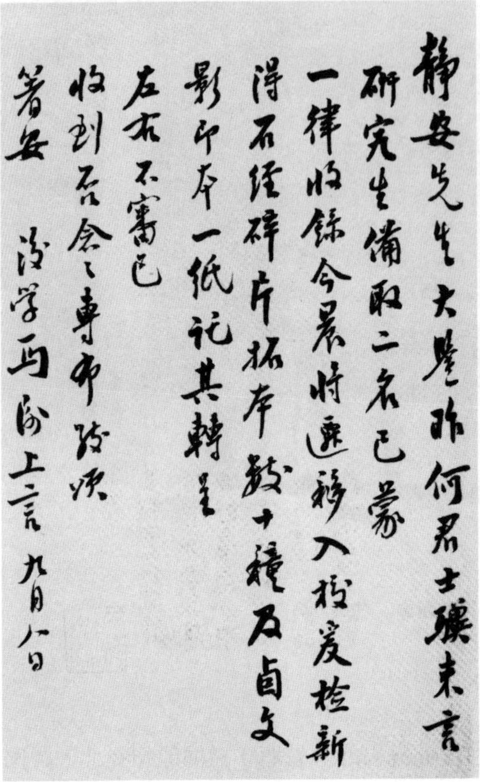
静安先生大鉴昨何君士骥来言
研究生备取二名已蒙
一律收录今晨将迁移入校爰检新
得石经碎片拓本数十种及卣文
影印本一纸托其转呈
左右不审已
收到否念念专布敬颂
著安 后学马衡上言 九月八日

图 9　马衡 1925 年 9 月 8 日（农历七月廿一日）致王国维信
静安先生大鉴：昨何君士骥来言，研究生备取二名，已蒙一律收录，今晨将迁移入校。爰检新得石经碎片拓本数十种，及卣文影印本一纸，托其转呈左右，不审已收到否？念念。专布，敬颂著安！
后学马衡上言　九月八日

名干事中有北大教授多人。显然马衡以后工作的故宫博物院，正是清室善后委员会后继产生的。两次事件并未影响他俩的友谊，事后两人往来书信并未减少，从此时到王国维去世的两年半间，现存的往来书信仍有三十一封之多。小朝廷瓦解后仅一周，王国维 11 月 13 日致信马衡，信中首句即为“昨谈至快”，可见二人 12 日见面交谈还是非常愉快友好的。信中还托马衡代为寻找留在宫内南书房的朝服和如意。两人继续切磋学问，交流资料，问病问安，表现了君子和而不同的宽容大度。

1926 年，王国维遭遇到人生的多事之秋。先是 8 月长子王潜明因伤寒病英年早逝，痛失爱子后，亲家罗振玉又不与王国维商议，带三女儿（王潜明妻子）回家，且不接受王潜明的抚恤金。两人因家事产生矛盾。罗振玉性格强势，竟因此在 11 月发函与多年好友兼姻亲绝交。接连的打击使王国维心情极为不快，但他和马衡的友谊及学术交流并未受影响。12 月 1 日王国维致马衡信中谈到长子的伤寒病："亡儿之病，中西二医并有贻误，亦不能专咎西医，即病者自身亦枪法错乱。总之，运数如此，无可说也。"信中还谈到马衡的伤寒病："前日何君士骥（何士骥是马推荐给王的清华国学研究院研究生）来，具悉大驾在沪曾患伤寒，此次还京尚未复原。此病之后，调理甚为重要，仍请节劳为荷。"信中最后写道："弟上星期六曾至历史学会演讲一次，晤福开森，始知兄已北归，但时晚未及奉访。此次北归后只此一次进城也。有讲稿数篇，另寄呈教。他日入城，再行奉访。兄体新愈，不可远涉也。"这般亲切的交流和细致的关怀，表明了两人的深厚友情。

1926 年 7 月 1 日，广州国民政府发布北伐宣言，出兵北伐，征讨吴佩孚、

图 10 1912 年，南洋公学师生返校合影。前排居中者为福开森，第二排右五为马衡。福开森是美籍汉学家、教育家和文物收藏家，他曾担任南洋公学监院（院长），马衡是他赏识的学生。1934 年，福开森将一千余件贵重文物捐赠金陵大学，他和马衡、王国维等学者关系密切友好

孙传芳、张作霖等北方军阀。工农学生革命运动高涨，国内外各种新旧势力交错复杂，剧烈冲突。1927 年 4 月张作霖派兵包围北京苏联大使馆，捕杀李大钊等共产党人；蒋介石在上海公然背叛革命。在斗争空前激烈的情况下，社会失序并出现一些过激行为。4 月 11 日，长沙农工商学各界团体召开农民协会公审大会，以"封建余孽，豪绅领袖"等罪名，判处前清进士、著名学者叶德辉死刑。此外，谣传湖北著名学者王葆心被北伐军枪毙；国民党上海特别市党部竟在通缉"著名学阀"的呈文中将辛亥元老、国学大师章太炎列为其首，一时人心惶惶。梁启超在其 3 月 21 日家书中写道："今日下午消息很紧，恐怕北京的变化意外迅速，朋友多劝我早为避地之计（上海那边如黄炎培及东南大学稳健教授都要逃难）……"王国维和王葆心是好友，在听闻叶德辉、王葆心的消息后，心情很坏。6 月 1 日，清华国学研究院举行学期结束例行的叙别会，师生共进午餐。在跟山西学生卫聚贤同桌吃饭时，王曾经询及何处可以避难，卫建议他去山西，可到太原兴贤大学任教。当天何士骥从城里赶来参加聚会，并转达北大马衡和沈兼士教授之意：请王先生进城，

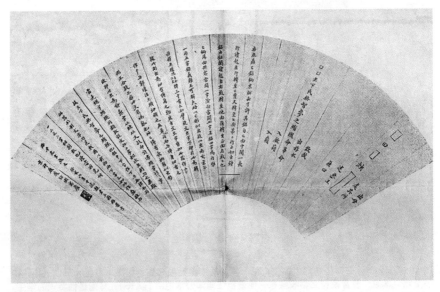

图 11　王国维赠马衡手书折扇

图12　清华大学海宁王静安先生纪念碑正面及碑铭

住在他们家，北大同人会保护他，还建议王先生最好先把辫子剪掉。研究生们纷纷劝王先生进城。王国维只是平静地回答：我自有办法。梁启超在聚会结束时起立致辞说："吾院苟继续努力，必成国学重镇无疑。"致辞后又说："党军已到郑州，我要赶到天津去，以后我们几时见面就很难说了。"当天的《世界晚报》刊登了《戏拟党军到北京后被捕人物》，文中预测国民党会抓捕王先生。第二天王国维在颐和园投湖自沉。6月3日，马衡出席清华大学王国维入殓送殡仪式，参加者有清华大学曹云祥校长、梅贻琦教务长、吴宓、梁启超、梁漱溟以及燕京大学容庚等教授和国学院研究生。当月马衡应聘任清华国学研究院特别讲师，接替王国维的教学工作。7月马衡在日本刊物《文字同盟》第四期"王国维专号"发表了致该刊回函："前得惠书，征求静安先生遗文及表彰静安先生之著。弟愧不能成文，不足以表彰其道德文章于万一。"仅向该刊推荐了王的遗著，以表达对亡友的敬仰。该刊登载了其兄马裕藻挽王国维联：志洁清廉，求仁得仁。王国维投湖自沉后，罗振玉竟伪造遗折把王打扮成殉清遗老形象。梁启超、陈寅恪等人撰文为王辩诬。11月马衡也在《国学月报》上发表《我所知道的王静安先生》，否认王国维是为清室"殉节"，说王"既有长子之丧，又遭挚友之绝，愤世嫉俗而有今日之自杀"。并引证王的著作和与王的谈话说明，"所以我说他的辫子是形式的，而精神上却没有辫子"，以为好友辩白。梁启超在其6月13日家书中写道："静安先生自杀的动机，如他遗嘱上所说：'五十之年，只欠一死，遭此世变，义无再辱。'他平日对于时局的悲观，本极深刻。最近的刺激，则由两湖学者叶德辉、王葆心之被枪毙。……静公深痛之，故效屈子沉渊，一瞑不复视。"

　　两年后的1929年，清华国学院师生建立"海宁王静安先生纪念碑"，纪念这位开风气之先，兼容中学西学，无分新学旧学，在文史哲多种学科承前启后，贡献卓越，得到国内学界一致悦服，国际东方学学者普遍尊敬的杰出学者。此碑由陈寅恪撰文，林志钧书丹，马衡篆额，梁思成拟式。四位都是大师级学者。碑文高度评价王国维读书治学追求真理的成就，强调了他的独立之精神和自由之思想。这是经过辛亥民族与民主革命洗礼和五四运动"科学与民主"启蒙后中国知识分子的心声，他们已经认识到自由已成为世界多数民族的价值观。

（本文作者马庆芳和杨衡善分别是马衡先生的侄孙和侄外孙）

（原载《老照片》第128辑，2019年12月出版）

民国著名海军将领吴振南

吴申庆

一、两度留学英国，南洋舰队"楚观"舰管带

清光绪八年（1882），祖父吴振南出生在扬州一个木材店业主家里。先辈做木材生意创立家业，但到曾祖父吴文林、曾祖母蔡氏一辈，虽苦心经营，终因社会动荡，家道中落，以致难以维持家中九个孩子的生活。少年吴振南为了闯出一条路，十五岁就离家投考南京江南水师学堂。水师学堂学业艰苦，但膳宿书籍一概免费，每月还可得到数元的零用，成为许多穷苦而有志少年向往的去处。祖父刻苦学习，历经五年风霜寒暑，终得回报，毕业考试列一等。光绪三十年（1904），被选送到英国皇家海军东方舰队任见习士官，后转赴英国格林威治海军大学朴次茅斯枪炮学校及勃列茅斯领港学校系统地学习航海、驾驶、操炮等海军高等技术。光绪三十二年（1906）期满回国。光绪三十三年（1907），吴振南等六人再次被选派赴英国伦敦海军大学学习，于宣统元年（1909）毕业回国。两次出国，共四年时光，青年吴振南克服了语言文化、生活习惯等方面困难，发奋刻苦学习英国海军先进技术，获得优异成绩。在他的文凭上这样写道："大清国海军三等二级士官吴振南已遵定章毕业，大考应得最优等文凭。"包括枪炮科文凭、鱼雷科文凭、引港科文凭，其中详细列出所学课目，从微积分、航海天文，到轮机、操炮、海战海图等数十种课目，考试成绩均为优等。他随英国东方舰队军舰长期远航，曾三次驶过非洲好望角，掌握了过硬扎实的航海技术。

吴振南学成回国之后，先后在江南水师学堂任教习，后调任"建威"

127

图 1　吴振南将军

舰大副。宣统三年（1911）任"通济"舰管带。吴振南在水师学堂和训练舰"通济"舰主要教授实用航海、天文、枪炮、鱼雷及帆缆、船艺等课程，训练培养了一批海军骨干。他的许多学生如陈绍宽、朱天昌后来成为民国海军的中坚。

　　1911年吴调任"楚观"炮舰管带。"楚观"舰排水量750吨，长200英尺，两座蒸汽主机1350匹马力，最高航速11节，乘员117人；舰艉尾装备二门4.7英寸主炮，两舷各一门3英寸炮。传说慈禧太后曾搭乘过"楚观"舰。

二、率舰起义参加辛亥革命

辛亥革命爆发后，1911年11月，吴振南所属的南洋舰队的"楚谦""楚观"等13艘战舰被清政府派往镇江江面镇压革命。受到西方民主共和思想影响的吴振南在革命党人的感召下，由同情革命转而参加革命。11月11日，吴振南与舰队统领宋文翙毅然率舰队易帜起义，配合沿江义军作战，大振革命军威，协助攻占南京。海军舰队集体起义，在辛亥革命关键时刻发挥了重要作用，是当时左右战局的一支重要力量。而参与辛亥革命的青年海军军官们也成为后来民国海军的中坚。

在镇江召开的海陆军联席会议上，起义人员公推宋文翙为海军总司令，吴振南为都督府海军处长，并由林述庆发给委任状。

1912年南京临时革命政府成立，吴振南被大总统孙文委任为海军部参事兼"楚观"炮舰舰长，并被推为海军协会会长。1913年任军衡司司长，1914年升授海军少将。1916年任海校学生考选委员会主任。

图2　吴振南（中）与同学在英国学习期间在大海中健身

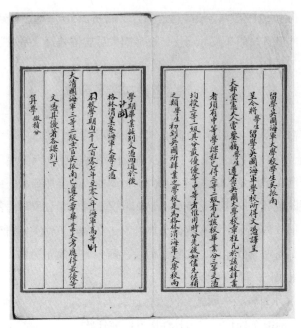

图 3　吴振南在英国皇家海军大学的毕业文凭（呈报清廷的翻译件）

值得一提的是，为了复兴民国海军事业，加强海军建设，海军协会在 1911 年创办了《海军杂志》，由吴振南亲自主持编辑。杂志为 16 开本月刊，共出版了十余期，后因故被迫停刊。这是中国历史上最早的海军期刊。

另一件事是，1916 年吴振南在担任考选委员会主任期间，严格按规定之入选条件录用人才。各省达官要员、亲朋好友纷纷来人来函向他关说，祖父对于来者一一婉辞谢绝，来函一封未启，竟封存各类关说信函一大箱。最后不徇私情地从九百多名考生中录取了一百名。如此秉公办事，不仅在当时难能可贵，在当今也是难以做到的。

三、任职海岸巡防处，出席巴黎和会

祖父吴振南先后在民国海军担任各种要职，"一战"时期任国防事务委员会海军委员，海军高等捕获审检厅评事。1927 年 3 月起任职国民政府全国海

图 4　辛亥革命前的吴振南（右），左一为杜锡珪

岸巡防处处长，办公地在吴淞，下辖东沙岛气象台、厦门坎门嵊山报警台。7
月兼海道测量局局长。其后长期主管全国海岸巡防工作。海岸巡防处和海道
测量局都是海军技术、海事专业要求很高的部门，管理海域广，难度大。而
民国时期我国国力羸弱，海军军力单薄。加之派系门阀林立，官僚之风盛行，
使得祖父任职处处遭遇掣肘。巡防处只有 200 吨以下炮艇十二艘，而实际上这
些炮艇的指挥调动权却属于海军部，遇到意外事件或船难求救，需要经由海
军部派船处理，辗转费时，往往坐失良机。祖父在任十年，兢兢业业，恪尽
职守，处理了大小无数事件，然而回顾这段经历，往往感叹唏嘘，愀然不乐。

　　1919 年，第一次世界大战的战胜国为讨论战后问题在巴黎召开会议，出
席会议的除美、英、法以外，还有意、日、中等 32 个协约国国家代表，这
就是著名的巴黎和会。中国代表团由陆征祥等 5 名正式代表组成。吴振南奉
命派赴法国作为专门委员参加会议。

　　中国在第一次世界大战期间参加了协约国，支援协约国大量粮食劳工，
作出了很大贡献和牺牲。作为战胜国之一，中国起初对巴黎和会抱有很大的

图5　1919年1月1日，美国报纸报道胡霖、梁尚栋、吴振南及王赓（左起）参加巴黎和会的消息

希望，除了限定的正式代表外，又派出吴振南等多人与会。中国提出索回德国强占的山东半岛的主权，撤出外国军队等七项要求，后又提出取消帝国主义在中国的特权，取消日本强加给中国的《二十一条》，收回山东的权益等提案，表达了正义合理的要求。可是和会完全被英、美、法等国操控，加之日本从中作梗，使会议成为少数列强重新瓜分世界利益的会议。中国提案被否决。在五四运动浪潮冲击下，中国代表团拒绝在《凡尔赛和约》上签字。

　　吴振南在其自传中写到和会时说："我对此事，至感愤懑，故未待闭会，即请示返国。"

　　参加巴黎和会的经历，使祖父受到极深的教育。在此之前，祖父较多地看到西方国家的民主制度以及经济科技的先进性，而通过这次会议则重新认识了西方世界，看到了帝国主义列强弱肉强食、巧取豪夺的贪婪本质，痛感"弱国无外交"，"强权即真理"。

四、接受日本淞沪海军投降，保卫上海安全

1937年"八一三事变"后，日军开始进攻上海，设在吴淞的海岸巡防处被战火摧毁。祖父吴振南奉命率全处及电台退入市内坚持工作。11月12日上海沦陷。祖父奉命撤离。可就在此时，祖母病故了。料理丧事之后，为了躲避日伪军抓捕以及汉奸告密，他隐姓埋名，隐居到苏州，只与重庆海军司令王寿廷保持着联系。八年全面抗战，祖父生活极为困难，常靠典当度日。面对国破家亡，祖父仰天叹道："日本海军中不少知名将领是与我同在英国留学的。他们人才并不出众，但在日本海军中便能大显身手，而我们中国海军却无所作为，不战而败。弱国的人才不如强国的庸才，怎不令人沮丧？"

经过艰苦卓绝的抗战，1945年8月日本宣告投降。10月吴振南突然接到海军总司令陈绍宽的一个特殊而光荣的任务：代表中国接受日本淞沪海军的投降！在日本淞沪海军舰队司令部举行的隆重而庄严的受降典礼上，吴振

图6 抗战前与家人在一起

133

图 7　20 世纪 40 年代的吴振南

南将军代表中国从日本森少将手中接过指挥刀，接受日本的舰队司令部、陆战队司令部、军需部的投降，宣告日本侵略者占领上海的日子从此结束！

　　祖父在自传里写道："是时余心情愉快，难以言宣，实不料此接收事务为我生平最感艰辛之工作也。"原来接受投降后还有大量事务需要处理，包括看管遣返日军人员和清点接收从日军手中缴获的巨量物资等，其中包括分布在上海的仓库 400 余所，房产 70 余处，以及大量军火弹药物资。而祖父当年已六十三岁，他手下最多时只有 500 名官兵。其后为了清点保护看守这些资产费尽心血。由于日军许多弹药已经过期，随时都有意外爆炸的危险。为防止意外，保障上海市民安全，祖父率其手下数百官兵日夜奔波操劳，处置了 600 余吨炸药，1600 枚深水炸弹，没有发生任何事故。随后祖父于

图8 1947年退休之后，享天伦之乐

1947年告老退休，脱离海军，所管辖的所有物资，包括房产、军火如数移交，而一家三代十几口人仍居住在一套租用的公房里。

祖父"七十抒怀"诗中，有一首很好地概括了他的这段人生："凯唱声中意气扬，江头降寇集中忙。物资亿万空储备，八载侵华梦一场。"

五、拥戴新中国，欣慰度晚年

1949年，新中国诞生。吴振南从晚清、民国到新中国，在上海迎来了人生第三个历史时期。他开始时有疑虑，以为自己曾做过国民政府的特任官，曾是个旧军人，又有海军少将的军衔，担心人民政府会把他作为敌人对待。

可是人民政府不但没有追究他，反而妥善安排照顾这位旧军人。吴振南受交通大学之聘，担任该校管理学院航管系航海天文学主任教授。以后又被上海市人民政府聘为上海市政府参事。见到聘书上印有鲜红的陈毅市长的印章，祖父热泪盈眶，他深感人民政府的信任，给了他这位旧军人如此殊荣。后来，吴振南加入了宋庆龄先生领导的中国国民党革命委员会。

1961年3月18日，一代海军名将吴振南因病在上海逝世。上海市人民政府为这位爱国民主人士举行了隆重的追悼会。宋日昌副市长在悼词中评价他热爱祖国，毕生从事海军事业，解放后拥护新中国，努力学习，对他的一生作了充分肯定。

（原载《老照片》第122辑，2018年12月出版）

黄侃赠友的题字照片

胡舜庆

　　前几年在南京王伯沆周法高纪念馆，王伯沆先生之女王縣先生出示了一帧珍藏已逾百年的泛黄照片。照片中身着长袍马褂的持杖老人端坐椅上，虽在垂暮之年，但目光炯炯，慈祥中透着忧思。照片背面有黄侃墨笔题记："此先君子（按：指其父黄云鹄）丙申（1896）三月在武昌江汉书院中所照相，时年七十八。其后二年，岁在戊戌（1898），八月十九日卒，距今忽一世矣。孤露之生，萍浮南北，独此像板常在箧中。伯沆先生，先子门人也，今年始晤于上元（南京之古称）。先生感念旧恩，常垂匡诲，敢印一幅奉贻，俾先生如睹先子颜色。戊辰（1928）八月廿二日，孤侃泣记。"

　　黄侃（1886—1935），字季刚，号运甓，湖北蕲春人，黄云鹄幼子，章炳麟弟子，历任南北多所大学教授。黄侃精研音韵训诂，为一代国学大师，著有《尔雅音训》《音略》《文心雕龙札记》等。照片主人公黄云鹄（1819—1898），字缃芸、翔云，咸丰三年（1853）进士，官至四川永宁泸州分巡道。他为官清正廉明，主张王子犯法与庶民同罪。人誉为"黄青天"。

　　黄云鹄常将俸禄捐赠慈善事业，在四川雅安领衔捐修雅材书院、青衣桥、金凤寺等。在得罪权贵辞官后，他虽贵为二品大员，却家无余财，仅数十箱书籍。他一生修身积德，勤苦治学，以学行著称，历任湖北两湖、江汉、经心三书院山长（院长）。1891年回乡第二年，他以七十三岁高龄受聘远赴江宁（今南京）尊经、钟山书院。著有《实其文斋诗钞》等。

　　照片题记中"孤露"，指幼年丧父或父母双亡而失庇护，黄侃十三岁丧父，失去了父亲的荫庇，所以自称"孤露之生""萍浮南北"，黄侃感慨人生

图1　黄云鹄光绪二十二年（1896）三月摄于武昌江汉书院

如寄，萍踪无定。题记中提及其父及伯沆，均另起一行，以示对其父的尊崇，对伯沆的爱重。题记虽寥寥三行，但坦露心曲以抒情寄慨。

　　黄侃1928年离开沈阳东北大学，赴南京应中央大学之聘，自此与南京结下不解之缘，前后在宁生活了八年。此照的主人公王伯沆（1871—1944），名瀣，别署伯谦，晚号冬饮，中央大学教授，早年就读尊经书院、钟山书院，每试常名列案首。教师在其课艺（作业）上批语："说理深通，造语名贵，是有经籍气者。"黄云鹄"召之温勉，为述学问之要"（钱塈新《冬饮先生行述》）。可见黄云鹄对其之器重，并授以学问之道。《黄侃日记》中亦有记载："王伯沆言次念我先君，云：甲午、乙未间，应尊经书院试。因执贽进

图2 王伯沆1937年摄于家中

见,其时先人(按:黄父云鹄)曳朱履,扶杖行篱落间。与之语云:'子文虽取,却非定佳。然天才可成,宜用力读书以自立。'"王伯沆专心教学与治学,终成国学大师。王驾吾、陈寅恪、陈训慈、唐圭璋、常任侠、郦承铨、卢冀野、潘重规等皆出其门下。著有《王东饮先生遗稿》,《冬饮丛书》一、二辑和《王伯沆批校〈红楼梦〉》等。

王伯沆后来知道,这位博学刚直的同事黄侃是恩师云鹄之子,倾盖之间颇感相见恨晚,相处中感情分外深厚,成为生死不渝的挚友。《黄侃日记》有记:"以先人照像赠王伯沆世兄,从其请也。题记像后,不禁悲感。"可见黄侃也是感情丰富的学者、诗人。

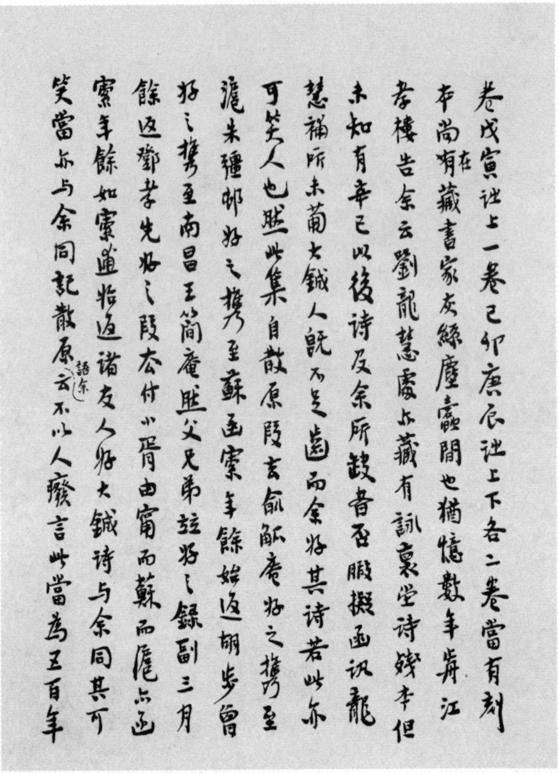
卷戊寅訖上一卷己卯庚辰訖上下各二卷當有刻本尚有在藏書家友縣塵龕閒也猶憶數年前江孝棲告余云劉龍慧處亦藏有詠懷堂詩錢李但未知有辛巳以後詩及余所跋者否暇擬函訊龍慧補所未備大鋮人既不足道而余於其詩若此亦可笑人也然此集自散原跋吉俞觚庵於之携至滬朱彊邨於之携至蘇函索年餘始返胡步曾於之携至南昌王簡庵然父兄弟並於之錄副三月餘返鄧孝先於之跋太付小胥由甯而蘇而滬亦函索年餘如索逋始返諸友人於大鋮詩與余同其可笑當亦與余同記散原語余云不以人廢言此當為五百年

图 3　阮大铖《咏怀堂诗集》王伯沆题跋

黄侃性格狂狷，治学严谨勤奋。他教学治学，以“发扬民气”，以“继绝学、明旧章、存国故、植邦本、固种性”为己任，毕生致力于研究中华传统文化。他还说过：“士以志气为先，不以学问为先。读书人当以四海为量，以千载为心。”

30 年代中央大学文学院名家云集，有王伯沆、胡小石、黄侃、汪东、吴梅、汪辟疆等名教授。黄侃与教师、学生相处关系非常融洽，他与王伯沆相交莫逆，互敬互重，常互赠书籍，诗文唱和，结伴出游，访古探幽。

黄侃病逝后，王伯沆忍泪含悲撰联悼念亡友，联曰：“情深文跌宕，气迈酒波澜，白眼看天，世有斯人容不得；生感雀张罗，死拼蝇入吊，青人归

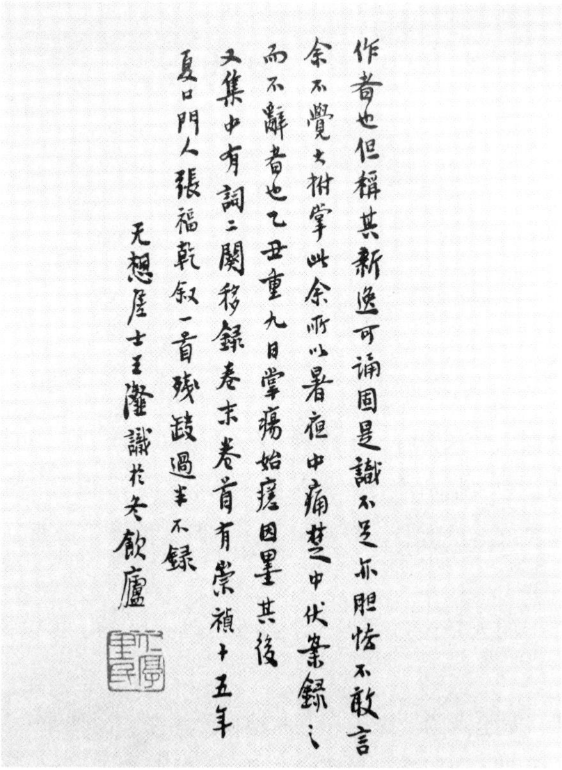
作者也但稱其新逸可誦固是識不足亦胆怯不敢言
余不覺大拊掌此余所以暑夜中痛楚之中伏案錄之
而不辭者也乙丑重九日掌殤始瘥因墨其後
文集中有詞二闋移錄卷末卷首有崇禎十五年
夏口門人張福乾叙一首殘跋過半不録
无想居士王瀣識於冬飲廬

图 4　阮大铖《咏怀堂诗集》王伯沆题跋

远，我来思旧黯相呼。”

黄侃题字照片不仅使王伯沆可常睹恩师慈颜，而且背面题字也饱含友情的抚慰。故伯沆世袭珍藏，虽历经抗战、“文革”劫难竟奇迹般保存下来。这帧照片见证了两代人的深厚情谊，也是研究民国学术史的珍贵实物资料。这帧珍贵照片已在去年，连同王緜先生多年在海外古玩店购买的胡小石行书、吴梅楷书扇（背面是吴湖帆青绿山水）等文物悉数捐赠给王伯沆曾任教的中央大学（今南京大学文学院），化私为公，文物得其所哉。

（原载《老照片》第 128 辑，2019 年 12 月出版）

罗振玉一家的合影

穆　公

　　1937 年罗振玉全家曾合影于旅顺，三代人共二十三位，可谓大团圆。此照多见于书刊，为大家所熟知。然笔者手头有一张罗振玉一家拍摄于 1929年的合影，人数虽不及前照，只有十七人，但其拍摄年份要早于前照八年，也值得我们关注。

　　这张照片上的人是经过罗振玉三孙女罗珊指认的，可以说准确率百分之百。

　　照片中老一辈坐者为罗振玉，字叔蕴，号雪堂，时四十六岁，是我国近代著名的国学大师，中国近代教育家、考古学家、金石学家、敦煌学家、目录学家、校勘学家、古文字学家，中国现代农学的开拓者，中国近代考古学的奠基人。一生著作达 189 种，校刊书籍 642 种。雪堂公右侧为继配夫人丁氏（大年），左手为四弟罗振常，字子经，号邈园，是近代学者、藏书家兼书商，精通目录学，曾助罗振玉到河南安阳收购甲骨，编印金石著述等。

　　第二代中，有长子罗福成及何氏夫人（后排右四、右五），四子福葆及陈氏夫人（后排右三、左二）、五子福颐（后排右二）和五媳商静宜（后排左一）。雪堂公的几位公子都是做学问的，包括英年早逝的福苌。他们在考古学、金石学、古文字学诸多方面都是专家。如福颐系故宫博物院研究员，在印学上造诣极高，影响深远。福颐夫人商静宜也是一位史上少有的女篆刻家。

　　第二代中还有三女罗孝纯（蔓华）（后排左三），是王国维的儿媳。罗、王晚年不和，据说因她而起。

雪堂公与儿孙十七人

　　此照第三代中有四男三女，其中长孙罗继祖（后排右一）最有成就。他没有进过学校，从小就在罗振玉身边，跟祖父学国学，学做人。然长大后却长期从事教育工作，曾任吉林大学历史系教授，学术成就多多。二孙承祖（振常左手边）、三孙绳祖（雪堂公怀抱者）、四孙兴祖（丁氏怀抱者）。孙女中长孙女罗瑜（完白）（前排左一），长子福成出，适山阴樊氏，定居上海。二孙女罗玖（前排左二），小名米米，三子福苌出，该女命苦，父母早丧，享年也只有十二岁。三孙女罗珊（丁氏右手前），是笔者的五舅妈。这是刘鹗、罗振玉两家再次联姻。罗振玉长女嫁给了刘大绅（季英），罗珊的先生就是季英公第五子厚祜。罗珊老人 2016 年离开人世，享年八十九岁。

　　此照的拍摄时间是这样推断的：《永丰乡人行年录（罗振玉年谱）》1928年条记载"四月，四孙兴祖生，福葆出"。又 1929 年条记载"十二月，次孙女玖以肺炎暴殇，年十二"。观照片手抱之四孙兴祖年约一周岁，约于 1929

年上半年，此时二孙女玖得以入照。此照最晚应在 1929 年 12 月。拍摄地点应是旅顺，《年谱》第 103 页"1929年"条有载"旅顺新居筑于新市街扶桑町，在将军山巅，面海背山……市远故尘嚣不到，而海山景色近接几席"。照片背景虽不见全貌，但西洋建筑风格与庭中扶苏花木却十分明显，故断言为旅顺新居。

据笔者所知，照片中人尚在世的唯三位孙子了，最小的兴祖也奔九旬了。我们不禁要感慨人生苦短，好好保重，珍惜当下吧！

（原载《老照片》第 114 辑，2017 年 8 月出版）

宋哲元的家庭生活

李惠兰 口述　王雷 整理

一、宋哲元的少年时代

宋哲元（1885—1940），字明轩，山东乐陵人。乐陵宋氏本是书香门第、官宦人家，宋哲元的老祖先宋槃曾在明末为官三十余载，清正廉洁，最后官至兵部侍郎，五十九岁去世后，被追赠兵部尚书、通议大夫。清朝时，宋门又出了一个进士、一个武进士、四个举人和两个武举人。可是后来家道中衰，宋哲元的祖父宋堪英年早逝，没有给家里留下什么积蓄。到宋哲元父亲宋釜（字湘及）这一代，因其授业恩师遭清朝"文字狱"迫害而入狱，他也被株连，终身不得做官，只能以私塾教师为生，靠微薄的薪金供养家庭。

雪上加霜的是，在宋哲元小的时候，宋釜的继母贾氏将宋釜一年来在外教书的薪水私自占有，使宋哲元母子二人生活陷入困境，宋母沈氏夫人毅然从赵洪都村的婆家迁回到后颜村的娘家，投靠自己的哥哥沈兰菜，住在了沈家的柴房里。

图 1　学兵时期的宋哲元

145

母子二人相依为命，靠赊棉花，再纺成棉线换钱，艰苦度日。

宋哲元的启蒙教师是他的舅舅沈兰荪。之后宋哲元又跟随父亲到大户人家做书童，继续学习儒家经典。十七岁时，宋哲元已不适合再做书童，就回家伴母。他的二弟宋春元生下来手脚就有残疾，不能劳动，而三弟宋智元又比他小十八岁，家中缺劳动力。为养活两弟两妹，他不仅要教私塾，还要到城里染坊做染工，春节时卖对联。直到二十三岁那年，宋哲元的人生迎来了一个巨大的转折，他从在陆建章（袁世凯手下的重要将领）家中任塾师的父亲处得知随营武备学堂招生的消息后，便从山东老家徒步前往北京报考。由于家中贫穷，他的母亲连为他做一双新鞋的布料都没有。所以，宋哲元只得穿上自己制作的草鞋走到北京。

二、宋哲元的婚姻

宋哲元的夫人常淑清出身北京的满族，其祖上曾经为清廷内务府采制帘子，被称为"帘子常家"。到了民国时期，常家没了经济来源，家道衰落，常淑清的父母又双双过世，留下姐弟二人由祖父常老先生抚养长大。她和宋哲元的婚姻可以说是一波三折。

这要从宋哲元走上军旅生涯后讲起，宋哲元于武备学堂毕业后当上了哨长（排长）时，年已二十八岁。每到休假之时，他从来不像他的战友那样离开兵营，去街上玩乐，而是一个人在营房里读书、写字。他的战友韩子峰十分不解，问他不出去游玩的原因，宋哲元就向韩子峰介绍了自己家的情况，需要省钱交给母亲，补贴家用。韩子峰听后，认为宋哲元具有孝悌、诚实的传统美德，是个好青年，就想为他说个媒，便把这件事告诉了朋友常老先生。常老先生以去营房看望韩子峰为由，实际上去"考察"宋哲元，他看见宋哲元举止得当，为人忠厚，一表人才。又看了看宋哲元写的字，认为他文武双全，将来一定能有一番作为。于是，决定将孙女常淑清许配给宋哲元。"父母之命，媒妁之言"，这件事儿不能由宋哲元自己来做主，必须经过父母同意。所以，韩子峰找到了此时正在陆建章家中教书的宋釜。宋釜得知此事后很高兴，就把随身携带最值钱的一把带有翡翠扇坠的扇子作为信物交给了韩

图 2　新婚的宋哲元夫妇与父母合影

子峰，算是两家正式定亲。可是由于当时正是民国乱世，宋哲元常年跟随大部队南征北战，居无定所，无法完婚。直到三年后的 1916 年宋哲元所在部队到达四川绵阳，有了固定的驻地。常老先生才把孙女常淑清送到四川与宋哲元完婚，新婚之夜两人才第一次见面。

　　婚礼由宋哲元的长官冯玉祥亲自主持，婚房是临时借用当地老医生李莲孙家的厢房，房前贴着常老先生亲自写的对联："画眉轶事传京兆，坦腹东床拟右军。"这副对联中，常老先生借东床快婿的典故，将宋哲元比作王羲之，认为其前途不可限量，又借西汉张敞为妻子画眉的典故，祝福这对新人恩爱幸福。

　　正如常老先生希望的那样，常氏夫人在家相夫教子，夫妻二人举案齐眉。宋哲元任热河都统期间，他的父亲宋釜患了重病，常氏夫人就带着大女儿，在北京租了一个小院，照顾生病的公公直至其去世。

图3　烈士孤儿（照片右一、右二两个光头小男孩为双胞胎）和宋家
子女一起长大

　　常淑清从不干政，但是在长城抗战后，她率领其他将领的夫人共同参加
了慰问烈士家属的活动。她生活勤俭朴素，即便后来宋哲元当上了二十九军
军长、平津卫戍司令、冀察政务委员会委员长，成了地方大员，她也从不烫
头发，更不穿高跟鞋和华贵的衣服。他们夫妇二人育有六女一子，长女景昭、
次女景宪、三女景文、四女景蕴、五女景云、小女儿景孚，儿子华玉，排行
第四。

当时军队中很多高级将领都蓄妾，宋家只有一个儿子，很是单薄，便有人建议宋哲元也应纳妾多生儿子，宋哲元都委婉拒绝。长城抗战后，宋哲元收养了烈士侯万山家中的双胞胎男孩，对常淑清说："这就是我们的孩子。"常淑清也将这对双胞胎视若已出，抚养成人。

三、宋哲元对母至孝

由于幼年的经历，宋哲元对母亲十分孝顺。1926年，他父亲在北京去世，而宋母和其他儿女一直在老家居住，仍然纺线织布，过着清苦的生活。直到1930年，山东战乱，军阀李景林攻入山东。宋母害怕自己被军阀俘虏成为人质，便夹着小包袱带着小儿子逃至天津，在英租界求志里1号（位于今岳阳

图4　宋母沈太夫人。摄于1939年

道）租了一间只有十平方米的小屋居住。不久，宋哲元的小妹妹也到达天津，人多了以后房子也就不够居住了，于是又租了英租界29号路（今南京路）的一处二层小楼居住。宋母生活简朴，睡四块木板搭起来的床铺，吃饭就在床上放一个小炕桌，盘腿吃饭。在天津期间，她还惦念着后颜村的家乡父老。为方便乡亲们日常出行，宋母将自己攒了好几年的零用钱捐出来，为家乡修了一座"宋母桥"（解放后改名为"善化桥"）。

宋哲元在华北主政期间，公务繁忙，不能膝前尽孝，宋母便由他的妹妹宋淑贞、三弟妹田氏代为照料。但每次宋哲元回家团聚，都会带着子女给老夫人磕头。离开天津时，也要磕头辞行。

1934年，宋哲元在为母亲贺七十大寿时，本想到1939年再为母亲贺七十五大寿。可是，随着日本的狼子野心越发暴露，他越明白，恐怕到不了1939年，双方就要开战了。于是，1937年2月，他把给母亲贺寿的三万元私蓄，交给了北平市市长秦德纯，在天桥南大街买了22.3亩空地修建了一片

图5 宋夫人常淑清和其子女合影。前排右起依次为宋景云、宋景孚、常淑清、贾志宏，后排右起依次为宋奕兴、贾成骞、宋景昭、宋景宪、宋景文、宋景韫

图 6　宋哲元夫人常淑清（左四）宴请冀察政务委员会委员夫人时合影。右一过之翰夫人、右二赵登禹夫人、右三冯治安夫人、右四刘汝明夫人、右五秦德纯夫人，左一陈继淹夫人、左二杨镇南夫人、左三张自忠夫人。摄于 1937 年

平民住宅，共住房一百四十间、厕所二十八间。这批住房原计划每间十平方米，但宋哲元认为空间太小，就改为十八平方米，可以为一家祖孙三代人遮风避雨，宋哲元之所以产生这种想法，源于他童年时代住在舅舅家柴房里，夏不避雨、冬不遮风的艰苦经历，他懂得一个工作了一天的劳动者多么需要一个栖身之地，这和杜甫"安得广厦千万间，大庇天下寒士俱欢颜"的思想类似。有的家庭在这些房间生活了四代，直到 20 世纪 90 年代拆迁。而这批住宅的图纸至今被保存在北京档案馆中。这些平民住宅的修建，算得上开中国近代官员用私款改善百姓生活之先河。

　　1937 年 7 月 11 日，七七事变爆发后，宋哲元到达天津，以了解三十八师对抗战的态度。可刚到天津就被亲日派包围，为防止日军和汉奸的暗害，他谢绝了一切社交活动，不参加任何宴会，这就成了他最后坐在炕桌上陪母亲吃饭的时光。之后，宋哲元率领着由二十九军升格的第一集团军在河北省

抗战五个月，又在河南、湖北抗战三个月，与战士们同甘共苦。因操劳过度，高血压发展为肾病，但他一直坚持在前线指挥战斗，后来病情加重，两腿胀肿，鞋都不能完全穿上，甚至不能长时间站立。在此情况下，他曾向蒋介石透露辞职的想法。蒋介石不了解情况，请宋赴宴。席间，佣人端上米饭，宋哲元说："我不能吃饭。"蒋介石误以为宋哲元是北方人，不习惯吃米饭，就让后厨换成馒头。但宋哲元表示馒头也不能吃。此时，蒋介石仔细端详宋哲元，才发现他已经是满脸浮肿，口眼歪斜，便安排宋哲元到大后方休养。

1939年春，宋哲元搬至灌县（今四川省都江堰市）养病，走到青城山时，他在山下见到卖拐棍的商贩，想起了远在天津沦陷区的老母亲，便买下一根拐棍，并刻上自己的乳名"湿"，托人带给母亲，以寄托自己未能膝前尽孝的遗憾和对母亲的思念。宋母见后，知道是儿子送来的，更加思念儿子。1941年，宋母抱着不能母子团圆的遗憾去世了，并将这根拐棍随葬。

图7　宋哲元母亲沈太夫人七十大寿时合影。前排左起第三人为李惠兰，时年两岁多。摄于1934年5月13日

四、宋哲元对子女的教育

宋哲元教育子女极其严格。遵照宋哲元母亲的要求，家里的女孩子不许去外面上洋学堂，只可以在家读私塾，宋家的女孩除了认字之外，还要学诗词歌赋、画画，下午要学女红。男孩子除了上午到外面的学校学习，下午要到私塾里听课，学四书五经，受古文教育。

宋哲元的独子宋华玉高中毕业后，投考了美国著名的西点军校，之后又攻读了美国的航空大学，成为直升机设计师。后来，他回国看望年迈的母亲时，蒋介石希望聘请他在空军中任高官。可是，宋华玉想起了宋哲元"从此枪口不对内，中国人不打中国人"的誓言而婉言回绝。

宋哲元没有给后代留下什么财产，他的孩子都是长大成人自立谋生的，他为儿子留下的"诚真正平"四个字成了宋氏的家训。

宋哲元为后人留下了两笔财富，一是上文提及的北京平民住宅，二是在河北省遵化市石门镇买了五十八亩半的土地，修建了一座陵园，也就是今天的遵化烈士陵园。

（原载《老照片》第135辑，2021年2月出版）

陶曾榖与蒋梦麟的二婚爱情

张耀杰

图1　陶曾榖晚年照

2007 年 5 月，我在《时代教育（先锋国家历史）》第 20 期发表短文《蒋梦麟与陶曾榖的情爱传奇》，简单介绍了陶曾榖与蒋梦麟的二婚爱情，相关文字随后被录入文汇出版社 2008 年版《北大教授：政学两界人和事》之第一篇《北大教授高仁山的革命传奇》。十多年过去，许多文献资料逐渐浮出水面，尤其是《郑天挺西南联大日记》的整理出版和蒋梦麟 1957 年日记的发现，足以证明蒋梦麟、陶曾榖虽然是二婚夫妻，但他们在公私事务方面却配合默契，高度合体。反观我的这篇在网络上广为流传的小文章，就显得既不准确也不完整，有必要重新进行补充改写，以便澄清各种写手的以讹传讹。

一、陶曾榖再嫁蒋梦麟

据高仁山和陶曾榖的孙子高扬先生告知，陶曾榖属猪，出生于 1899 年。

1942 年 8 月 5 日，郑天挺在日记中介绍说："孟邻师约食面，蒋太太生日也。"1945 年 8 月 5 日项下另有"贺蒋太太生日"的记录。由此可知，陶曾榖出生于 1899 年 8 月 5 日，比出生于 1894 年的第一任丈夫、北大烈士高仁山年轻五岁，比出生于 1886 年 1 月 20 日的第二任丈夫蒋梦麟（孟邻）年轻十三岁。

高仁山出生于江苏省江阴县观音寺一个书香世家。十七岁时随在铁路局工作的父亲迁居天津，就读于南开中学。1917 年春天自费赴日本早稻田大学专攻文科。在日本求学期间，与童冠贤、马洗凡、于树德、周恩来等人参与

图 2　高仁山、陶曾榖夫妻合影

图 3　高仁山、高陶父子合影

组织了以天津南开学校校友及天津法政学校校友为主体的新中学会。1922 年底，高仁山从欧美访学回国，出任北京大学教授，协助教育学教授兼总务长蒋梦麟创办教育系。1925 年 6 月，高仁山联合胡适、查良钊等学界名流创办北京艺文中学。

　　1927 年 9 月 28 日，时任"北方国民党左派大联盟"主席的高仁山，被奉系军阀张作霖控制下的安国军政府以"加入政党、散发传单、有反对现政府之嫌疑"的罪名，予以逮捕。1928 年 1 月 15 日，高仁山被枪杀于北京天桥，成为继李大钊之后被奉系军阀杀害的第二位北大教授，在他身后留下的是二十九岁的年轻太太陶曾穀，和三岁的儿子高陶、两岁的女儿陶燕锦。

这一年的 3 月 9 日，陶曾穀在上海《申报》刊登《征求高仁山先生文札》启事：

> 先夫仁山于 1928 年 1 月 15 日在北京惨遭不幸，曾穀抢地呼天，已绝生志。徒以雏孤在抱，先夫一生从事教育又多未竟之志，不得已不苟延喘息，借慰先夫在天之灵于万一。海内知交如存有先夫遗文或讨论学术函札，万乞检点迅寄北京内务部街 47 号，以便整理，纂为丛著，毋任铭感。未亡人高陶曾穀启。

同年 5 月 21 日，刚刚出任私立上海中国公学校长的胡适在日记中写道："到大学院，领得中国公学二月份补助费三成，共一千元。又与端升、经农、赵述庭共商廿四日高仁山追悼会的程序。此事只三日了，尚未有预备。仁山夫人陶曾穀又因小孩生病前几天回无锡了。我不能等到此会，故催他们作点筹备。"

据上海《民国日报》1928 年 5 月 25 日报道，南京政府教育界于 5 月 24 日在中央大学体育馆举行在北京被杀害的教育家高仁山教授追悼会，到会各界人士五百余人。追悼会由蔡元培主持，他在致辞中表示，此次开会之重要意义，"在追悼高君，并欲继续高君之志，恢复高君精神"。之后由赵酒挺（字述庭，号廉澄）报告高仁山为国牺牲事略，孟宪承、周鲠生、陶行知、朱经农、杨杏佛以及北京艺文中学代表相继演说，末由高仁山夫人陶曾穀答词。

高仁山被捕后，奉系军阀还以艺文中学是"赤化窝巢"的罪名，将设在北京东城灯市口大街 72 号的这所私立学校强行封闭，部分学生被迫转到天津南开中学就读。1928 年 9 月 15 日，艺文中学在陶曾穀等人主持下租赁北平西城府前街的清代"升平署"重新开学。12 月 22 日，陶曾穀从北平致信上海方面的胡适说：

　　穀拟于年假赴沪一行，艺文补助费事尚未有如何办法，上周赴财部
访叶叔衡先生，谓此事或许可以设法，因数目尚小。曾闻仁山谈及先生
与叶君颇相知，特此奉函敬恳先生代为致函转托。

　　所谓"年假"，指的是 1929 年春节假。从北平南下上海、南京的陶曾穀，
在时任教育部普通教育司司长朱经农的推荐下进入教育部担任秘书，这期间
和教育部长蒋梦麟萌生爱意。关于此事，朱经农曾经写作一首古诗表示祝福：
"人间从此得知音，司马梁园一曲琴。千古奇缘称两绝，男儿肝胆美人心。"
　　这首诗录入台湾商务印书馆 1965 年出版的朱经农诗集《爱山庐诗钞》，
朱经农的长子朱文长在为该诗所写注解中回忆说：

　　陶曾穀女士与先父继配净珊夫人婚前均在上海某私立中学任教。后
陶嫁先父好友高仁山先生。……不久仁山先生成仁，曾穀女士携孤南来，
净珊夫人迎之于南京，为之安置。先父乃介绍曾穀女士入教育部工作。
时蒋孟邻（梦麟）先生为教育部长。日久双方乃发生情愫……孟邻先生
离教部后，任北京大学校长，终不能克制情感，乃与陶氏成婚于北平。

　　"净珊夫人"指的是 1924 年 5 月 30 日与朱经农结婚的杨静山，也就是
朱文长的继母。1930 年 12 月，蒋梦麟在国民党内部的派系之争中被迫辞职，
被兼任教育部长的蒋介石改任为北京大学校长。陶曾穀随后回到北平参与管
理艺文中学。1931 年 3 月，艺文中学在陶曾穀主持下，把高仁山的遗体正式
安葬在北平西山卧佛寺东面的东沟村并刻碑纪念，碑文采用的是高仁山生前
常说的一句话："身世悲壮，一丝不挂，无瞻前顾后之忧，乃能言救国，做
救国事业。"
　　钱理群、严瑞芳主编的北京大学出版社 2006 年版《我的父辈与北京大
学》，收录有蒋梦麟的儿子蒋仁渊、女儿蒋燕华及外孙女吴小燕撰写的回忆
文章《蒋梦麟后嗣缅怀蒋梦麟》，其中谈到蒋梦麟于 1908 年自费去美国留学
之前，与元配妻子孙玉书生育有一子蒋仁宇，另有一女夭折。1917 年留学回
国后，夫妻二人先后生育次子蒋仁渊、女儿蒋燕华、幼子蒋仁浩。1933 年，

正在读小学的蒋仁渊见到《姚江日报》刊载蒋梦麟与陶曾穀结婚的新闻，匆匆回家告知母亲，母亲只是喃喃地说："你爹变心了。"协议离婚的孙玉书依然留在浙江省余姚县回龙乡蒋村孝养公爹、抚养儿女。三子一女的教育费由蒋梦麟继续承担。

这里所说的 1933 年属于记忆错误，蒋梦麟与陶曾穀举办婚礼的准确时间是 1932 年 6 月 18 日晚上。我在《蒋梦麟与陶曾穀的情爱传奇》一文中引用了这一错误说法，导致包括马勇《蒋梦麟传》在内的几乎所有正式出版物都在以讹传讹，在此特别予以改错纠正。

1932 年 7 月 2 日，上海《申报》第 4 版刊登有这样一篇图文报道：

> 蒋梦麟与陶曾穀女士结婚后，万方注目，传为美谈；论者亦毁誉参半。按陶原为高仁山之夫人，系再醮；蒋曾经离婚者。此次婚礼极简单，蒋报告要点，谓"从爱情的义务中奋斗出来的一条生路"。胡适致词，极佩其勇敢，谓"可代表一个时代变迁的象征"。此种语气，颇可玩味。本刊新得蒋、陶俪影，爰为影印如下。

7 月 16 日出版的上海《生活画报》第 2 期封面，以"轰动一时的蒋陶婚姻"为标题报道了蒋梦麟与陶曾穀结婚的消息："前教育部长蒋梦麟与孀居之陶曾穀女士在北平德国饭店结婚由胡适博士（长衣者）证婚，一时传为美谈，咸谓其能打破旧俗成见（申报摄）。"

所谓的"万方注目""传为美谈""轰动一时"，不过是报刊记者夸大其词的一种套话。中国社会对二婚夫妻历来抱有道德偏见，蒋梦麟、陶曾穀选择晚上在北平德国饭店举办小规模结婚仪式，显然是刻意低调以回避社会舆论的聚焦关注。

查阅《钱玄同日记》，只在 1932 年 6 月 17 日简单提到了这件事情："晚访幼渔。在幼渔家闻蒋梦麟明日将与高仁山之故妻陶曾穀结婚。"

6 月 18 日是星期六，钱玄同在日记中写道："午后至某海，写齐任怡之'北风书店'匾字。晚访启明。"

"启明"就是和蒋梦麟、钱玄同、马幼渔同为浙江籍北大同事的周作人。

图 4 《生活画报》报道蒋梦麟、陶曾穀二婚所刊图片

周作人在当天日记中写道:"上午往历史博物馆看洪承畴像,十一时往孔德学院开会,下午二时回家。废名来,玄同来谈,十一时半去,携来为紫佩所书扇面。"

在此前此后的连贯日记中,周作人只字不提蒋、陶二婚。6月21日,钱玄同在日记里提到为蒋、陶证婚的胡适,同样没有提到蒋、陶二婚:"晨八时半至适之,揩其汽车之油至燕大,(他与她)他要至燕大毕业式演讲,我是颉刚邀往赏午饭也。在颉刚家晤其叔起潜(名廷龙)……六时至西车站,今日钱、黎、幼、半四人赏陆氏夫妇也,并邀适之、旭生作陪。"

"钱、黎、幼、半"指的是钱玄同、黎锦熙、马幼渔、刘半农。"陆氏夫妇"指的是陆侃如、冯沅君。在北平学界的老朋友眼里,蒋、陶二婚并不是值得庆贺的事情;相比之下,陆侃如、冯沅君夫妇结伴去法国留学,反倒值得大家反复聚会表示祝贺。钱玄同于6月19日、21日、23日连续参加三场饯行宴会,周作人日记中也有6月19日中午因为大雨没有参加"陆侃如、冯沅君二君招宴"的记录。

2006年6月,北京中华书局从台湾远流出版公司引进署名苏文的《民国趣典》一书，易名为《晚清民国人物另类档案》出版发行。其中的《蒋梦麟：因爱亡友而娶其妻》写道：

> 蒋梦麟代理北大校长时，和教育系教授高仁山是莫逆之交。1927年10月，高仁山以参加政党、有反对北京政府之嫌，遭张作霖下令逮捕，不久遭枪决。高仁山死后，蒋梦麟对其妻陶曾穀照顾备至。当蒋梦麟的妻子病故后，他便与陶曾穀结为夫妇。婚礼上，蒋梦麟答谢宾客时表示："我一生最敬爱高仁山兄，所以我愿意继续他的志愿去从事教育。因为爱高兄，所以我更爱他爱过的人，且更加倍地爱她，这样才对得起亡友。"

所谓"蒋梦麟的妻子病故后"，显然是以讹传讹的道听途说。比这种说法更加离奇的还有另一种无根传言，说是胡适夫人江冬秀很为蒋梦麟的离婚再娶愤愤不平，竟然把充当证婚人的胡适锁在家中，逼得胡适只好从窗户逃出赶赴婚礼现场。像这样广为流传的流言蜚语，所折射出的其实是一种低级趣味的大众心态。蒋梦麟在婚礼上所说的"从爱情的义务中奋斗出来的一条生路"，和胡适致词中所说的"极佩其勇敢"，确实是他们有感而发的肺腑之言。

二、陶曾穀整合二婚家庭

在旧式妇女孙玉书不能出面维护自己的合法权利的情况下，蒋、陶二婚所面临的主要难题，是两家子女的重新整合。主持家务的陶曾穀，在这个方面堪称尽心尽力。

蒋梦麟的长子蒋仁宇已经成年，他留学德国柏林大学获经济学博士学位，曾在扬州、无锡担任银行经理。1949年之后任职于华侨事务委员会，后调至外文局担任德文翻译，1996年在北京去世。

1938年，北京大学、清华大学、南开大学在昆明成立西南联合大学。蒋梦麟的女儿燕华、儿子仁浩和陶曾穀的儿子高陶、女儿陶燕锦先后来到昆明，就读于城郊岗头村的南菁中学。

1940 年 7 月 29 日，北大教授兼秘书长郑天挺在日记中写道："晚饭后雪屏来谈，谓闻之仁宇，孟邻师夫人与燕华颇有口舌，心焉忧之。尝谓继室视前室子女之优渥，盖无逾蒋师母者，今亦有此不幸事，此余之所以不敢谈续娶也。"

这里的"仁宇"，指的是蒋梦麟（孟邻）和前妻孙玉书所生育的长子蒋仁宇，他在昆明逗留期间看到胞妹与继母之间的龃龉而心有所忧，于是告诉了时任北大教授的陈雪屏。前妻之女和后母之间吵架拌嘴是中国家庭的常态，对蒋燕华和弟弟仁渊、仁浩已经极其优待的陶曾毅，也难能免俗。

图 5　高陶

比起蒋燕华、仁渊、仁浩兄妹来说，陶曾毅面临的更加严峻的家庭难题，是她的亲生儿子高陶所遭受的世俗偏见和舆论压力。1942 年 2 月 22 日是阴历正月初八，郑天挺在日记中介绍说：

> 与逵羽、矛尘谈，知蒋太太前夫子高陶近患病。陶今年十八岁，四岁而父就义，八岁母改适，从祖父母居。年十四祖父死，复从母。孟邻师及燕华姐弟待之甚好，然社会上眼光不同，而同学间尤多讪笑。陶之郁结深矣。阴历年前大病，母在城失之照顾，不免又有伤痛，新年遂失常，喜言语。余初三日在岗头村尚与之久谈，未之察，翌日遂大闹，至前日益甚。昨晚竟至持杖欲殴母，彻夜不寐，高声咆哮。蒋太太忧惧无计，惟饮泣耳。或谓小银柜巷张多出售马宝，专医疯狂，遂与逵羽往访之，据其人云愈者多矣，姑购两包试之，携归才盛巷。

这里的"逵羽"是教务长樊际昌的表字，"矛尘"是校长秘书章廷谦的

图 6　高陶、汪听逸、高晏、高扬一家。20 世纪 60 年代初摄于上海

表字，他们两个人都是蒋梦麟的浙江同乡和贴身亲信。所谓"社会上眼光不同，而同学间尤多讪笑"，指的是高陶因随母亲改嫁而被同学当作一种耻辱而加以歧视和嘲笑。"马宝"俗称马粪石，是马科动物胃肠中长出的结石，《本草纲目》的偏方中认为可以"治惊痫，毒疮"。

"才盛巷"指的是云南省政府主席龙云免费提供给北京大学办事处的一排二层砖木结构房子，这里也是蒋梦麟、周炳琳、赵廼抟等人在昆明城区的住家。2 月 25 日，郑天挺在日记中写道："勉仲自石林归昆明，往才盛巷伴

图 7　陶燕锦、林诚明和三个女儿在美国

高陶。仁山之好友在昆明者，惟勉仲与逯羽耳。"

"勉仲"是高仁山在天津南开中学读书时的老同学、西南联大师范学院教授兼联大训导长查良钊的表字。2010年5月14日上午，笔者到北京植物园参加高仁山烈士墓碑修复典礼及教育思想研讨会，见到了已经移民美国的高陶、汪听逸夫妇和他们的儿子高扬，高陶先生主动告诉我，他当年喜欢大声说话，并且喜欢私下里骂蒋介石是蒋秃子。有一天蒋介石、宋美龄登门走访，母亲陶曾榖担心他乱说话，只好把他锁在卧室里面。当时正是访问印度的蒋介石夫妇回国途中在云南昆明逗留期间，高陶的这番话恰好可以印证郑天挺日记的相关内容。

1942年6月27日是星期六，郑天挺在日记中写道："今晚与勉仲、莘田共约孟邻师之女燕华、少子仁浩，月涵先生之女祖杉，矛尘之女淹，仁山之子陶，莘田侄女静娴，来靛花巷食饺子，燕华、淹、陶、祖杉暑假后入大学矣。星期二与勉仲谈应将仁山之生平及家事告之其子，勉仲韪之，故有今日之会。饭后杂谈甚欢，余并与高陶独谈甚久，至十时乃散。"

"莘田"是北京大学教授、西南联合大学中文系主任罗常培的表字。"月涵"是清华大学校长梅贻琦的表字。在查良钊、郑天挺、樊际昌等人的贴心关怀下，高陶慢慢解开了母亲陶曾榖再嫁继父蒋梦麟的心结阴影，逐渐融入了这样一个堪称典范的二婚家庭。

1942年春天，蒋仁渊自上海交通大学辗转来到昆明，借读于西南联大，当年暑期到重庆交通大学复学。这一年的夏天，蒋燕华考入西南联大外语系，高陶入重庆交通大学土木系，仁浩入李庄同济大学附中。到了1949年，蒋梦麟赴台时只带走了小女儿蒋燕华，三个儿子都留在大陆。高仁山和陶曾榖的儿子高扬是成都的一名工程师，女儿陶燕锦在美国华盛顿的一家银行工作，女婿林诚明是美国海军研究所的核潜艇专家。这些异姓兄妹及其后代在此后的岁月里即使天各一方，也一直保持着各种联系。据高扬回忆说："1975年陶燕锦夫妇由美返国探亲，我与未婚妻陪同他们去京，他们住北京饭店，我们住蒋仁宇伯伯家。唯有的一次见他们家人，仁宇伯伯问我你们住一起有没有结婚证书？我一直记得。"

三、岗头村的邻里闹剧

中华书局 2012 年出版的何炳棣著《读史阅世六十年》，记录有郑天挺的一则轶事，抄录如下：

> 郑先生另一轶事年月已记不清，但应发生于我 1943 年春返回昆明之后。1940 年因日机频频来袭，北大在东北郊离城五公里多的岗头村盖了一所平房，为蒋梦麟校长疏散之用。此外在阶下另一大院里盖了七间平房，另加一大厅及小间房以备紧急时北大同仁暂避之用。吴大猷先生对北大岗头村这所大院在空袭频仍岁月里，拥挤、紧张和教授多家之间时或不能避免的"摩擦"有极生动的回忆。我返昆后，日本空袭频率大减，美国"飞虎"空军大队扬威，人心大定。想象中岗头村的北大大院应远不如初期那样拥挤，可是人事方面摩擦仍是不免。盛传蒋梦麟夫人陶曾穀女士与北大同仁及家属不睦，与周炳琳个性上冲突尤烈。因此双方都向秘书长（郑先生始终是北大秘书长，在联大是总务长）抱怨，要求大院与蒋寓之间筑一高墙，互相隔绝，永避冲突。郑先生一再调解无效，最后只好同意搭墙；墙确是搭了，但只搭到一尺多高便停工了。无论双方如何施压，郑先生也不把墙搭高。不到半月，双方羞愧难当，不谋而合地又要求秘书长把这道碍眼的矮墙拆除了。

查阅中国友谊出版公司 1984 年出版的吴大猷《回忆》，其中并没有提到这则筑墙轶事，对于教授多家之间的"摩擦"也只是一笔带过，所谓"极生动的回忆"，无非是吴大猷对于丧偶之痛的恩师饶毓泰的顶撞伤害。对照查勘《郑天挺西南联大日记》，不难发现何炳棣是在虚构编造美丽的谎言。

发生在岗头村公共宿舍的邻里闹剧，起始于 1941 年 3 月 29 日晚上，也就是蒋梦麟赴重庆办事的第二天。法学教授戴修瓒（君亮）家的女仆泼水于地，蒋梦麟的专车司机老徐路过时不慎滑倒，与该女仆发生口角。物理系主任饶毓泰（树人）责备老徐不要吵闹，老徐不服并报以恶声，引起曾经担任南京政府教育部常务次长的经济学教授兼校务委员周炳琳（枚荪）、经济系教授赵迺抟、生物系教授张景钺等人强烈不满。

3月30日上午，北大办事处总务包乾元和老徐本人先后向郑天挺说明情况，老徐主动提出辞工要求，被郑天挺当面挽留："校长方赴渝，不得即去，待校长返昆再谈。"

当天下午3时，张景钺带着周炳琳的书信来到郑天挺办公室。周炳琳在信中写道："昨晚9时左右，校车司机老徐与某家女仆发生口角，高声骂人，在院中来往叫嚣，历数分钟不停。树人兄不耐嘈杂，启门责诫，该司机不服制止，反报以恶声，竟谓'不吃你们的饭，你们管不着'。因此激动公愤，认为北大办事处应即革退该司机而另行雇用。此事发生于孟邻先生不在此之时，为曾毅夫人招致不便利，并在兄百忙之中为添麻烦，同人自然抱歉，然为事势所驱，不容已也。"

3月31日下午3时，陶曾毅找到郑天挺，说是"村舍同人有意与之寻衅，非专为车夫也"；假如学校一定要辞退老徐，她就花私人的钱继续聘用。

4月4日，老徐回到岗头村，再次引起周炳琳等人的公愤。郑天挺担心出事，于4月6日星期天下午步行来到岗头村，给周炳琳、饶毓泰、张景钺等人当面解释："盖恐诸人归咎蒋太太，更生枝节，贻人话柄。……为此小事，半日之间往返二十里，自愧，亦复自伤。"

4月10日，郑天挺收到蒋梦麟4月3日从重庆寄出的书信，其中写道："此次司机与院中同人冲突，闻之心甚不安。曾毅受刺激太深，如愿来重庆小住数月，亦是散心之法。弟思岗头村杂居局面，不可以久。请属工将两院隔开，另开前后两门。汽油库应隔过来。"

关于司机老徐，蒋梦麟的处理意见是："司机暂避，工资等应照发，外面可说已走了。弟并非惜一司机，实在找人不易。一两月后再回来，同人气已消。况院子已隔，不致再发生冲突。如彼时再相迫，则弟可挂冠以去。德薄能鲜，学校不能办矣。但现在不可不顾同人之面子，恐外间将以弟重车夫而薄同人也。"

正如护妻心切的蒋梦麟所说，这场闹剧的主要症结，是几位教授为了"面子"而小题大做，表面上是与汽车司机赌意气、拼身价，事实上是向蒋梦麟夫妇发泄各种积怨和不满。

4月20日是又一个星期天，郑天挺和罗常培（莘田）一起步行来到岗头村，周炳琳再一次抬出饶毓泰的老资格和高身价向郑天挺施压："枚荪以司机事为言，主速去之，谓树人意在北大八九年，不如一司机之重。此非也。"

4月21日，郑天挺收到周炳琳写于19日的来信，其中严重警告说："革退司机事，望速办。据弟观察，如俟至孟邻先生回来后，仍发见（现）此人开北大校车，可因小事为吾校招致极不利之大事。……至曾毅夫人不明事理，同人等自存惋惜之心，然不能听其害事也。"

郑天挺在回信中表示说："此事弟非在拖延，盖求所以尊敬同人、爱护学校之道，不幸而措置不当，愿独负其咎。前日与兄谈，将此事交之学校，不使牵涉，亦此意也。"

在同一天的日记里，郑天挺记录了和周炳琳关系密切的经济系教授赵迺抟的各种恫吓及挑拨："包乾元来，谓廉澄向之探询余对司机事件之意向，并有危词恫句。昨日与莘田步归，莘田亦云廉澄向之探询，然廉澄与余久谈，并无一语及此。……不知其果何心意。"

4月22日，包乾元按照郑天挺的指派，带领工匠到岗头村勘察施工现场，遭到周炳琳等人阻挠。下午3时，周炳琳找到郑天挺，说是自己上午和陶曾毅之间"又有误会"。郑天挺开诚布公地表白说："同人意见直述于学校，其道最善。余所最惧者，同人有所见，不以告之学校而窃议于后，阴黠者复造作莫须有之词以耸人听也。"

所谓"阴黠者"，显然是指赵迺抟一类人。周炳琳离开后，陶曾毅来找郑天挺，郑天挺这才明白自己也变成被攻击谩骂的目标对象："乾元始至公舍，令工计议。廉澄出而询问，遂以告之大猷。始而高声咆哮，继而痛诋余。枚荪复至上房，向蒋太太质问，状甚严肃，双方言语均甚愤激。蒋太太言时竟至泪下，意欲移出公舍。"

在代行校长职责的郑天挺眼里，对抗夫妻合体的蒋梦麟、陶曾毅，就等同于对抗学校。按照这种逻辑，自以为代表诸多教授并且为"吾校"着想的周炳琳的各种警告恫吓，以及赵迺抟的"高声咆哮，继而痛诋"，自然就失去效用。

到了5月30日，郑天挺在日记中写道："孟邻师今日归，而不知飞机确来之时，既无车，复无住所，心急之至。"

于是，郑天挺在才盛巷和航空公司之间奔走辗转几个来回，一直没有见到蒋梦麟夫妇的影子。郑天挺在此后一段时间忙于准备和梅贻琦、罗常培一起外出进行为期三个多月的教育考察，他的1941年度的日记就此停笔。随着蒋梦麟回到昆明，周炳琳等人聚众发起的一场小题大做、拱火泄愤的邻里闹剧，也就此停歇。

行文至此，不难发现何炳棣《读史阅世六十年》的相关回忆，至少存在这样几处明显错误：

其一，陶曾毅和北大教授的邻里纠纷发生在1941年，而不是"1943年春返回昆明之后"。

其二，在北大岗头村宿舍修建隔离墙是北大校长蒋梦麟的决定，而不是当事双方的一致要求。

其三，隔离墙还没有施工就被周炳琳、赵迺抟、吴大猷等人出面制止，何炳棣所谓"只搭到一尺多高便停工"，纯属子虚乌有。

其四，何炳棣由此得出的"只有毅生先生才具有儒、道两家智慧的结晶"的评判，是站不住脚的。

四、蒋梦麟离开北大

1944年12月，蒋梦麟赴美国出席太平洋学会国际会议，任中国代表团首席代表兼中国分会会长，在美国逗留了大半年时间。1945年6月20日，蒋梦麟和宋子文一起乘坐专机直飞重庆，没有按照一部分北大教授的意愿在昆明中转停留，从而引起他们的强烈不满。

6月22日，郑天挺"作书上孟邻师，托蒋太太明日带渝，书谈三事：一、同人属望甚殷，此次回国未能先到昆明，应来书向同人有所表示；二、为将来复校方便计，联大以仍用委员制为宜；三、提胡适之师为继任人"。

6月27日，重庆《大公报》刊载新任行政院秘书长蒋梦麟的访谈："近两年来因兼红十字会方面职务，致西南联大校务多偏劳梅贻琦先生。今后虽暂在中枢服务，仍拟不时回昆小住，共策校务进行。"

6月28日，郑天挺在日记中写道："枚荪于师此次就任前未能先将北大事作一安排深致不满，以为今后北大应由胡适之师主持，孟邻师不宜更回。余甚忧之。"

6月29日，郑天挺收到蒋梦麟于27日寄出的回信，表示北大参与联大的事情由周炳琳代理，北大内部的事情仍然由郑天挺负责。6月30日是星期六，郑天挺把蒋梦麟的回信拿给钱端升、张景钺、周炳琳等人阅读。周炳琳建议在教授茶话会上交给大家公开传阅。郑天挺在日记中记录了当天下午的会议情况：

> 四时半开会，以函传观。枚荪主席，报告今日开会之意有二：一学年末聚会；二校长就任行政院秘书长，予学校以很大波动，同人如有意见，七月三日往渝可以转达。……今日到会二十八人，最激忿者枚荪、之椿，而廉澄附之，次之则锡予……余见子水所记今日记录，于"将今日会场情绪转达"之下有"以示责备之意"数字，提出抗议，以为与事实不符，同人并无此意，枚荪乃改之。

所谓"同人并无此意"，是郑天挺对于蒋梦麟的偏袒维护。周炳琳、吴之椿、赵迺抟、汤用彤（锡予）、毛子水等人的"激忿"发言，明显表达了对于蒋梦麟的"责备之意"。经过一番争执，会议形成两项决议：一，由周炳琳、钱端升、郑天挺电请胡适先生回国领导学术工作；二，委托周炳琳将会场"情绪"转告给蒋梦麟。

奇怪的是，在自己主持的会议上公开表示"同人如有意见，七月三日往渝可以转达"的周炳琳，却在第二天找到郑天挺，请他代寄一封检讨的书信给蒋梦麟，说是"昨日之会发言过多，愤懑之情，不能自遏，于事无补，罪大恶极云云。又谓出处之间不能照顾大体，只能顾小节，故自下年脱离北大"。郑天挺和文学院院长汤用彤劝说无效，周炳琳匆匆离去。汤用彤转而劝告郑天挺说："昨日会后流言必多，枚荪再言辞或将传为求起，此信不为之转，当自寄。"

所谓"出处"和"求起"，指的是表面上爱校心切的周炳琳隐藏在内心深处的功利算计。周炳琳是1919年五四运动时期的风云人物，担任过全国学生联合会秘书，编辑过《全国学生联合会日刊》，多少年过去，他处理公私事务的基本态度依然是高调泄愤、冲动走极端。到了1948年，中共地下党组织的一份手写档案材料，对周炳琳的为人有过这样的概述："周炳琳——浙江人，五十余岁，国民党员，参政员，失意政客。现任法学院长兼法律系主任、经济系教授。……是一个为了达到目的不择手段的人。时而为了迎合学生们的心理，发一顿牢骚；时而又为了将来好做大官，变成了一个极反动的人。"（北京市档案馆藏：《国立北京大学概况》，档案号24-1-220。）

1945年7月3日，郑天挺在日记中记录了相关的流言蜚语："昨日雪屏言，其助教某自靛花巷饭厅闻知星期六北大开会大骂蒋校长，议决请其辞职。又云锡予向曹日昌言蒋校长已作多年，可以换换了云云。此类流言从何而来，亦不可解。"

8月6日，蒋梦麟返回昆明，第二天在才盛巷召集会议，报告在美接洽情形及在纽约得宋子文电话相约共同返国，以国事私交胁之同机飞还之经过，然后公开辞职说："依大学组织法，校长不能兼任，法系在教育部时所自定，不能自毁，故决定辞职。继任已定胡先生，在未返国以前，必由校内之人代理。"

9月3日，教育部长朱家骅（骝先）致电滞留美国的胡适，通知说已经推定其为北京大学校长，回国之前由傅斯年代理校务。

9月14日，江冬秀的堂弟江泽涵在致胡适信中介绍说："梦麟先生做官而兼校长，几全体不赞成。……一个最重大的原因，是校长避免与教授接谈，当然与学生更无关系。蒋校长绝对不看教授，教授也只极少数去他。只有一个校务会议，起初不选举代表，被教授逼迫多时，选出代表，但不肯开会。好像每年有两次会，就算稀有的事。开会时总设法阻止多谈。校长从远处回来，有时有个茶会，或校庆时有茶会，但在这种会中，毅生兄总做出难堪的样子，叫人唱戏或想别种办法闹一阵而散。这种情形过去特别显著，近一两年好些。所以有人说蒋校长当红十字会长后，精神好多了。盼望他做更大的官，精神可以更好些。"

接着这段话，江泽涵推演出两项"原因的原因"，其一，是蒋梦麟的夫人"与多位谈不来（有警报时他们与枚荪兄、树人师、景钺、今甫兄在乡下同住一院子。我幸而在另一乡下）"；其二，是郑天挺"遇事敷衍对付，他是管理北大一切事务的人"。

10 月 17 日，傅斯年在致胡适信中采用简单片面的有罪推定，把北大易长风波的主要罪责归咎在陶曾穀身上："北大的事，是因孟邻先生到行政院起来的。他这几年与北大教授们感情不算融洽，总是陶曾穀女士的贡献。大家的心理是'北大没有希望'。我为这事，曾和孟邻先生谈过好多次。他总是说，联大局面之下，无办法，一切待将来……我真苦口婆心劝他多次，只惹得陶之不高兴而已。他答应到行政院，事前绝未和北大任何人商量过，到此地亦若干日与北大同人无信（过昆，飞机未停），我劝他赶快回去一看，也未能做到。于是昆明同人吵起来了。"

傅斯年在检讨自己一方"枚荪做得太过火，连累及我，我做得太直爽，累及骝先"的不当表现的同时，依然忘不了针对陶曾穀进行有罪推定："孟邻先生最初态度甚好，近反若有所芥蒂，大约又是陶曾穀的把戏。也许因为行政院已经无趣了，故心理如此（陶却最高兴）。"

五、蒋梦麟的晚年情变

蒋梦麟离开北大后，在行政院秘书长的位置上维持了不到两年时间，于 1947 年 3 月 1 日随行政院院长宋子文一起辞职。

1948 年 4 月，美国国会通过援华法案，其中的第 407 条款接受中华平民教育运动领导者晏阳初的建议，列入中美合作复兴中国农村的内容。中美两国政府随后签订《中美经济协助协定》，并于 10 月 1 日在南京成立简称"农复会"的中国农村复兴联合委员会。农复会作为中美两国政府联合设置的办事机构，由专门委员会领导管理，设五位委员，中方三人，美方二人，分别由两国总统独立任命。首任中方委员为蒋梦麟、晏阳初、沈宗瀚，美方委员为穆懿尔（Raymond T. Moyer）和贝克（John Earl Baker），蒋梦麟为主任委员。援华法案明确规定美国对华援助资金总额的百分之十为农复会专款，农复会实际负责统筹规划农业经济和农村发展的大政方针，蒋梦麟也因此找到了他后半生的立足点位。

农复会成立后，试图帮助国民党在国统区农村建立示范中心，如四川省第三行政区的平民教育运动中心、浙江杭州的农业推广及家事指导中心，以及福建龙岩县区的国民政府土地改革示范中心。农复会在大陆的短暂工作虽然没有改变国统区普通农民的生存状况，也不能挽救国民党的失败命运，这些尝试却为其后在台湾开展工作积累了实践经验。

农复会迁台后，蒋梦麟作为"国民政府"委员、"中国农村复兴联合委员会"主任委员，致力于改善农民生活，增进农民福利，提倡"四健"教育和节制生育。1958年，他还兼任台湾石门水库建设委员会主任委员，同年当选菲律宾政府举办的麦塞塞奖金政府服务部门第一届得奖人。正当蒋梦麟的事业步入佳境的时候，陶曾穀于1958年5月因病去世。

陶曾穀晚年受洗成为基督徒，并且积极协助宋美龄从事教会的公益慈善事业。她去世前预料蒋梦麟会出现感情上的空虚和寂寞，交代自己的一位表亲为蒋梦麟说媒续弦。1959年，蒋梦麟在圆山饭店的一次宴会中和徐贤乐一见钟情，第二天就主动给媒人打电话说："那位徐小姐太好了，脾气温柔，尤其是风度真好，太好了，太好了！"

徐贤乐于1908年出生于江苏无锡的名门世家，时年五十二岁，与七十四岁的蒋梦麟相差二十二岁，40年代与陆军中将杨杰（耿光）有过七个月的短暂婚姻，1949年到台湾后，一直在"中央信托局"工作。

蒋梦麟与徐贤乐经过四五个月交往，已经发展到难分难舍的地步，他逢着相熟的人就说自己的体重增加了四磅。有一次，徐贤乐为了一点小事与蒋梦麟闹别扭，蒋梦麟就用毛笔在精致的日本绘画卡片上抄写宋人顾敻的《诉衷情》表白相思："换我心，为你心，始知相忆深。"

1961年初，蒋梦麟郑重宣布要与徐贤乐结婚，遭到几乎所有亲友坚决反对。6月18日是蒋梦麟和陶曾穀结婚二十九年的纪念日，胡适在写给蒋梦麟的长信中表示说：

这十天里，我听到许多爱护你、关切你的朋友的话，我才知道你的续弦消息真已引起了满城风雨，甚至于辞修（陈诚）、岳军（张群）两先生也都表示很深刻的关心。……这些朋友说：这位小姐现在对待孟邻先生的手法，完全是他从前对待她的前夫某将军的手法，也是她在这十七八年里对待许多男朋友的手法：在谈婚姻之前，先要大款子，先要求全部财产管理权。……我昨晚细细想过，今天又细细想过：我对我的五十年老友有最后忠告的责任。我是你和曾毅的证婚人，是你一家大小的朋友，我不能不写这封信。

7月18日，蒋梦麟不顾众人反对，在徐贤乐的侄女婿陈能家里秘密举办家庭婚礼，临时邀请郑曼青、居浩然分任双方介绍人，证婚人是律师端木恺。当天下午，蒋梦麟偕徐贤乐经石门水库前往台中，由周至柔出面为他们设宴庆贺，当晚入住在日月潭新建筑的"教师会馆"。

图8　顾维钧夫妇前来看望新婚燕尔的蒋梦麟、徐贤乐（右二）

174

蒋梦麟在婚礼当天给女儿燕华写信说:"自妈妈逝世以来,于兹三载。精神上之苦痛,一言难尽。自识徐女士以来,于精神上之补助颇多。故诸事之兴致日浓。惜谣言蜂起,众口铄金,而阻力遂起。父女之爱,亦良足贵,但究不能代夫妇之爱。……我常能见人之不及见,行人之不敢行。我自能断能行。故为图自救计,毅然决然与徐女士结婚……"

这里的"妈妈"指的不是蒋燕华的亲生母亲孙玉书,而是继母陶曾穀。

1962年12月6日,蒋梦麟不慎跌断腿骨,入台北荣民总医院手术治疗。徐贤乐背着蒋梦麟向石门水库借支一万元,又为小事与蒋燕华、樊际昌(逵羽)等人拍桌谩骂,还将自己的户口从蒋家迁出,甚至把行李搬回"中央信托局"自己原来的宿舍。更使蒋梦麟难堪的是,徐贤乐直接干涉农复会的公共事务,要求蒋梦麟的同僚好友沈宗瀚的夫人沈刘廷芳迁离宿舍。蒋梦麟愤懑之下,出院之后不再回家,并于1963年1月23日即农历腊月二十八日写下《分居理由书》,由端木恺律师交给徐贤乐。

7月30日,蒋梦麟正式向台北地检院提出离婚诉求:"被告对原告亡室陶女士本不相识,竟对亡者不时肆意辱骂,不准原告前往其墓凭吊,企图绝我忆念。对女儿燕华,则百般凌辱,迫令迁出,其行为乖张,难以枚举。"

徐贤乐在8月9日提出的万言书中进行了辩驳,关于"侵渎先室"一节,她翻出了蒋梦麟曾经婚内出轨的一笔旧账:"按原告'先室'不止一人,原告昔年在南京任教育部长时,陶曾穀原为原告秘书,当时原告固以使君有妇,而亦与陶女士双双坠入爱河,结果原告与元配夫人分居,陶女士则下嫁原告。故原告此所谓'先室'究指何人,已滋疑义。"

1964年1月23日,在陶希圣、端木恺主持下,蒋梦麟与徐贤乐协议离婚,协议内容共有三点:

> 由蒋梦麟付出赡养费五十万元给徐贤乐;
> 徐贤乐现住所之农复会房屋应迁出交还,一切家具留下;
> 徐贤乐所拿去之股票及存款,均应交还;
> 至于首饰等物,则交徐贤乐所有。

六、蒋梦麟、陶曾穀的夫妻合体

经过为期三年的一场情变，蒋梦麟元气大伤，于 1964 年 6 月 19 日因肝癌病逝，终年七十八岁。6 月 23 日下午，蒋梦麟的灵柩被运送到阳明山公墓与陶曾穀合葬。该墓地是陶曾穀生前购置，在墓葬一侧的书型大理石雕塑上，刻写着中英文对照的诗句："时移花凋，新意新姿，都也去了，爱情长存。"

离婚后的徐贤乐一直寡居，2006 年 1 月 10 日以九十八岁高龄离开人世。"中央信托局"工作人员接收房屋时，在床铺底下发现一个纸袋，里面有徐贤乐与蒋梦麟的合照、与蒋梦麟打离婚官司时的档案资料、写给宋美龄等人的中英文信件，还有首页以英文写着"Chiang Monlin 1957"的一本蒋梦麟日记。

蒋梦麟在日记中记录了陶曾穀 1956 年被诊断为肾盂癌之后出现发高烧、小便出血之类的病情，以及夫妇二人的各项活动。摘录如下：

图 9　蒋梦麟、陶曾穀墓葬

1月20日（周日）："午前偕縠赴怀恩堂礼拜，并谒思亮、雪屏、大猷诸君，同縠赴圆山饭店午饭，今日为余七十一生辰，陈辞修副总统、俞院长、严主席、张岳军均来贺。晚农复会同人在自由之家晚宴。"

　　4月21日（周日）："晨偕縠投票选举台北市长及省议员，傍晚看电影。"

　　6月18日："今日为縠与余结婚廿五周年。"

　　7月10日："曾縠赴医院谒姜大夫，经检验据云成绩甚好，大致可无虑。自去年十一月二日动手术至今计八个月八天，在此期间不知经过了多少忧虑和紧张心绪。"

　　种种迹象表明，蒋梦麟、陶曾縠夫妇虽然是二婚夫妻，他们在公私事务方面配合默契，高度合体，堪称男女爱情之典范。

　　1937年底至1938年初，北大师生响应政府征召纷纷南下，在湖南长沙设立临时大学。1938年1月8日，郑天挺在日记中写道："晚蒋夫人召在家饮馔，孟邻师以昨晨往汉口，今日由夫人设馔，为莘田、雪屏、建功诸人洗尘。座中有杨今甫（振声）、秦缤略（瓒）、王霖之（烈）及矛尘、濯生、廉澄。"

　　1938年10月，陶曾縠没有听取蒋梦麟、郑天挺的劝告，冒着中日战争的炮火从上海前往北平处理艺文中学的公事并处置私家财产。郑天挺在10月19日的日记里由衷地赞叹说："蒋太太来，初自平归。据谈沿途平安，不如传者之甚。此次在平，将房屋租出，汽车卖去，什物带来并招待茶会一次，吾辈须眉能无愧死。请蒋太太至味雅便饭，即归。"

　　这里的"蒋夫人""蒋太太"，指的都是陶曾縠。1940年6月18日，郑天挺介绍说："孟邻师约晚饭。饭后始知为师结婚纪念日，因定明日与逖羽、矛尘公宴以贺。"

　　由此可知，在蒋梦麟缺席的情况下，作为校长太太的陶曾縠是可以直接出面处理一些公私事务的，其办事能力让善于协调复杂关系的郑天挺自愧不如。在聚居昆明郊区岗头村之前，蒋、陶夫妇与北大教授之间的关系整体上是融洽的。蒋梦麟是具备比较高超的行政能力的一个人，固守北大校长的职位并不是他的全部志向。他于 1945 年适时离开北大，在某种程度上是一种解脱，同时也是对于他的家庭以及后来的农复会的一种成全。蒋梦麟领导的农复会对于台湾社会的直接和间接的贡献，是当年的学界人士胡适、傅斯年、周炳琳、郑天挺以及他们所在的学术教育机构所不能替代的。

岗头村的邻里闹剧和北大的"易长风波"，本来是可以通过心平气和的交流沟通寻找到一种解决方案的，当事一方的周炳琳等人大可不必采用极端态度拱火挑拨、群起围攻。他们表现得那么慷慨激烈，主要不是因为蒋、陶夫妇不明事理，反而是他们自己虚荣爱面子的复杂心理在作怪。单就当年发挥过决定性作用的傅斯年来说，他确实称得上是克己奉公、热爱北大的道德模范，作为校长太太的陶曾榖也难免有自己的一份罪错；但是，不在事发现场的傅斯年偏听偏信周炳琳等人爱校心切的一面之词，基于传统读书人视红颜为"灾星""祸水""替罪羊"的男权思维，把整个北大长期积累的各种制度问题和人事恩怨，全部推卸到并没有主动攻击任何人的陶曾榖身上，无论如何是不公正、不理性的。

（图片由高扬先生提供，原载《老照片》第 148 辑，2023 年 4 月出版）

家父李俊民与挚友夏莱蒂

冬　冬

　　夏莱蒂（1901—1973），原名夏来，教师、作家、编辑家。夏莱蒂出生于上海松江县，1920年考入上海中法国立通惠工商学院铁道工程科，1922年大学三年级时，因参加反帝运动，整个班级被学校开除。在松江老家开办私塾的老父亲一怒之下，将儿子逐出家门，自己亦于次年病死。夏莱蒂生母早已去世，他从此漂泊在外，自食其力。1923年，经幼时好友侯绍裘介绍，去江苏宜兴和桥镇私立彭城中学做教员，其间又因侯的关系认识了张闻天。这两位早期中共领导人"以最多数人之最大幸福为人生的最终目的"的革命思想对夏莱蒂产生了深刻的影响。夏莱蒂一生交友不多，在他1956年《自传》社会关系一栏中，除了侯绍裘、张闻天两位之外，还列举了鲁迅、郁达夫、吴天石，以及家父李俊民几位的姓名，他们都是夏莱蒂引以为豪的朋友。

怒对朱门子，千夫奈我何

　　家父李俊民（1905—1993），原名李守章，江苏南通人。他是1925年加入中国共产党的，曾在陈潭秋直接领导下，先后担任中共湖北区委组织部秘书和宣传部秘书，同时在董必武领导下，担任国民党湖北省监察委员会委员。1927年大革命失败，时任中共汉口市委宣传部长的李俊民奉命撤离，于1928年5月辗转从南通来到上海。在人生地不熟的上海滩上无以为生，他便打算尝试文学创作，作为开展革命斗争的武器。一天，他在《大众文艺》杂志上看到郁达夫的名字，不禁喜出望外。

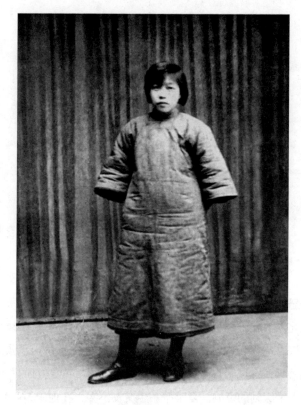

图1　1928年汪蓁子出狱后留影

郁达夫是中国新文学领军人物，一贯以培养文学新人为己任。李俊民在武昌国立高等师范学校国文系读书的时候，郁达夫曾做过他的老师。那是1925年的春天，李俊民每天傍晚都去陪郁先生散步，听先生随口背诵中外文学名著的精辟警句、讲述经典段落，两人建立了亦师亦友的关系。但五卅惨案后，李俊民去工厂组织声援罢工了，郁达夫也因受到学校保守势力的排斥、国家主义派的攻击，不久后离开了武昌。

此时，李俊民自忖已是"赤匪"，生怕给老师惹麻烦，便请新结识的朋友孟超帮助引见。郁达夫见到李俊民很高兴，立即在自己家附近租下房间，将他接了过去。李俊民由此也认识了《大众文艺》的副主编夏莱蒂先生，并结为终身挚友。夏莱蒂告诉李俊民，是鲁迅先生主张办两个并行的文艺刊物，一个层次高些，一个大众化些。前者由鲁迅自己主编，即《奔流》月刊；后者由郁达夫主编，即《大众文艺》月刊。

郁达夫住在赫德路（今常德路）的嘉禾里，李俊民住在正明里，只相隔两条弄堂。夏莱蒂则住在安南路（今安义路）泰威坊。郁达夫经常带着李俊民一道去泰威坊弄堂口的小酒店，点上一碟花生米、一碟煮黄豆，与夏莱蒂聚首小饮。郁达夫、夏莱蒂两人尽管无党无派，但他们在感情上是倾向于共产党的。1927年初上海工人第三次武装起义时，他们两人都报以热切的希望。他们痛恨国民党右派叛变革命，每当说起反动派滥杀无辜的罪恶行径，便毫无忌惮地肆口大骂，而对共产党人的勇敢与牺牲则非常同情和崇敬。特别是自己的好友侯绍裘于"四一二"前夕在南京惨烈牺牲，更使夏莱蒂痛心疾首。

郁达夫、夏莱蒂对共产党人的同情直接表现在行动上，对家父的帮助就是一例。家父搬到郁达夫安排的住处后，我母亲汪綦子（原名汪钦曾）也到了上海。她是南通女子师范的学生，也是该校首届中共党支部的书记，1928年6月被捕入狱，经组织营救，9月获释，转移到上海后与父亲建立了家庭。年关将近，夫妻俩无力续交饭钱房钱，正在愁眉不展时，夏莱蒂顶着凌厉的寒风送来20块大洋。此时，郁、夏两人都是撂下自己原有的教师职业，到上海来专事文学创作的，经济上并不宽裕，他们的侠义行为绝不是"友情"二字可以囊括的。正是在他们的帮助下，家父才有条件定下心来，专心地写作。

从1928年下半年至1929年上半年，在郁达夫、夏莱蒂的帮助与鼓励下，李俊民写出几篇小说。最先写的短篇小说《哑钟的破碎》是郁达夫亲自送到鲁迅那里的，鲁迅当时就看了，让郁先生带口信回来，说打算给《语丝》发表，不久便可以刊出，果然，没多久文章就登出来了。这以后，李俊民又写了《秋之汐》，亦由郁达夫推荐给鲁迅，在《奔流》上发表。鲁迅先生看到这篇文章中写到几个工人割掉工贼的耳朵，认为可以不这么写，但发表时却一字未改。另一篇《寒宵》由《大众文艺》发表。李俊民还写了一个中篇小说《蜕变》，后来与以上三篇合成小说集《跋涉的人们》，由鲁迅交给上海北新书局出版。由于父亲有着亲身经历，所以这几篇小说比较真实地反映了工农革命，而且细致地描写出工农群众贫困的境遇和他们的喜怒哀乐，以及投身革命的动因。

1930 年 4 月，鲁迅写了《我们要批评家》一文（见《鲁迅全集》第四卷《二心集》），其中写道：

> 这两年中，虽然没有极出色的创作，然而据我所见，印成本子的，如李守章的《跋涉的人们》，台静农的《地之子》，叶永蓁的《小小十年》前半部，柔石的《二月》及《旧时代之死》，魏金枝的《七封信的自传》，刘一梦的《失业以后》，总还是优秀之作……
>
> 这回的读书界的趋向社会科学，是一个好的、正当的转机，不惟有益于别方面，即对于文艺，也可催促它向正确、前进的路——

鲁迅这篇文章写在"左联"成立之际，通过表扬《跋涉的人们》等一批文学作品，为青年作家们指明正确的文艺创作方向。

在上海的这段时间里，夏莱蒂承担了《大众文艺》大部分的编辑任务，经常往来于鲁迅、郁达夫之间，递送文稿与书籍。根据《鲁迅全集》（日记卷），仅 1928 年 10 月至 11 月，夏莱蒂就去过鲁迅家五次。此外，1929 年 1 月 11 日、8 月 27 日和 1933 年 6 月 27 日，鲁迅在日记里都写到了"莱蒂"。这段时间也是夏莱蒂的创作高峰，他翻译出版了俄国安德列夫写的《七个绞死的人》、英国道生的诗集《装饰集》，与徐培仁合译了罗曼·罗兰的《爱与死之角逐》，还翻译出版了《现代英美短篇小说集》；他本人写的短篇小说、散文、诗歌，多有发表于当时有关报刊。可惜的是，《大众文艺》仅出版了六期便遭到"封杀"，被迫停刊。

1929 年 9 月前后，郁达夫与夏莱蒂相继离开了上海。此时，李俊民夫妇与组织均已失去联系。汪篯子先期离开上海，到南通乡下做小学教师；李俊民则冒着风险，留在上海等待组织联络，但等来等去，始终没有等到前来接头的人。正当李俊民的生活难以为继时，刚刚在河南淮阳师范落下脚的夏莱蒂来信，说已经和学校谈妥，让他也到该校去教书。在淮阳师范的半年多里，家父与夏莱蒂朝夕相处，潜心钻研中国古典文学，在相互切磋中打下了古典文学的功底。但好景不长，因蒋、冯、阎军阀开战，学校停课，夏、李两人各奔东西。

1931 年，他们两人相约来到山东。夏莱蒂先后在山东济南高级中学、益都（青州）师范、聊城师范任教；李俊民则先后在聊城师范、济南第一师范、山东省立高级中学任教，并在课余兼任山东《平民日报》副刊和《未央》周刊的主编。

1933 年暑假，夏莱蒂、李俊民到上海与杭州来沪的郁达夫见面。李俊民写了短篇小说《人与人之间》，由郁达夫介绍给傅东华主编的《文学月报》发表，茅盾写了短评《不要太性急》，向读者推荐这篇小说。有一天，郁达夫带着夏、李二人一起去看望他的哥哥——大法官郁华（郁曼陀）。他们从沪西坐电车到虹口公园，下车后忽遇倾盆大雨，郁达夫生怕湿了鞋上门做客不礼貌，叫大家脱下鞋夹在腋下，"三人夹着鞋在大雨中快跑，身上早已成了落汤鸡，大家哈哈大笑，雨声愈大，笑声愈高，旁若无人，呆痴之状可掬"。1985 年纪念郁达夫殉国四十周年，家父饱含深情，以八十高龄撰写了回忆郁达夫的文章《落花如雨拌春泥》，其中就写到了当年与两位文坛知交相聚的情景。后来，郁家两兄弟因坚持正义、积极抗日，先后被侵略者暗杀，郭沫若称之为"双松挺秀"。家父这篇文章还叙说了1934 年 8 月 13 日郁达夫、王映霞夫妇来到济南的情景，家父尽地主之谊，陪同他们游览济南的名胜古迹。实际上，郁达夫当时就写了游记《青岛、济南、北平、北戴河的巡游》：

> 到济南城后，找着了李守章氏，第二日照例的去游千佛山、大明湖、趵突泉、金线泉、黑虎泉等名胜。自然是以家家流水、户户垂杨的黑虎泉（现在新设了游泳池了）一带，风景最为潇洒。大明湖的倒影千佛山，我倒也看见，只教在历下亭的后面东北堤旁临水之处，向南一望，千佛山的影子便了了可见……就在这一天的晚上，我们离开了李清照、辛弃疾的生地而赶上了平浦的通车，原因是为了映霞还没有到过北平，想在没有被人侵夺去之前，去瞻仰瞻仰这有名的旧日的皇都……但大好的山河，现在都拱手让人拿去筑路开矿，来打我们中国了，叫我们小百姓又有什么法子去拼命呢？

夏莱蒂在山东时，也时常去看望家父。他在晚年所写的五言诗《病中杂忆》深情怀念昔日"怒对朱门子，千夫奈我何"的赤子情怀：

> 桃花潭水深，不及古人情。李白忆汪伦，我思民与蓁。几度赴历下，挥汗叩柴门。主人见我乐，谈笑乘风生。下榻北窗前，相对品香茗。挑灯听夜雨，娓娓话生平。有时豪性发，大笑如呆痴。骑驴寻胜迹，沽酒吃螺蛳。驱车华不注，放舟大明湖。怒对朱门子，千夫奈我何?！流光如火箭，悠忽四十年。病中忆旧事，历历如目前。

（注："历下"即济南，指位于历山之下；"华不注"，山名，位于济南城郊东北。）

甘为孺子牛，勿作千夫狗

1936 年初，夏莱蒂离开山东回到上海。正巧家父的六弟徐建楼（原名李守淦）在上海被捕，这是他参加革命之后第二次被捕了。第一次被捕是在1932 年，被南通法院判处五年徒刑，经我祖父再三疏通将其保外就医。其间，徐建楼收到家父从济南捎给他的二十元钱，逃到上海继续从事地下工作。祖父寻人未果，急火攻心而暴毙。李家兄弟六人，家父排行第四，老大、老三先前就因染上时疫而离世，老二只好前去顶替老六坐牢。家父回南通奔丧时，曾去监狱探望二哥，认识了同在牢房的热血青年吴天石，两人一见如故。吴天石刚从无锡国学专修学校毕业，做了一个月的国文教员就被捕了。家父对他说，如果出狱后有困难，可以帮他去山东教书。家父回到济南后，自然跟夏莱蒂说起此事，夏莱蒂记在了心中。次年学期结束，夏莱蒂先将他在山东益都师范的位置让给吴天石，自己去了聊城师范，接着，又介绍吴天石到聊城师范，由此，夏莱蒂与吴天石也成了好朋友。后来，吴天石为了能够经常与家父会面，应聘于济南乡村师范，1935 年秋转到山东文登师范，直到1937 年暑假回到家乡南通。

这次六弟在上海被捕，家父拜托夏莱蒂给予照顾。徐建楼当时在共青团江苏省委工作，被捕后拒不承认自己是共产党员，但还是以共产党嫌疑犯的名头被判处两年六个月的徒刑。照顾一个政治犯是有风险的，但夏莱蒂义无反顾地承担下来了。监狱规定每三个月才能探监一次，每次，夏莱蒂半夜里就去排队拿牌子，因为牌子发光就进不去了。他买的食品都给看守拿去吃掉了，只有书和日用品还能送到徐的手中。所谓探监，双方只能隔着两边的铁栏杆远远望上一眼，当中有好长一段距离，讲话也听不见。每次探监后夏莱蒂都会写信给家父，说说看到徐建楼的大致模样。1938 年 6

图 2　吴天石。摄于无锡国专求学期间

月，徐建楼刑满释放，夏莱蒂将他接到自己的住处，尽管已经穷得每天吃咸菜泡饭，但他还是凑足了盘缠，送徐建楼去武汉寻找组织。此时，夏莱蒂已经与家父失去联系了。

　　1942 年，夏莱蒂写下他最后一篇小说《血的洗炼》，在上海法租界的《现代中国》旬刊连载发表。这篇小说以抗日战争初期上海近郊游击战为题材，这也反映了夏莱蒂对当年中共上海地下党领导的抗日武装活动是十分关切的。

　　1945 年抗战胜利，夏莱蒂找到在上海市政府工务局任局长的小学同学赵祖康，请他帮忙给自己找份工作。赵祖康安排夏到工务局管辖的通北公园做管理员。夏又对赵说："我的未婚妻孙文伟在杭州，你帮我一起安排吧。"赵成人之美，在管理员的手下又安排了一个助理。于是，夏莱蒂与孙文伟在上海结婚，就住在公园管理室内。在夏莱蒂到来之前，通北公园没有管理员，园林工人直接受制于工头。工头私吞多余的饷银，再逼迫工人向他借高利贷，还凭借派工权力任意欺压工人。夏莱蒂上任后，以管理员身份收去工头手中的分配权和派工权，为工人建立了困难补助周转金。工头恨得咬牙切齿，千

图3　1936年，吴天石摄于山东

方百计与夏莱蒂作对，夏莱蒂照样我行我素，不予理会。

通北公园是个小公园，位于杨树浦工业区。夏莱蒂看到经常有人到公园里来开会，猜测他们是共产党。每当有国民党特务到公园来巡查时，都由夏莱蒂出面应酬，孙文伟则抢先一步去向人们打招呼："散开吧，散开吧！"1949年上海解放前夕，经常来公园开会的共产党人找到夏莱蒂，希望他保护好公共财物迎接解放。夏莱蒂决定坚守岗位，完成共产党交给他的任务。他让孙文伟带着两个孩子到杭州老家暂避，叫园林工人们躲在家中不要上班，免得被撤退的国民党军队抓去做民夫。但孙文伟放心不下丈夫，又带着孩子回到上海，陪在丈夫的身边。杨树浦是上海最后解放的地区，一群残兵败将冲进公园管理室，企图在此负隅顽抗。为首的那官儿歇斯底里地挥舞着手枪，将夏莱蒂顶在前面做人质，又命孙文伟将两个孩子抱过去。就在这紧急关头，孙文伟怀里的女婴居然冲着那军官笑了一笑，大概以为在看戏呢。或许是小天使的笑容唤醒了他求生的欲望，便朝天放了几枪，放弃抵抗，带着部下逃走了。

接下来的时间，四周非常安静，夏莱蒂夫妇感觉到解放军已经进入公园。孙文伟坐在窗边，看到有哨兵在窗外悄悄地走过，突然"砰"的一声，一颗子弹从哨兵的身边掠过。夏莱蒂夫妇坐不住了："有人向解放军放冷枪！"他们劝哨兵躲到屋里来，哨兵婉言谢绝："解放大军真是仁义之师啊！"

解放后，夏莱蒂从报纸上看到李俊民的名字，他知道"俊民"是李守章的别名，马上写信去探问究竟。李俊民收到信后，即刻通过组织邀请他前去扬州负责苏北行署机关刊物《人民苏北》的编辑工作。夏莱蒂看稿编稿，夜以继日，几乎到了废寝忘食的地步，经常熬红了双眼，但依然精神焕发，笑颜常开。正如他在 1956 年《自传》中所写："我似乎在青年时代倒是老人的心境，而现在晚年时代反而变成青年的心境了。"他还被选为苏北第一届人大特邀代表和第一届政协委员。

生长竹石间，本性是愚直

人们常说"文人清高"，到底算优点还是缺点，没人说得清楚。"生长竹石间，本性是愚直"是夏莱蒂对自己的评价，但既是"本性"，便往往在不经意之间流露出来。

夏莱蒂曾担任江苏人民出版社副总编辑，同时兼任科技编辑室主任。这期间，主持出版了该社第一套科技通俗读物"农业生产知识丛书"，以及"中级农业技术"系列读物，直接为农业生产发展服务。他关心青年编辑的成长，为他们创造各种学习的机会，培养出该社第一批科技编辑骨干，为出版社做出了贡献。1957 年整风运动开始，首先动员群众向领导提意见。夏莱蒂属于社领导，又是省里的政协委员，他十分虚心地接受群众的意见。后来，又动员大家向党提意见，夏莱蒂也响应号召，提了三条意见。第一条，不要是党都是官；第二条，精兵简政，官不能比兵多；第三条，机关应当厉行节约，反对浪费。夏莱蒂的第三条意见，还可以引出一个小故事。有一次，部里有人到单位来视察，单位领导设宴招待，让夏莱蒂这位"名士"作陪。宴席上自然是好酒好菜，饭后，送客人到饭店，有席梦思床垫，在当时算是高档次。夏莱蒂在饭局上已经觉得浪费，此时便发表意见："这种床铺太软，睡觉会筋骨酥，还不如我那个稻草垫子舒服呢。"此后，单位领导再也不叫他陪客人了。夏莱蒂在家中说起，权当笑资。

整风运动很快转变为"反右"运动。之后，单位有些会议就不要夏莱蒂参加了，有些人也疏远他。夏莱蒂无所谓，仍然埋头做自己的编辑工作。1958 年孙文伟被退职，1960 年单位宣布免去夏莱蒂副总编辑职务，保留工资，全家下放到苏北农村劳动，此时，他已经五十九岁了。他认为这是帮助国家解决困难，兴冲冲地跑回家，对家人说"买蒲包，买蒲包"，准备打包下乡。有位邻居是省委宣传部的领导，悄声对他说："老夏，你不用急，晚

图4 1947年，夏莱蒂夫妇摄于上海通北公园

一点走。"等到其他下乡的人走完了，这位领导安排夏莱蒂到新闻专科学校教书。夏莱蒂凭他以前教国文积累的功底，选择了古典文学科。"文革"前，新闻专科学校并入南京师范学院。

　　家父也是自诩为"傲上亲下"的。1952年10月，苏北行署、苏南行署与南京市合并，成立江苏省人民政府，家父被任命为江苏省文化局局长。他走马上任后不久，遇上"三反"运动补课，工作组进驻文化局，发动群众揭发他的"经济问题"。家父一向公私分明，自然查不出问题，但他去意已决，打报告给垂直领导机关文化部，辞去官职，请求调到上海"专事创作"。当时，陈毅尚在上海主政，他对家父是信任的。1937年暑假，家父携妻儿自济南回到老家南通省亲，七七事变，华北告急，家父便与吴天石等人留在家乡开展抗日活动。1940年10月新四军在苏中地区组建外围武装"联抗"部队，陈毅任命黄逸峰、李俊民为正副司令。家父诚惶诚恐，对副司令一职叩辞再三，声称自己只能搞搞宣传，办办报纸，做些文化工作，但陈毅不为所动，家父这才领悟到党交给的任务是不应该推辞的。家父是最早的南通籍共产党人，又是南通地区国民党组织的创始人之一，还有着"苏中才子"的美誉。回到党的怀抱后，家父发挥了积极的统战作用，知识青年们也纷纷前来投军——试想，像我父亲这样斯文的书生都能做副司令，还有哪个读书人不能投笔从戎呢？

到上海后，组织上任命家父为新文艺出版社社长，此时已是1954年元

图5　1951年，李俊民与小女冬冬合影

189

图 6　1955 年吴天石夫妇全家福

图 7　1959 年李俊民夫妇全家福

旦了。"新文艺"是个综合性的大社，社长的地位也比较高。过了两年，家父在"新文艺"内部成立上海古典文学出版社，自任社长。1958年出版系统重组，成立中华书局上海编辑所，家父尊崇原中华书局德高望重的老前辈，自愿以副职身份主持工作。同仁们笑道"李俊民的官儿越做越小"，但他们话语里是带着敬重之意的。"中华上编"推出了《中华活叶文选》等大量优秀读物，得到社会各阶层的热烈欢迎，开创了古籍出版大众化的一段鼎盛时期。

滴滴杨枝水，洗净还清白

"文革"开始后，有人贴夏莱蒂大字报，讲他是"大右派"，夏莱蒂只以为是那些人乱扣帽子。他的女儿夏永和插队落户，每次上调，政审总是通不过。夏永和患有严重的肾病，按理是照顾对象。农村干部对夏永和说："不是我有意为难你，实在是你家庭有问题。" 夏永和回家告诉了父亲，夏莱蒂心里很难受，但向谁去诉说呢？

当时，夏莱蒂两位最好的朋友——李俊民和吴天石先后被公开点名批判。家父是因为在讨论《海瑞罢官》发言时说了清官几句好话，吴天石则是写了一本名为《谈谈我国古代学者的学习精神和学习方法》的小册子，其中有三百字写到海瑞。1966年8月3日晚，南京师范学院一群学生冲进吴天石的家，将吴天石夫妇拖出来游街批斗，竟将两位老人活活折磨致死。一位路人说了一句"要文斗不要武斗"，也被打断几根肋骨。吴天石夫人李敬仪是南师的党委副书记，而吴天

图8　1966年初，夏莱蒂摄于南京师范学院

图9　壬子年（1972）春节，夏莱蒂夫妇全家福

石是江苏省教育厅厅长，主管中小学教育，与那些大学生并无关系。面对无知者的无端凌辱，吴天石铁骨铮铮，他留给人间的最后一句话："我不是黑帮，我是共产党员！"那年，吴天石五十六岁，他用生命捍卫了教育工作者的尊严。次日，夏莱蒂闻得噩耗，将自己捂在被子里痛哭不已。"文革"后，人们反思，作为"天之骄子"的大学生如何成了泯灭人性的暴徒，有的说，是因为法治意识淡薄；有的说，是人道主义的缺失；也有的说，我们的思想教育还存在着片面性……这些，都是历史的教训！

　　1972年10月，家父收到一封南京来信，打开一看，原来是夏莱蒂夫妇写来的。我父母已有多年未与朋友来往了，看到来信非常欢喜，两人立马动手给他们写回信。1973年1月上旬，夏莱蒂病重，已经无力动笔写信，他口占一首七言诗让夏永和写下寄来："自从前信去沪滨，微躯旋被病魔困。一榻呻吟徒转侧，诗情画意全消失。岁月年年今犹昔，世事朝朝多变更。石头城外钟山青，常忆海上民与蓁。卅年倏忽如一日，何时小叙话生平？"家父和诗一首寄去："风云激荡幻云天，转眼流逝四十年。涸辙永铭濡沫重，回

192

苏亦念醴泉甜。病缠君体同身受，路阻登临衹意牵。为祝宽怀多养摄，南山苍翠寿延绵！"尽管夏老来信中没有提及自身境遇的片言只语，但家父却能感觉到他的心中必有郁结，只能在诗中劝慰病人多多"宽怀"。2月16日，夏莱蒂去世。临终前，他嘱咐后事："要穿春装，不戴帽子。"

图 10　八十高龄的李俊民仍在工作

　　夏莱蒂在病榻上曾一字一句让夏永和记下一组五言长诗，嘱咐她"在春天到来的时候"交给家父。夏永和向父亲郑重保证，一定会将这些诗送到李叔叔手中。夏永和严守秘密，悄悄地将父亲的遗诗随身带到乡下。1977 年"四人帮"彻底倒台后，她将夏老的遗诗寄给了家父，家父读罢潸然泪下，这是一位老知识分子在生命的最后时刻发出的心声啊！

　　夏莱蒂遗诗《白璧偈》里写道："白璧本无瑕，鼠尿往上着。滴滴杨枝水，洗净还清白。"他相信总有一天，共产党会替他洗净一切冤屈，还他清白之身。

　　1980 年，家父撰文《夜雨挑灯忆故友》纪念挚友夏莱蒂。文章开篇，家父便抄录了江苏省出版局对夏莱蒂"内定右派"的平反结论，用这"滴滴杨枝水"告慰夏老在天之灵。文章结尾，家父追忆夏莱蒂在国民党白色恐怖时期对共产党人的无私帮助，讴歌道："这是一种什么精神？他热爱共产党、热爱革命青年，难道不应该令人钦敬吗？在党外人士中，像夏莱蒂同志这样的好朋友，还是很多的。今天尚健在的，不正是我们在向四化进军中的好朋友和老同伴吗？我愿意祝他们健康长寿！"

（原载《老照片》第 113 辑，2017 年 6 月出版）

爸爸邓广铭与妈妈窦珍茹

邓可蕴

1927 年秋，山东济南的学生为反对文化专制、政治复辟，举行了大规模示威游行。我爸爸时在山东省立第一师范学校就读，也参加了这次游行。这时走在女子队伍前面的一位女生引起了他的注意，便问身旁一位叫窦子洪的同学："那个女生是谁？你认识吗？"恰好窦先生跟那位女生是本家，都是山东德州陵县人，"她叫窦金玉，上济南女子师范（即山东省立第一女子师范学校）时考了第四名，很不错"。从此，这两位反对封建主义、接受新文化潮流、学习优秀的青年，就开始来往了。这位后来成了我妈妈的女同学，还接受了我爸的建议，把名字改成了窦珍茹，字振鲁。

山东省立第一师范学校的校长王祝晨是位开明人士，担任校长期间，积极参加新文化运动，约请北京大学的知名教授如沈尹默、周作人、梁漱溟等来校短期讲学，聘请北京大学毕业生来校任教，提倡学生广泛阅读北京、上海的进步书报、杂志……这种环境让我爸爸逐渐成了一个神往北京大学的青年。受军阀张宗昌（山东军务督办兼省长）复辟的影响，教育系统被当局翻盘，1925 年 12 月王祝晨被撤职，许多反复辟的学生领袖（开除名单上第一名就是邓广铭）也被开除了。妈妈在济南女子师范读书时也参与进步学生活动，并被选为"全国妇女协会筹备会"的山东代表。后因国共分裂，爸妈就不再参与政治活动了。

爸爸虽被开除，仍不改初衷，一心要上北京大学。但临邑老家早已破败，当初上师范就是因为这种学校完全免费，现在被开除出校，老家绝无能力接济他。离开省立第一师范后，1928 年至 1930 年我爸在山东四处流浪打工，

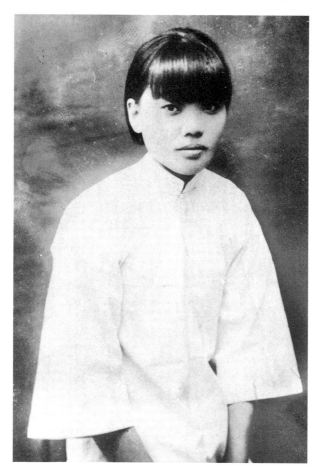

图1 1927年，在济南女子师范读书的妈妈

当抄写员、卖报卖杂志、做代课教师等。他不但得生活下去，而且还要攒钱以备考北大。由于他的遭遇和他的勤奋，不少来自底层的人士给予了帮助和安慰。

1930年我爸妈到上海结婚后，爸爸只身到北平，与省立第一师范的老同学李广田等人挤住在一起。（1935年李广田北大毕业后，我妈妈把她济南女子师范的同班同学王兰馨介绍给他，两人喜结良缘。）考大学必须有中学毕业证书才能报名，他却没有。于是他就在一个私立中学边读高三边去北大旁

图2 1930 年，爸妈在上海结婚

听一些课程，很是用功。1931 年夏，虽然拿到了高中毕业证书，可惜我爸的理科分数太差，没能考上北大，但考入了（私立）辅仁大学西语系。开学前，爸爸回山东胶县（今胶州市）见到已经半周岁的我姐姐，同时为有点收入，他也在当地学校兼过课。

在辅仁大学西语系读了一年，受益于北大改变了文科理科的录取办法，我爸终于在 1932 年考入北大史学系。

图3　担任山东胶县女子高小校长时的妈妈

　　1930年我妈妈在济南女子师范以优异成绩毕业，很快谋得山东胶县第一女子学校教员的职务，不久即担任校长，每月有五个大洋（银元）的稳定收入。在胶县她省吃俭用，一边带着1931年2月出生的我姐姐，一边工作，大部分收入给了我爸爸（1931年读私立辅仁大学，1932年读北京大学史学系一年级），供他上大学。

　　我觉得，从此，我妈妈就是站在我爸爸身后、全力支持他向前发展的那个高尚的女人了。

　　1932年和1933年的两个暑假，爸爸都曾回到胶县，其间都在当地兼课教书，以贴补家用。1933年我妈妈也到北平考大学，被中国大学（当时学校在北平西单大木仓郑王府内）地理系录取。

　　图4是"胶县县立第一女校高级生敬送邓恭三先生返（北）平摄影纪念"。照片拍摄于1933年7月，由我姐姐保存着，今年3月我才看到。拍照

图 4　山东胶县县立第一女校高级生敬送邓恭三先生返北平。爸爸坐在前排中间搂着我姐姐。后排左八是我妈妈。摄于 1933 年 7 月 8 日

图 5　右一臧克家，右二我爸爸，左一我妈妈。1933 年摄于臧克家青岛家中

时中国大学大概还未发榜，所以我妈妈虽然是校长，也与学生同站在后面。

图5是我爸妈带着我姐姐，1933年在青岛臧克家先生家。照片上，我爸爸抱着我姐姐；扶着栏杆的是臧克家；衣领上有个很别致的黑色带子的女士是臧克家的第一位太太，姓王；坐着的是我妈妈。这时我姐姐已经两岁多。臧伯伯说："这孩子这么可爱，我给起个小名儿叫玲玲吧。"十八年后，1951年，臧伯伯和我姐姐邓可因，在北京中山公园中山堂参加了北京各界人民代表会议，重逢之时，臧伯伯兴奋地依然大声喊她："玲玲！玲玲！"

1931年我爸在辅仁大学西语系读书时，校长沈兼士先生请北大教授周作人去辅仁，给学生作中国新文化发展问题的演讲。周作人先后讲了六讲。几年前在山东省立第一师范，我爸也听过周作人的短期讲学，所以对他的绍兴口音大体已能接受。这次，我爸把周先生的六次演讲，都认真记录，整理成文，并送给他审阅。这成为他俩直接来往的契机。周先生告诉这位年轻人，北大接受胡适等人的建议，已改变了文科理科的录取标准，鼓励他再去考北大。

1932年暑期后，我爸已在北大史学系读一年级了，忽然接到辅仁大学校长秘书台静农的邀约。见面后，台先生将周作人先生写给我爸的信和审定后的文稿，当面交给我爸。信上说，北平有个"人文书店"要出版此文稿，他已写了序言，并已与沈兼士先生商定书名为《中国新文学的源流》。不久，第一版印了三千册，出版社付了三百（银）元稿费，周先生当即把这笔稿费统统给了我爸，自己分文不留，还再

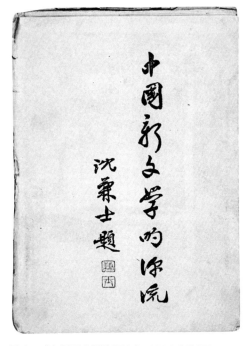

图6　《中国新文学的源流》1932年版封面

三称赞了我爸这个年轻人。

这是我爸第一次自己有这么多钱，完全出乎他和我妈妈的意料。那时北大教授陈独秀等人的月工资是三百（银）元，我妈在胶县做高小校长月工资是五（银）元。爸对我妈说，他想用这笔钱买一部百衲本线装《二十四史》。妈妈觉得我爸是学历史的，应该买，毫不犹豫地答应了。

买了《二十四史》后，那笔钱还剩余一些，我爸就商量让妈妈也到北平考大学，而且建议她学地理学。

就这样，当年夏末，全家三人就都到北平了，租住在西直门内南大安胡同四号院的三间西房里，两个上大学，一个在幼稚园。

那时他俩都是二十几岁的热血青年，他们热切地憧憬着未来，却不知，艰辛来得更快。

买书后剩的钱，加上北大给我爸的助学金，以及爸爸和同学办刊物的零星稿费，加在一起，总算可支撑这个小家庭的吃、穿、房租、出行交通、上

图7　1935年初秋，爸爸妈妈到幼稚园接玲玲回家

图 8　邓小南与我妈妈窦珍茹。摄于 1962 年

大学、玲玲上幼稚园、生病治病等开支，可是又能支撑多久呢？

因这种种家累，我妈妈只读完大学一年级就主动辍学，去西直门外扶轮小学教书挣工资养家了。

从 1930 年爸妈结婚后，到 1936 年我爸北大毕业，这七年里主要的稳定收入是我妈妈的工资（当然还有买《二十四史》后剩下的稿费）。为了养活这个家，为了我爸能上北大，我妈妈付出了她的青春、健康，也背离了她发展的初衷……所以我觉得妈妈是我们家特别重要的后盾，怎么说也不为过。我必须将她的行止写出来。

图 8 是我非常喜欢的一张照片。这张照片中有她最幸福、快乐的样子。那时我妹妹小南患上肝炎，需要休学治病。经妈妈不到半年的悉心照料，小南的病终于养好了，不必留级，能回北大附小接着读六年级。全家都很高兴，我妈妈最高兴。照片中不单小南可爱、漂亮，我妈妈也特别自信，两眼炯然有神。

图 9　妈妈与姐姐的女儿小航合影。摄于 1962 年 10 月

　　在过去的照片中，她从没有这么精神过，年轻时和我爸同框的照片也都显得沉重，也从来没有这么轻松的笑容。现在我有点明白了，我妈妈为人善良诚挚，聪明好学，知识面广，全身心地爱着她的丈夫和孩子。但现实生活的压力真是太大了，她不得不放弃自己对事业的追求，含辛茹苦地支撑起这个家。

　　图 9 摄于 1962 年 10 月，照相前，我姐四岁的女儿小航平时不知在家听大人们说了些什么，忽然就抱着姥姥的腿，仰着头说："姥姥，以后我养活你。"我妈闻听此言，心里倍觉温暖。

　　邓小南说，她小的时候，1961 年左右，有一次跟我妈妈进北大东门往朗润园走，在路上，那时候妈妈就对她说，作为一个女生，长大以后，一定要

图 10　1962 年夏，妈妈和三个女儿在景山公园

图 11　1962 年夏，全家在北大未名湖北岸

有自己的事业。这话小南一直记在心里。

我初中毕业后想上农机中专（在哈尔滨王岗），我妈坚决不同意，要我接着上高中、上大学。后来妈妈两次对我说，女孩子上完大学以后，还要能自立才行。大姐说，妈妈也对她说过这种话。这是母亲对她的三个女儿的嘱咐。我明白这也是她对自己的反思。能让妈妈欣慰的是，她的三个女儿都事业有成，没让她失望。

图12这张照片是爸妈最后一次同框合影。1963年深秋，小南已读北大附中初一，我姐的女儿小航已经五岁了。最左侧的男人名叫许本文，是我爸的表侄，也是我的老师、北京农机学院理论力学教授。

1964年4月23日，我妈妈因患食管癌，加上内心多年积郁，在北京病逝。

图12 这张照片是爸妈最后一次同框合影

这年 4 月初（那时我已在新疆石河子农学院教书），姐姐突然发电报给我，告知我妈病重入住阜外医院，爸叫我回北京照顾妈妈。恰巧这个月我的学生到农场去实习，我没有课，于是自费买了飞机票第三天就到北京了。后来"文革"时，还因我自费买机票回北京，给我扣了顶"典型的新生资产阶级"大帽子。此为后话。

回北京后，我和姐姐等四人轮流日夜守护我妈妈。

有一天爸爸来看妈妈，默默地坐在窗户边上，谁也没说话。后来爸爸就哭了，哭得很伤心。我坐在妈妈病床边没离开，虚弱的妈妈只说了一句话："什么都晚了。"……现在我觉得当时我实在是又笨又傻，我本应该离开病房，让他们俩能在生离死别前单独说说话啊！对此，我真是后悔。

我们的妈妈葬在了香山和玉泉山之间的万安公墓。

（原载《老照片》第 150 辑，2023 年 8 月出版）

郎舅学人：杨石先与刘崇铉

田晓东　车志强

图1　杨石先

在天津南开大学举行的纪念杨石先先生一百二十周年诞辰纪念会上，捐献杨石先手稿等文物的津门收藏家车志强与杨石先哲嗣杨耆荀结识，车志强聊起自己还收藏有曾任南开大学、清华大学教授刘崇铉的一些物品，杨耆荀不觉脱口而出："刘崇铉，那是我亲舅。"

原来，杨石先夫人、杨耆荀的母亲刘崇瑜正是刘崇铉的胞妹，杨石先与刘崇铉不仅是清华同班同学，还是郎舅关系。

杨石先（1897—1985），名绍曾，字石先，以字行，安徽怀宁人。著名化学家、教育家。历任南开大学教务长、校长、名誉校长，中国科学院学部委员、化学部主任，中国化学会理事长，全国科协副主席

图 2　刘崇鋐

等职。

　　刘崇鋐（1897—1990），字寿民，福建福州人。著名历史学教授。曾任南开大学历史系教授、清华大学历史系主任；1949 年 2 月赴台，任台湾大学历史系教授、教务长等职。

家　世

　　杨石先的祖上是蒙古族，据他的外甥李守中回忆：杨石先说以前在家谱里看到过蒙古族姓氏，一次在与乌兰夫闲谈时提起，不久《民族画报》的记者就来采访，认定他是蒙古族。天津杨家提供的《天台里杨氏族谱》草图显示：迁怀宁始祖为元朝时人宛者不花，曾任安庆尉。传到杨汝毂，康熙时进士，官至左都御史。杨汝毅六世孙杨秉璋，咸丰时进士，曾任翰林院编修、四川学政。杨秉璋为杨石先曾祖，杨石先 1897 年 1 月 28 日（光绪二十二年十二月二十六）出生在浙江杭州，曾任嘉兴府知府、宁绍台道的祖父杨葆铭为其起名杨绍曾，字石先，期望孙儿绍继曾祖功业。祖母吴广翠性情温和，能文善诗，每天教儿媳和孙儿辈念书习字、背诵诗词，乐此不疲，得享高寿。1947 年 12 月 2 日《申报》刊载："北平井儿胡同十二号有位杨姓老太太于 11 月 30 日举办了百岁寿庆，老太太是杨汝毅后裔杨秉璋之子杨葆铭的夫人吴氏，杨家彼时已是五世同堂，孙辈中一为杨石先（某大学教务长），一为杨继曾（任国防部兵工署长），一为杨济成（任北平金城银行经理）。"

1902 年，山东巡抚周馥奉命将山东绿营兵改为地方巡警，杨石先的父亲杨嘉辰以道员身份负责办理巡警总局。次年，六岁的杨石先与弟继曾随母亲高婉贞前往济南依父，开始从家庭教师读四书五经、《史记》和《文选》，兼习算学和地理。杨石先从小被长辈认为有念书的天分，喜欢花草；弟弟继曾顽皮，爱玩棍棒。父亲根据两个儿子的性情、爱好，预测他们的未来说："将来让绍曾学农，弟弟好动，长大学工。"知子莫如父，当 1932 年杨石先在南开大学讲授药物化学、植物激素、农药化学等课程时，4 月 29 日上海虹口公园发生一起爆炸案，炸死炸伤参加"祝捷大会"的日本军政要员数名，爆炸案中韩国志士尹奉吉投掷的一枚便当型定时炸弹，就是由弟弟杨继曾等人在兵工厂研制的。

1907 年，杨嘉辰由直隶督署调职天津，全家由济南迁至天津，杨石先入天津民立第二小学就读。1910 年高小毕业，先后报考了天津敬业中学堂（南开学校的前身，今南开中学）和清末新政期间为庚款留美设立的游美肄业馆（1911 年 2 月迁入清华园办公并改为清华学堂，于 3 月 30 日暂行开学，另说 4 月 29 日开学。1912 年 10 月改为清华学校）。1911 年春考入清华学堂中等科就读。

和杨石先一样首批考入清华学堂的还有年龄相同的刘崇铉，刘崇铉 1897年 8 月 7 日（光绪二十三年七月初十）出生于福州侯官世家。根据刘氏族谱：先祖刘彬在明永乐年间因军功任福州右卫都指挥使，在福州落户。祖父刘齐衔，林则徐的长女婿，1841 年（道光二十一年）进士，官至河南布政使、署理河南巡抚。父刘宣甫续娶张之渊之女，而成为张之洞的侄女婿，深得清末重臣张之洞器重。1901年（光绪二十七年）四月初八，张之洞致电日本驻上海总领事、同文会长等日方要员："兹派驻沪委员知县刘怡就近奉贺。刘令系鄙人至亲，与鄙人亲到无异也"。与此同时，张之洞另电："致上海货捐局刘宣甫：语（初六日代称）电悉。即派阁下于初九日届时赴日本同文书院，代鄂致贺，万勿迟误。"刘怡，一作刘学怡，字宣甫，官位不显，只做到娄县知县，交游戚谊却多是名流，民国后以遗民寓居上海，与沈瑜庆、郑孝胥等结社读经。当年刘宣甫续娶张氏夫人，状元张謇赠联致贺："枕书旧得神仙秘，妆阁新笺女史箴。"张夫人知书达理，夫妇二人教子有方，二子刘崇铉、刘崇乐与堂兄弟刘崇佑、刘崇杰在福建省外被人称为"刘氏四杰"，刘崇铉、刘崇乐还在清华大学享有"兄弟教授"的美誉。

求　学

刘崇铉在《我对清华的回忆》中提到了1911年2月在北京举行的第二格（中等科）学生招生考试。"记得那是一个寒冷的初春早晨，带了墨盒毛笔（那时似乎中国还没有自来水笔），乘坐骡车，到达西城学部考棚（科举时代的考场）去参加考试。最担心的英文程度太差，尤其是考到英文默写，由唐介臣先生读一段英文，考生跟着写录。唐老先生英文太好，念得非常流利，只是苦了笔者跟不上，尤其是每句之末来一个'Period'，简直莫名其妙。"刘崇铉晚年的回忆将此次春季招生考试与半年后的幼年生留美选拔考试混在一起，因为1911年2月招生考试时，学堂监督唐国安（号介臣）并不在京。春季入学时刘崇铉的英文水平定为1A级（一年级上学期），"几乎是从abcd学起"，半年后参加幼年生选拔考试，听不懂唐国安所念的听写题，连Period（句号）也听不懂是很自然的事。

杨石先入学后也面临同样的问题，因为课程都用英语讲授，为了学好英语，杨石先和几个要好的同学，订立了"日常会话须讲英语，违者罚一个铜板"的君子协定。每到星期天，他们常常带着罚得的十几个铜板，跑到校外买炒花生一饱口福。随着同学们英语会话能力的提高，用罚款享受炒花生米

图 3 刘崇鋐获威斯康星大学文学士学位。摄于 1920 年 6 月 23 日

的乐趣也越来越少，语言关逐渐闯过了。传统观念中所赏识的读书种子大多
文静不喜动，和清华学校重视体育的教育理念产生冲突，一次杨石先体育活
动时间躲在偏僻处看书，被到操场巡视的周诒春校长发现，周校长严厉地质
问："你为什么违反校规？"他紧张得无言以对。原来周校长关注到刻板繁
重的学业正影响着学生们的健康，制订推行了著名的"强迫运动"办法：每
天下午4时至5时为运动时间，在那一小时内图书馆、教室、宿舍一律锁门，
学生都必须到户外操场或体育馆内去锻炼。据刘崇鋐回忆，周诒春校长的种

图4 刘崇铉一家和弟弟刘崇乐（后排左一）在清华园

种规定"当时不免有人生反感，说他管得太琐碎，作风有点近专制，但日后觉悟到他对于学生是真的爱护，不止要我们养成好习惯，实有引导青年成为现代好公民的深意。他提倡团体生活，鼓励学生到各社团里服务活动，训练办事认真负责，清华的良好风气传统建于此时。创建这样的校风，培养这样的校风，我想旧日的同学没有不归功于周校长，可说受了他的熏陶，终身受益不尽"。

　　清华学校屡邀名流演讲，新颖的题目不仅吸引学生，自由往听还可以让学生们暂时脱离教室的"强迫生活"。一有演讲，学生顿感如鱼得水。1914年11月5日，著名学者梁启超先生莅临清华以"君子"为题发表演讲，他说："乾象曰：'天行健，君子以自强不息'；坤象曰：'地势坤，君子以厚德载物'。推本乎此，君子之条件庶几近之矣。"并对清华学子寄予厚望："清华学子，荟中西之鸿儒，集四方之俊秀，为师与友，相磋相磨，他年遨游海外，吸收新文明，改良我社会，促进我政治，所谓君子人者，非清华学子，行将焉属？"他勉励清华学子"崇德修学，勉为君子，异日出膺大任，足以挽既倒之狂澜，作中流之砥柱，则民国幸甚矣！"这次演讲后，清华学校便将"自强不息，厚德载物"尊为校训，镌刻入校徽，1921年建成的大礼堂复以巨徽嵌于正额，以壮观瞻。

周诒春校长倡导的"德智体三育""端品励学"，梁启超勉励的"自强不息""厚德载物"使杨石先、刘崇铉获益匪浅，他们笃志用功，取得优异学习成绩的同时，在道德精神上不断自省自察，培养完全人格，锻炼成为社团服务的活跃分子。1916年1月14日，清华学校科学会开选举会，叶企孙当选为会长、刘崇铉为书记；同年10月25日，《清华周刊》第84期上，叶企孙、杨绍曾（即杨石先）、曹明銮发表《重组清华学会建议》，呼吁"纠合全校有才有志之同学，共同擘画，共同经营，组织一精神团结、规模宏大、组织完善之校会，诚当今急务也"。这些经历为他们将来赴美留学，很快适应异国的求学生活打下了基础。1918年6月，杨石先、刘崇铉清华学校毕业，牢记着1918级的级箴（Class motto）——爱国是我的目标；我为爱国之心所驱使（拉丁文：Ducit amor patriae）——依依不舍地告别学习生活七年之久的母校。8月，上海码头，五十七名个个身强体健的清华学子，连同其他学校几十名公费生、自费生登上中国客轮"南京"号，驶往加州旧金山。

1918年9月，杨石先入康奈尔大学学习农科，他发现自己喜爱的植物学与应用化学的发展密不可分，于是次年改学应用化学学科。1922年春，他顺利取得了应用化学学士学位。1923年，当他只差一年便可读完博士学位时，忽接母亲家书。原来杨石先"性格戆直卞急"的父亲思想不适应民国后的官场，决意退出宦途，把杨石先母亲和小妹送到亲戚家暂住，只身赴北京，寄居会馆，以卖文鬻字为生。时下亲戚家析产分家，母亲和小妹不便继续寄居，

图 5 刘崇铉、刘崇乐、陆佩玉和丈夫浦薛凤在清华园

父亲照顾自己尚嫌不足，急需身为长子的杨石先回国谋划。杨石先只好与导师商量，将研究完成的部分权作硕士论文进行答辩，获有机化学硕士学位。8 月间，遄返归国。1923—1929 年在南开大学执教六年之后，杨石先获得出国进修两年的机会，再赴美国，1931 年获得耶鲁大学有机化学博士学位。

相比杨石先在美国求学的一波三折，刘崇铉在美国可谓一帆风顺。1918 年刘崇铉入威斯康星大学学习历史，1920 年获文学学士。转往哈佛大学，1921 年获文学硕士。1921—1922 年，在哥伦比亚大学做研究。1922—1923 年，前往耶鲁大学从事研究。他游学名校，不以攻读学位为目的，只在尽量吸取各家精华。他治学范围颇广，以欧洲史、英国史和美国史为主。刘崇铉在哥伦比亚大学研究期间，适逢华盛顿会议举行。为解决第一次世界大战之后远东及太平洋的遗留问题，美国邀请了主要相关国家中国、荷兰、比利时、葡萄牙四国，连同美、英、法、日、意五强，一共九个国家参加会议。中国北洋政府派出施肇基、王宠惠、顾维钧三位全权代表与会，谋求解决"山东悬案"问题。刘崇铉与当时在美游学或留学的罗家伦、蒋廷黻、李济、查良钊、周炳琳等组织了留美中国学生华盛顿会议后援会，从事国民外交，开会期间出版中英文刊物，分送各国代表团，表明中国立场，同时监督官方代表团的行动。据罗家伦回忆："我们打成一片天天在会外商讨。有几次北京训令指示代表团让步或是代表中有人泄气的时候，我们的后援会予以种种刺激，使他们有所顾忌，不敢十分摇动。"刘崇铉主要参与编辑英文刊物，他同蒋廷黻、罗家伦等人结识，为归国后先后在南开大学、清华大学执教积累了广泛的人脉资源。

刘崇铉

　　1923 年南开大学设立历史系，首任系主任为哥伦比亚大学博士毕业的蒋廷黻，蒋上任伊始，即延揽同年归国的刘崇铉入南开，先为历史系讲师，次年转为教授。1923—1924 年南开大学历史系历史课程表显示：刘崇铉讲授《英吉利通史》《美利坚合众国通史》《欧洲文艺复兴与宗教改革》，每周三课时；中国史部分则由蒋廷黻讲授。然而南开偏重化工、商科等实用专业，文史学科不过聊备一格。1924 年刘崇铉转投清华，1926 年清华大学首设历史系，刘崇铉为初创元老。系主任陆懋德提出的《筹备历史系计划书》中说："本系担任西史者现有三人，尚敷应用。"此处所言西史三人，应为刘崇铉、麻伦（Carroll Brown Malone，美籍教授）和钱端升（与外文系合聘）。1927年 6 月，清华史学会成立，10 月召开第一次常会，陆懋德任总务，刘崇铉任文书。1929 年 1 月，中国史学会在北平成立，刘崇铉、陶孟和、翁文灏等五人位列主席候补者名单。年少成名，北京几所高校争相聘请其为西史教授，这一方面给刘崇铉增添了声誉，另一方面却形成压力，除了授课，多是"述而不作"，久而久之，形成"不能流传后世的文章不如不著"的信条。

　　1928 年 8 月，清华学校更名国立清华大学，时年三十一岁的罗家伦为首任校长。罗家伦锐意改革，裁汰冗员，增聘名师，"余聘教授，毫无门户之见，概以学术标准为衡"。1929 年夏，罗家伦专程去天津，敦聘蒋廷黻出任历史系主任，蒋、刘再度联手。1931 年 6 月，《清华周刊·向导专号》刊载蒋廷黻首次以系主任身份撰写的《历史学系的概况》："清华的史学系向来是合中外历史为一系的，并且是中外历史兼重的。"蒋廷黻认为治史需兼重社会科学，在历史领域内，主张先读西洋史，攫取西方史学方法和观点的长处，然后再分析综合国史上的大课题。1935 年底，蒋廷黻弃学从政，刘崇铉代理系主任，蒋规刘随，清华史学系的治系方针和蒋廷黻时代保持了高度的一致。1936 年，刘崇铉在《历史学系概况》中写道："史系之进步虽年新岁异，但方针却为一贯，换言之，即中外历史兼重……更要使学生多习外国语及其他人文学术，如政治、经济、哲学、文学、人类学等课，多习外国语，为多得几种治学工具；多习人文学术，为其能助吾人了解历史的复杂性，使吾人有综合的观察。""30 年代清华历史系的课程、人才、教研取向似已较国内他校均衡、合理、'完备'。课程模式略同美国哈佛、哥大等一流大学，不过具体而微。"在蒋廷黻、刘崇铉等主导下，清华历史系专修课程体现中西并重，注重西史方法的精神，有中、西通史，历史研究法，中国上古史，中国近世史，中国文化史，英、美、日、俄等国别史，欧洲近百年史，远东及太平洋沿岸史；另有外系开设的选修课，如中国哲学史、中国文学史、政治学、经济学、社会学、中国文学、英国文学、经济思想史等。另外，聘请陈寅恪、雷海宗等史学名家任教，使清华大学历史系发展成为 20 世纪三四十年代中国史学重镇。著名学者何炳棣认为："回想起来，在 30 年代的中国，只有清华的历史系，才是历史与社会科学并重，历史之中西方史与中国史并重，中国史内考据与综合并重。"

蒋廷黻、刘崇铉重视发现奖掖人才，他们决策利用三种渠道为清华、为全国培植历史教研人才：资送清华历史系研究生成绩优异者出国深造；经由中美庚款考试选拔将来所需史才；给予助教、教员以三年时间准备开新课。以何炳棣为例，何 1933 年入读山东大学化学系，翌年夏转入清华大学，想弃化学而学历史，征求历史系刘崇铉教授意见，刘劝其三思，复以学成后如何做研究，和西方人竞争等等问题往复讨论。何炳棣进入历史系后，在系主任蒋廷黻建议下，先以近代外交史作为修课主要方向，同时自修西洋史知识。何自谓："在困难严重不时罢课的三年（1934—1937）里，我选习刘崇鋐师的两门奠基重课，西洋通史和欧洲十九世纪史"，"自修但受刘师指导的欧战前外交史名著数种"。可见这位未来在西方钻研中国史学，做出原创性和拓荒式贡献，著作等身，享誉学界的史学名家正是刘崇鋐率先发现并着力培养的。据何炳棣回忆，刘崇鋐教授讲课特色为：初步掌握基本史实，再配合一些较高层次的非必读参考书目。当时西方新书出版不到一年往往已经被清华编目，或立即作为指定参考，或已插放在书库钢架上。例如，外交史名家兰格（William L. Langer）1935 年才在美国出版的《帝国主义的外交 1890—1902》（上下册），1936 年初秋在清华就已经能读到。"这就必须归功于刘崇鋐老师经常对书目、书评批阅之勤、选择之精和编目组主任毕树棠先生的工作认真了。"

同样是对刘崇鋐的讲课特色，1934 年入清华外语系的赵俪生晚年在《篱槿堂自叙》里追忆老师则颇有微词："当时有些老师、有些课也确实不怎么样，如刘崇鋐的《世界通史》和雷海宗的《中国通史》就是显著的例子。刘后来在台湾被吹捧成史学泰斗了，可当年教我们时，他的课纯乎是一大堆 bibliography（参考书目），某著者、某书、某页至某页，无摘引、无转述、无议论、无概括，两堂过去，笔记上记的全是杂乱无章的数据。"无独有偶，1949 年政权更替，刘崇鋐追随清华大学校长梅贻琦赴台，移砚台湾大学，在台大历史系听过他讲课的李敖更显刻薄。李敖《大学日记》（1958 年 6 月 21 日星期六）记有："刘崇鋐言读大部书（敖按：此公实笨伯，然一辈子庸人多福）。"又在《李敖快意恩仇录》中说："教西洋史的刘崇鋐老师是系主任，为人甚笨，上课时讲得头绪混乱，但这种混乱，还是头天晚上开夜车准备的。我出售家藏影印百衲宋本《资治通鉴》时，他用毛笔写信给我，老辈风范，展现无遗。"

在西南联大时期，主持历史系务的教授会主席最初由刘崇鋐担任，约至1939 年后由雷海宗接任，改称系主任。刘崇鋐卸任，不忘推重继任者，他常对学生讲："你们选世界史课，最好去选雷海宗先生的课。雷先生的世界史，哲学味浓，我讲不出来。"这番话绝非谬誉，的确有学生称雷海宗"仿佛是

图6 西南联大历史系毕业照。第二排吴晗（左二）、刘崇鋐（左三）、噶邦福（左四）、毛子水（左五）、姚从吾（左六）

历史系里的哲学家"，更有人以其名字联成"声音如雷、学问似海、史学之宗"来赞誉。雷海宗也非当仁不让，1943年9月15日，雷就曾以"时愧才浅"而原历史系主任"刘崇鋐先生已经返校"为由向梅贻琦发函请辞清华及联大历史系主任一职，梅校长并未应准，因为当时联大历史系人才济济，雷海宗较刘崇鋐更适合担任此职。此事不仅体现了刘崇鋐推诚让贤的谦逊品德，也反映出抗战时期西南联大同仁同舟共济、弦歌不辍的士人精神。

刘先生热忱爱国，昆明有什么关于政局的讲演，是他常去听的。前次知识青年从军，刘先生送了自己的孩子去入营。可是后来在欢迎从军同学返昆席上，刘先生致辞，当他说到这批青年所受到政府的待遇时，眼泪不禁夺眶而出。另有一次，刘崇鋐在报刊上发表评论：美国人为本国士兵的安全担忧，中国却把那些戴着镣铐的不幸的农民派往前线。哀民生之多艰！

1946年出版的《联大八年》记载：刘崇鋐先生，前清华大学历史系主任，待人和蔼可亲，教西洋近代史，他的参考书目中有《联共党史》。虽然做学问能把《联共党史》列为参考书目，当共产党真的要来，建立新政权之际，刘崇铉却认为自己搞的东西对共产党不会有用，加之对自己国民党员身份的疑惧，他选择了南迁，1948年12月下旬随国民党的"抢救学人"计划离开了清华园。

到台湾后，刘崇铉历任台湾大学历史系教授、系主任、台大教务长；1955年、1972年分别担任东海大学、东吴大学的历史系首任系主任，东海大学今天还设有"东海大学历史学系纪念刘崇铉教授学术基金"。东吴大学历史系因为他的开创之功，创刊号《东吴大学中国艺术史集刊》第一卷于1973年出版时，特由刘崇铉作发刊词。1963年至1968年，刘崇铉出任"美国在华教育基金会"执行秘书，知名学者、诗人叶嘉莹先生就是通过该基金会赴美讲学，赴美前夕考核英语，结业时刘崇铉告诉叶嘉莹："叶先生，你知道你平均得了多少分？"他说："你得了98分，是你们班上的第一名。"

从刘崇铉的执教经历看，既可辅佐他人，甘当配角；又能开拓擘画，功成身退，尽显职业学者的风范。就总体气质而言，他内心平和，自信而不高蹈，安于教书育人的学府生活。

他一生除书评外，著述不多，常引用蒋廷黻的话，做一个史学工作者，应该以自己的名字出现于他人著作或论文"注脚"中为荣，而不应炫耀出现于报纸头条新闻中，即所谓"注脚第一，头条第二"。

1990年以九十三岁高龄辞世时，这位后半生长期任教于台大的"寿民师"，遗愿却是将藏书捐给久违的清华。

杨石先

和刘崇铉执教经历不同，杨石先自1923年首执教鞭到1985年逝世，整整在南开（包括联大时期）辛勤耕耘了六十二个春秋。初次从美回国，同船的清华同学李济代表南开发出邀请，杨石先选择了待遇微薄的私立南开大学，作为自己潜心追求的"教育救国"的起步之地。1928年他出任南开大学理学院院长；1937年抗战军兴，辗转长沙、昆明在国立西南联合大学任理学院化学系主任，同时担任南开大学理学院院长；1943 年经国民政府教育部核定杨石先担任西南联大教务长；1949 年被新中国任命为南开大学校务委员会主席；1957 年周恩来总理任命他为南开大学校长；1969 年在校内被大会批判，撤去校长职务，送至河北省完县（今顺平）接受"改造"；1978 年他重新出山担任南开大学校长；1980 年底荣任名誉校长，翌年成为南开大学首批博士生指导教师。

杨石先是中国研究型大学建设的先驱，中国元素有机化学与农药化学的开拓者和奠基人，极大地推动了我国农业的进步发展，为南开化学专业成为首批"国家基础科学人才培养基地（化学）"打下坚实基础。揆之杨石先如何成为"南开的化身"（杨石先校长的继任者藤维藻校长语），非有智、信、仁、勇、严五德毕备，不足以当此盛誉。

学为人师，识人为智。1931 年，杨石先在美获耶鲁大学有机化学博士学位，参加他的博士论文答辩的诺贝尔化学奖获得者、德国明兴大学维兰德教授欣赏杨石先的研究水平，曾邀请他到自己主持的实验室任客籍研究员一年，但杨石先难以践约。回到南开后，杨石先和化学系主任邱宗岳教授通力合作，将与国计民生联系较广的有机化学作为南开化学学科发展重点，通过实验教学训练学生的科学素养和技能，终于使有机化学形成世所公认的南开优势学科，可以比肩当时国内其他任何大学。

化学家蒋明谦曾回忆：他 1941 年考取清华第五届公费留美生时，学校指定国内导师三人负责指导，其中一位就是杨石先先生。他给三位导师写信，当时只得到杨先生回信，而且是十多页的长信，对如何选择学校、导师、课程，乃至行装、旅程以及国外生活礼仪，都做了详细的指导。杨先生建议他先到规模较小的大学学习一年，那里接触导师的机会多，便于学好英文，熟悉美国大学教育风格，打好深造的基础；再到著名大学学习两年，那里著名专家教授多，学术水平高，可以开阔眼界，提高学业水平，了解当代科学的发展趋势与主流。

化学家申泮文回忆杨石先时说：1937 年南开园遭日军轰炸，他辗转赴长沙临时大学，在杨石先的帮助下得以转系复学。在西南联大最后一年，他的课业繁重，经济状况又陷入困境，硬着头皮向杨石先汇报自己的困难并请求

图7 20世纪30年代，杨石先（右一）在思源堂化学实验室中指导学生进行实验

帮助，杨石先马上安慰他说："你有困难为什么早不来找我呢？"又问他估计每个月差多少钱缺口，关心地帮他计算了一下，说："这样不是太紧张了吗？"最后杨石先给他开了一张凭条，着他每月到南开大学驻昆明办事处支取十元补助费，使他终于完成了学业。

1959年，申泮文前往援建山西大学，后在"文革"中被揪出，批为"申家村反党集团"的"村长"，遭受体刑。在这种困境下，申泮文走遍山西，对风化煤腐殖酸资源进行普查并绘制了一张分布图。这让1977年赴太原参观访问的杨石先为之叹息和动容，遂于次年底把他调回南开大学，使时年六十二岁的申泮文焕发第二次青春，为南开化学系重振做出了贡献。

行为世范，以行取信。抗战全面爆发后，清华、北大和南开三校南迁至昆明，改名西南联合大学。化学系在联大是一个大系，清华教授黄子卿、张子高、张大煜、张青莲，北大教授曾昭抡、钱思亮，南开教授邱宗岳、杨石先等名家荟萃，阵容强大。在大师如云的系里，系主任（先称教授会主席，

图8 1947年12月，杨石先乘"美格将军"号轮船回国，在马尼拉码头与同船归国者合影

旋改为系主任）是很难当的，而杨石先一直被推选为系主任。当时理学院在昆明北门外，而工学院设在城东南全蜀会馆及迤西会馆，与理学院相距约5公里。杨石先推甘就苦，担任工学院学生的普通化学课，每周两次步行到工学院，从不迟到误课。1943年10月，杨石先出任联大教务长，团结清华、北大、南开全体理科同仁。1981年，时任北大化学系主任张青莲院士回忆当年，感慨赋诗："一成三户，我系两雄，安定团结，赖公折冲。"

1945年8月，抗战胜利。杨石先赴美在印第安纳大学做访问教授兼研究员。1947年完成学术论文《中国抗疟植物鉴定》，因成绩显著被选为美国

"化学荣誉学会"会员。是年底，当他准备回国之际，该校研究院院长以中国正在打仗为由挽留，但他婉言谢绝，毅然回到满目疮痍的祖国服务。1948年4月代理南开大学校长，拒绝国民政府"离津南飞"的要求，把南开大学完整地带进了新中国。

学以致用，"力行近乎仁"。1956年，杨石先副校长参加了"十二年科学远景规划"会议后，听从周恩来建议，放弃了从事几十年的药物化学研究，改为进行农业化学的研究，接受了关系国计民生的农药研制的任务。1958年，毛泽东到南开大学视察，参观了杨石先带领师生们办起的"敌百虫""马拉硫磷"两个农药车间。1962年，杨石先出席全国十年科学规划会议，被推荐任国家科委化学专业组组长和植保、农药、药械专业组副组长。他再次接受周总理委托，创建了我国高校第一个化学科研机构——南开大学元素有机化学研究所。着重从事农药化学研发，占领了我国农药开发领域的半边天，填补了我国化学学科中的诸多空白。杨石先带领科研人员，经过数以百计的试验，研制出磷32、磷47、灭锈1号和除草剂1号四种农药，缓解了我国长期依赖农药进口的局面。杨石先为高校科技工作直接为国民经济建设服务做了有益的探索。

20世纪70年代初，我国水稻产区发生白叶枯病，造成严重减产。杨石先和助手们在不完整的实验室里，经一年苦干，终于研制出防止白叶枯病的新农药——枯叶净。攻克了白叶枯病这一水稻"癌症"，一定程度上缓解了当时严峻的粮食生产形势。

临难不苟，见义勇为。七七事变后，京津局势骤然紧张，驻天津日租界海光寺的日本军营频繁调兵。时南开大学校长张伯苓正在庐山开会，负责留守的秘书长黄珏生、理学院院长杨石先决定把大量图书和少量贵重仪器装箱转移到英租界。据杨石先回忆："28日夜里（应为29日凌晨）1点钟，海光寺的日本兵营开始向南方开炮，后来炮火离我们学校愈来愈近，我们为了避难，曾黑夜坐了小船预备到附近青龙潭（今水上公园）一带躲避，谁知船经日本飞机厂时被日军发现，一个日军小飞机紧跟着我们的船飞行，船里的人怕飞机扫射，都跳下水去爬到岸上，四五人一堆地在稻田里躲着，这样一直到第二天7点才回校，而飞机也跟着飞来了。当人们回校后在检点校舍各处

图9　1958年，毛泽东来南开大学视察农药车间时，向杨石先询问产品情况

有没有损失时，飞机上又丢下来一个红旗，海光寺的炮火又重新开始射击。就在当日午前从日本兵营开来了几辆小的坦克及汽车，装了若干箱煤油，开进校内，把图书馆余下的书都搬走之后，就用煤油烧了图书馆。我们当时站在马场道一所五层高楼上看，看着自己的图书馆在燃烧。十四年的心血就让日帝付之一炬，这幕惨痛的情景使我永不能忘记。"29日、30日，日军接连两天对南开园进行了蹂躏，在日军轰炸的间隙，黄钰生、杨石先和教员三人返回学校检查各处的损失，又冒炮火离校。黄钰生从已成废墟的家中扒出了未烧着的被褥和一件衬衣；杨石先只带有背在身上的一架照相机，其他财物荡然无存。8月，杨石先与南开经济研究所方显廷教授结伴南下，化装成商人先到秦皇岛，搭上一艘挪威籍运煤船南航厦门，又自香港到广州乘火车途经韶关和衡阳北上，抵达长沙之后即刻到设立在长沙圣经学院的临时大学总部的临时秘书处报到。

在十年浩劫中，面对不可一世、残暴无知的造反派，更是一身正气。当南开大学元素所被视为"洋奴哲学"和"爬行主义"的典型，行将被拆散时，杨石先不顾处境险恶及个人安危，拍案而起，找"工宣队"面陈力争，并给周总理写了长达数千言的《请求保留元素所的报告》，亲自送到校党委，让他们转呈。最终元素所虽得以侥幸保存下来，但已是千疮百孔。最令杨石先痛心疾首的是，1968年，他的得力助手、元素所副所长陈天池教授被迫害致死。陈天池是杨石天在西南联大时的得意弟子，1946年公费留美，只用了两年半时间便连获硕士和博士学位。1950年9月陈天池回到祖国，应恩师杨石先教授的邀请，执教南开。1958年在杨石先指导下，陈天池建立了"敌百虫"和"马拉硫磷"两个农药车间，成绩卓著，却在"文革"中横遭迫害，被诬为"特务""里通外国"，含恨自杀身亡，年仅五十岁。其家属因而受到残酷的迫害。杨石先不断上书各级领导，终于三次修改了这件冤案的错误结论，

图10　杨石先与南开大学化学系1950级毕业班学生合影

落实了其家属的政策。

"望之俨然，即之也温，听其言也厉"。科学家吴大观回忆：大学二年级第一学期时，做化学实验。两个人一组，一个小盘子，还有酒精灯、试管，旁边放着火柴盒，里面有三根火柴，做试验就用这三根火柴。做完实验，按规定要把火柴盒连同借用的仪器一起还回去。我那次做完实验，把火柴盒一摇，空了，便将空盒毫不介意地丢到靠门的垃圾堆里。当管理员问我火柴盒呢？我并没有在意，只说了一句，你要那玩意干什么？第二天下午，化学系主任杨石先先生把我叫到办公室，我一眼就看到了放在桌上的火柴盒，心里一怔，知道坏事了。杨先生问我："你发什么大爷脾气？"我是南方人，"大爷"这两个字我弄不懂是什么意思。但从杨先生的态度、表情看，这"大爷"肯定不是一个好的意思，于是我马上认错。但说实在的，我并不明白错在什么地方。杨先生接着说："火柴盒怎么扔掉了？你不知道现在国家正是抗战时期？这么艰难，火柴盒来之不易，而你怎么会如此随便地就把它扔掉了？下次你再扔掉，我就停止你的化学实验。"杨先生真的生气了，紧锁眉头，眼睛冒火，毫不原谅地指责我不知国家在抗战中的困难，办学不易。

家　庭

1927 年，杨石先和清华同学刘崇铉之妹刘崇瑜女士在北京结婚，杨太太毕业于美以美会创办的华南女子文理学院（今福建师范大学前身之一），善书柳体小楷，性格温婉。除抗战时期，她在家馆教过英文和国文，一直在家料理家务。杨石先女儿杨耆荪回忆："严父慈母，是我家最确切的写照。"杨太太是杨石先的贤内助，1974 年，南开大学经济系杨敬年教授的老伴因脑出血半身瘫痪，杨太太提了起士林的点心来家看望。时杨敬年被划为"右派"，并被管制三年，变成了"人民的敌人"，连朋友都不和他来往。杨太太的善意，使杨敬年"在沙漠一片的人生道路上踽踽独行，由此获得了一丝温暖的春意"（杨敬年语）。1978 年，杨太太在苏州不幸病逝。杨石先夫妇有三个孩子，长女耆荪，美国伊利诺伊大学无机化学博士，在美定居；长子耆荀，曾任天津大学教授；次子耆董，曾任西安电子科技大学教授、图书馆馆长。

图 11　杨石先夫妇与儿子杨耆荀在南开大学校园

　　刘崇铉妻沈锺应是沈葆桢的孙女、清代末任贵州巡抚沈瑜庆的第五女，沈锺应长刘崇铉两岁，是刘的表姐，结缡后刘一直称妻子为"五姐"。刘崇铉的弟子、曾任首都师范大学校长的齐世荣回忆 20 世纪 40 年代末他在清华历史系读书时说："刘师母善国画，我在刘府看过她作画。刘师母是'解放脚'（与胡适夫人相同），刘先生伉俪情深，不以为意。"1984 年，刘太太沈锺应病逝以后，刘崇铉健康日损，二子建业、同业俱远适美国。1990 年，刘崇铉病逝于台北市立仁爱医院，侄子刘滋业为其料理后事，是其遗嘱的执行人。

（原载《老照片》第 113 辑，2017 年 6 月出版）

胡适与大使馆的女主人

徐家宁

　　2014年，我看到一组匈牙利裔美国记者、摄影师路西安·艾格纳（Lucien Aigner，1901—1999）访问双橡园，即中华民国驻美国大使馆时拍摄的照片共十六张，内容除了记录时任驻美大使胡适的工作外，还介绍了使馆内的厨师、司机、保洁以及馆内陈设。其中有位年轻的女士非常抢眼：招待客人的餐桌上她坐在与胡适相对的位置、餐后她为客人弹钢琴，表情和肢体动作都很有表现力，俨然使馆里女主人的样子，艾格纳说："因为胡先生的夫人没有陪他出使美国，因此由使馆二秘 K. W. Yu 的夫人充当女主人。"艾格纳还专门为这位"女主人"拍摄了穿着旗袍的单人照（图4），说她在聚会时总是穿着中式丝质旗袍。当时我很想知道这位女士到底是谁，但这批照片没有标注拍摄时间，也没有中文图说，涉及的人名是缩写，我猜女主人的丈夫可能姓"俞"或"于"（Yu），但简单检索了下没结果，就这么一直放着了。最近我在找资料的时候偶然看到美国国会图书馆收藏的一张照片，是胡适与一对新人的合影，新娘正是这位"女主人"！按照图说她叫"Virginia Chang"，新郎写作"Kien-Wen Yu"。继续检索，发现同样是2014年，已经有人写过这张婚礼照片了，新娘叫张太真，新郎叫游建文，胡适是他们的证婚人。

　　这位新郎原来姓"游"，难怪我用"Yu"对应的汉字找不到。在1958年的 The Asia Who's is Who 里找到了这位外交官的简历，试译如下：1908年出生于福建福州，毕业于北平盐务学校，之后进入伦敦政治经济学院和乔治·华盛顿大学学习。1929年任中国驻丹麦哥本哈根使馆秘书；1932—

图1 使馆午餐。从左下角顺时针依次是：胡适、刘锴、使馆的法律顾问也是胡适的同班同学哈罗德·里格尔曼、Yu夫人、使馆法律顾问莫里斯·库帕、周鲠生

1938年在国联担任中国代表；1937—1938年任中国驻英国伦敦使馆秘书；1938—1946年任中国驻美国使馆秘书，其间1941—1942年回国在重庆任外交部部长秘书；1946—1947年任中华民国驻联合国代表执行秘书，兼驻加拿大渥太华领事；1947年任南京的行政院院长秘书；1948—1950年任蒋介石高级秘书，兼驻意大利罗马"参赞"；1950年任"中华民国驻美国参赞"；1950—1957年主管"中华民国驻联合国机构的新闻处"；1957年任"中华民国驻纽约总领事"。从《董浩云日记》看，至少1962年他还在美国纽约。张太真的简历我没有查到，不过她的父母倒是值得一书。张太真的父亲叫张履鳌，江苏江宁人，在上海圣约翰大学毕业后于1907年自费留美，在弗吉尼亚大学获得经济和哲学学士学位后进入耶鲁大学法律系，1911年获法学士学位，是《留美学生月报》总编，回国后任《汉口日报》英文编

图2 餐后 Yu 夫人为大家弹钢琴

辑，后署湖北外交司长、湖北高等检察厅厅长。1912年起在汉口开律师事务所，并担任过黎元洪的法律顾问、吴佩孚的法律顾问等职。1927年出任汉口第三特区（英租界）总监。次年起，任汉口商品检验局合议局长，南京、威海卫回归筹备委员会高级专员。1930年赴智利任中华民国驻智利代办，1931年3月被任命为中华民国驻智利特命全权公使，次年被免职。抗

图 3　喝下午茶的胡适与 Yu 夫人。阿尔弗雷德·艾森施泰特摄于 1941 年

战期间以"地下抗日工作者"的身份在汪伪政府的湖北高等法院担任检察长。张太真的妈妈叫陆秀贞，江苏苏州人，上海中西女塾毕业后，于 1906 年赴美留学，1911 年获兰道女子高等学校学士学位回国，在美期间曾任《留美学生月报》编辑。她的中学毕业论文题目是《论自由平等同胞为生人之原理》，称："夫天赋之自由，天定之平等，天授之同胞，固与人类同时而生也。人类存在至何时，则自由平等同胞亦将存在至何时，而不可须臾离离之者……语曰不自由，毋宁死，足见自由重于死，而不自由者且与死无异。"这篇文章原文是英文，由范带译成中文发表在《万国公报》上。

图 4　大使馆秘书游建文的夫人张太真的单人照

她还翻译过杜威夫人的演讲"女子教育要义"。足可见这位张太太的能力与主张。

　　胡适曾多次提到游建文和张太真的婚姻,最早是1939年3月31日的《胡适日记》:"张履鳌太太请吃饭,是宣布他的女儿Virginia与本馆秘书游建文兄订婚。"结婚那天又记了一笔:"(1939年5月12日)今天本馆秘书游建文君与张太真女士结婚。张女士是张履鳌先生的女儿，与上海剧团同来，我病在纽约时，他们正在纽约演戏，故建文与张女士常相见，以后就订了婚约。我给他们证婚。"胡适上任驻美大使后，常外出宣讲中国军民的抗战，非常劳累，因前一晚心脏病发作，于 1938 年 12 月 5 日住进纽约长老会医院的隔离室，直到 1939 年 2 月 20 日才出院，上面说的"病在纽约时"就是指这段时间。胡适后来还提过这件事，说得更详细："那次我到了纽约，心脏病发了，就没有回到华盛顿去。大使馆是在华盛顿的，馆里每天主要的事情，是用电报或电话通知游建文，由他到医院里来告诉我。我只用口授，由他记录下来通知华盛顿大使馆去办的。他每天到医院来半小时光景，事情办好了，全部时间去追求一位张小姐，结果追上了。所以有些朋友说笑话：'胡适之

图 5　游建文（左三）和张太真（左二）在双橡园举行婚礼，胡适（左一）是他们的证婚人。摄于 1939 年 5 月 12 日。照片源自美国国会图书馆

图6 张太真（右）随剧团在美国纽约演出期间的戏装照。摄于
1939年4月

的心脏病，医好了游建文的心病。'先生说到这里，大笑起来，又说：'后
来我出院了，还是我给他证婚的。'"在这里八卦一下，胡适因心脏病在纽
约住院两个半月，两位年轻人就从相识到订下婚约，也难怪国会图书馆那张
他们婚礼照片的原图说用了"whirl wind romance"来形容。艾格纳访问双橡
园的照片里有一张是张太真女士抱着一个小男孩儿弹钢琴，图说里称这个是
张太真十四个月大的儿子 Yuang Lung Yu，推算下来这批照片应该摄于1941

233

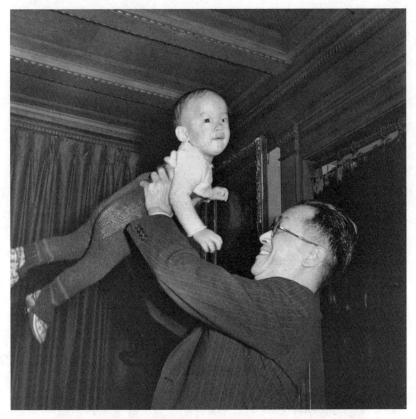

图 7　胡适举起张太真的儿子。阿尔弗雷德·艾森施泰特摄于 1941 年

年底或 1942 年初。胡适应该很看重游建文，他在 1957 年 6 月所立的遗嘱中
指定了几位执行人，其中就有游建文；1961 年 6 月 25 日上午，胡适由护士
陪同从福州街临时住所返回"中央研究院"，他立刻给在纽约的游建文发了
一个电报，请对方转告自己的妻子江冬秀，他已经回到南港家中。

　　张太真女士嫁给游建文，对当时的中国驻美国大使馆来说确实是好消
息，毕竟使馆是国家的门面，有这样一位演员出身、多才多艺且气场足够强
大的年轻女士扮演女主人的角色再合适不过了。

（原载《老照片》第 136 辑，2021 年 4 月出版）

东方蜻蜓

——记中国第一位女飞行员李霞卿

邹德怀

　　1940年7月20日，曾经与胡蝶、阮玲玉等明星被共同评为"星级七姐妹"的演员李霞卿，在美国纽约参加了一场抗战筹款活动。她身穿刺绣旗袍，戴着名贵耳饰、首饰出现在记者的镜头之前。然而事实上，在李霞卿光鲜艳丽的外表之下，还藏有另一个不为人知的身份。

　　李霞卿于1912年4月16日出生于广东的一个书香家庭，其父李应生是一位爱国革命志士。在李霞卿出生半年前，父亲李应生曾与身为同盟会会员、暗杀团成员的弟弟李沛基共同用炸弹爆破刺杀了清朝广州将军凤山。相传当时他们曾用为李霞卿出生而准备的婴儿车运送炸弹，因此李霞卿还有个乳名叫做"旦旦"。

　　在出生之前便拥有如此经历的李霞卿，也许注定不会如当时的大家闺秀那样平凡富足地度过她的一生。在十四岁那年，李霞卿来到一部电影的布景场地玩耍。片场的导演一眼便相中了她的美貌，于是邀请李霞卿出演一部无声电影《玉洁冰清》。尽管缺少相关经验，但李霞卿在表演过程中的自然得体仍然给电影工作人员留下了很深的印象。影片上映后，就连著名演员胡蝶都对她赞叹不已："上海人大饱眼福，从天上掉下个林妹妹来了！"此后，她以艺名"李旦旦"正式进入影视界。凭借着六部电影迅速获得观众们的喜爱，成为炙手可热的著名影星。

　　李霞卿最著名的演出便是在1928年《花木兰》中扮演主角女将木兰，为了演好这一角色，她不仅学习了射箭与骑马，还在上海寻求武行师父进行了拳术、剑术等功夫培训。在这部电影中，观众们最喜欢看到的便是李霞卿

图1 李霞卿演艺时期的剧照

纵马奔驰，搭弓射箭，运用灵动的剑法将贼人击败的镜头。而在戏外，李霞卿的人生也逐渐受到了花木兰的影响。

有一次片场遭遇盗贼，歹徒潜入拍摄现场盗取制作经费后，扬长而去。李霞卿得知，纵身上马追过去，将贼人拦在桥下，三下五除二便夺回赃物，且将歹徒扔在了桥下的河中。此事一出便轰动上海，使得当时已被评为"星级七姐妹"的李霞卿再次名声大噪。然而，在1929年时，正处于演艺巅峰期的李霞卿却选择息影。年仅十七岁的她，在父亲的授意下，与自己的丈夫前往欧洲读书深造。

在赴欧途中，第一次乘坐飞机的李霞卿对这种交通工具产生了极大的兴趣。在日后的采访中，李霞卿曾对主持人讲到，在她的童年时代里，常常坐在祖母腿上，听老人讲述仙女腾云驾雾、惩恶扬善的故事。在她旅居欧洲期间，正值日本侵略中国东三省之际。于是她便想要为中国做点事情。这一想法与她对飞行的兴趣在1933年的巴黎航展上结合到一起，迸发出耀眼的火光。同年，李霞卿在日内瓦康塔纳航空学校获得了飞行员执照。

1935年的一个春日，李霞卿坐在一架开放式教练机上，翱翔于旧金山上方两千英尺（约六百一十米）的高空中。这是她人生中的第一次特技飞行课程。当她的教练开始一系列绕圈、侧翻等高难度动作时，李霞卿的安全带突然脱落，她本人也滑出了飞机，向下坠落。在惊吓中愣神了几秒钟后，李霞卿立刻想到培训手册的内容，并按照正确的方式迅速拉开降落伞。在旧金山湾的海面上，一位中国女子从天而降，完成了一次完美跳伞。在被美国海军救上岸后，李霞卿再次成为轰动社会的主角，同时也让她得以加入美国妇女航空协会。这一经历，只是李霞卿在美国奥克兰波音航校生活的一部分。除了惊险紧张的飞行课程外，她还必须学习气象学、力学、导航学等复杂的课程。脱下旗袍换上工装的她，整日埋头在飞机、机械、零件当中。晚年的李霞卿曾经风趣地对记者说道："飞机引擎对我来说，就如同我的手掌一样熟悉。"

图2　1937年，上海医院国军伤兵撤离城区时的情形

图3　1940年7月20日，曾获得中国第一张民航机驾驶执照的女演员李霞卿在纽约参加抗战筹款活动时留影

　　1935年底，李霞卿带着她的飞行员执照回到了中国上海。她希望用自己的名气以及实力推动民航事业的发展，但尽管飞行俱乐部接受了她，可民国政府似乎并不愿意向女性颁发飞行执照。经历了一番交涉后，她终于通过一名空军飞行员的评估获得了中国飞行执照。与此同来的，还有一项艰巨的任务——为中国民航评估机场与航线。在中国各地飞行了三万英里（约四万八千公里）后，她出色地完成了这项评估，并且在事后协助组建了中国第一所民航学校，同时也成为学校里唯一的女性飞行教官。

　　1937年7月，七七事变，改变了李霞卿推进民航事业的志向。她希望自己能够成为空军飞行员，像曾经扮演过的花木兰那样，为国效力，上阵杀敌。然而，这项充满勇气与魄力的请求却被政府拒绝，此外政府还禁止她成为战时运输机飞行员以及邮政飞行员。对此感到失望的她，选择以其他方式帮助祖国。在上海，她出资建立了红十字医院以收容难民和伤兵。不过日本人占领上海后，医院也遭到查处，李霞卿冒着遭遇空袭的危险离开了那里。

1938 年，她再次回到了美国，决定运用她的人脉以及飞行技巧开展募捐活动。她将自己的珠宝首饰抵押出去，换得一架斯廷森雷莱恩 SR-9B 单引擎飞机。在社会名流、援助组织以及众多美国飞行员的帮助下，李霞卿在三个月内飞遍四十个城市，运用她高超的飞行技巧为民众表演，同时，也为她的

图 4　与李霞卿一同在美国进行飞行募捐的女士

祖国募捐善款。直到晚年，她仍然记得到芝加哥进行表演时，当地人对她的热情欢迎，"我受到了美国公众以及华人社区的热烈欢迎，在机场那里我看到了几千人前来观看表演，我从广播中向他们致以问候。而他们则用挂有中美国旗的汽车游行来表达我们之间的情谊"。

从 1939 年到"二战"胜利，李霞卿在美国、加拿大、加勒比地区、中美洲以及南美洲等地进行飞行表演，飞行距离约为四万五千英里（约七万两千公里）。此举不仅为中国抗战筹集到了大量资金，也让大洋彼岸的各个国家了解到中国抗击日本侵略的决心与态度。在秘鲁，她凭借高超的飞行技术一次就募捐到四万元。当时美国《远东》杂志记者问她考没考虑到单独远飞的危险性，她回答："所有的中国人，不论在国内或在世界各地，为了祖国，是很少想到危险的。"此外她还被派拉蒙公司相中，参演了好莱坞影片。繁重的工作使她身心疲惫，但她丝毫不敢懈怠。战争一天没有结束，她便一天不会停止为祖国奔走。

战争结束后，李霞卿经上海移居香港，她再次试图涉足航空领域时，却再次遭到拒绝。不过这位巾帼不让须眉的女英雄却没有停止她的飞行表演活动。1958 年，香港启德机场正式启用的典礼上，四十六岁的李霞卿驾驶飞机进行表演。20 世纪 70 年代，年过花甲的李霞卿在美国加州乡村游览时，还借用了农场主的农药喷洒飞机进行了一系列复杂的特技飞行动作，直到飞机不停报警，机翼开始颤抖，她才心满意足地降落。在一声礼貌的致谢后，以微笑面对农场主吃惊的表情。

拥有传奇一生的李霞卿不仅以她的实力证明了女性在航空领域中能够获得不输于男性的巨大成就，也通过她的实际行动，为中国度过最危难之时刻做出了巨大的贡献。在蔚蓝的天空中，李霞卿已经留下了属于她的不朽传奇，而我们除了铭记这一切，还需向她致以最高的敬意！

（原载《老照片》第 138 辑，2021 年 8 月出版）

侠女颜雅清

——与李霞卿一同在美飞行募捐的女士

《老照片》第一三八辑封面上那张照片看了多次，倍感亲切。而令人稍感遗憾的是，作者未能提供那位"与李霞卿一同在美国进行飞行募捐的女士"的姓名。

那位女士名叫颜雅清。

颜雅清，1906年1月17日出生于上海江湾，父亲颜福庆毕业于耶鲁大学。其祖父颜如松与伯祖父颜永京都曾留学美国。颜永京学成回国后，担任过英国驻沪领事馆翻译、公共租界工部局的翻译，并先后参与武昌文华书院（华中师范大学前身）和上海圣约翰大学的创办，他也是第一位将心理学介绍到中国的学者。

颜如松早逝后，其次子颜福庆被颜永京收养。在伯父的资助下，颜福庆得以就读上海圣约翰中学和圣约翰大学医学院。1903年毕业后，在其舅舅吴虹玉创办的同仁医院当实习医师。此后，颜福庆创办湖南湘雅医科专业学校、国立上海医学院（复旦大学上海医学院前身）、上海中山医院等，同时也是中华医学会的首任会长。

颜雅清曾经就读于上海中西女塾、美国波士顿胡桃山中学、史密斯学院、长沙雅礼大学。大学毕业后，于1927年随父母回到上海，在上海医学院任英语教师。

1935年，颜雅清跟随回国述职的时任中华民国驻苏联大使的伯父颜惠庆一同前往莫斯科。9月19日，已是外交部官员的颜雅清在国际联盟第一委员会第五次会议上，正式提出"让全世界妇女享有半边天，世界会变得

图1　颜雅清的父亲颜福庆

更加美好"。

1937年，卢沟桥事变爆发，中国进入全面抗战后，颜雅清毅然放弃外交官职位，决定走"航空救国"之路。1938年1月，颜雅清考上了美国纽约沙非尔飞行学校。11月10日，颜雅清毕业，五天后拿到了飞行执照。1939年，颜雅清和李霞卿策划环美抗战募捐飞行之旅，计划飞行里程一万五千多英里。

3月23日清晨，由于原定用于飞行募捐的单翼飞机仅到了一架，出于对募捐伙伴的支持与信任，飞行经验丰富的李霞卿邀请颜雅清驾机，自己则坐在副驾驶位置。两位女飞行员从纽约弗洛伊德·班尼特机场展开伟大的飞行抗战募捐活动。

4月3日，颜雅清的座机即合影中的这架"新中国精神号"到位。这架飞机的发动机相较于李霞卿的那架座机的发动机性能欠佳，也为日后出现险情埋下了隐患。

当时李霞卿历时半年左右，飞访了美国四十二个州，近一万英里。5月1日，颜雅清驾驶飞机在亚拉巴马州境内遭遇大雾天气，空中迷航，后因机翼受损，飞机坠地，身受重伤，飞行距离总长六千五百英里。此次环美飞行共筹集到善款一万美金、中国法币两万元。当时新闻媒体报道，李霞卿被称为"中国第一位女飞行员"，颜雅清则被誉为"中国的艾米莉亚·埃尔哈特"（美国第一批女飞行员，首位独自驾机飞越大西洋的女飞行员）。

伤愈后，颜雅清还积极投身美国华侨举办的支援祖国抗战"一碗饭"募捐运动。

1939年底，颜雅清接受颜惠庆劝说回到香港与家人团聚。1941年底，

图 2 1938 年 3 月 28 日，颜雅清（左）与李霞卿在费城卡梅登机场接受献花

图 3 颜雅清与"新中国精神号"合影

图 4　颜雅清（左一）参加美国华侨"一碗饭运动"，义卖蒋兆和《朱门酒肉臭》。右一是林语堂夫人廖翠凤

香港沦陷，颜雅清因在美期间积极参与抗日活动，为了免遭日军抓捕，隐姓埋名度过了八个月的非人生活，其间瘦了四十三磅，最后易服化装逃至重庆。但是身体原因，无法重新获得飞行驾照。1942 年，颜雅清以宋美龄访美随行人员的身份重返美国，继续她的抗战募款工作，并参与了很多重大的国际活动。

1956 年，她申请进入哥伦比亚大学图书管理系，毕业后在纽约布鲁克林公共图书馆工作。1970 年 3 月 18 日，颜雅清在美国家中因心肌梗死辞世，终年六十四岁。

（原载《老照片》第 140 辑，2021 年 12 月出版）

1943 年蒋介石的一次视察

于　岳

　　我收藏有抗战时期蒋中正检阅"国军某部"老照片一组四张，影像非常珍稀，但没有任何注释，以致时间地点人物均不详。在图 1 里，蒋身侧有一位清癯的高个子"将领"作陪，其应为该部主官，可谓破解问题的关键人物。我将照片发给两位大咖级朋友帮忙一鉴，可惜他们都没有认出来是谁。我还发现，这张照片中最右边一人是蒋纬国，于是我又想通过《蒋中正日记》以蒋纬国为目标来寻找答案。但尝试后才知，如此漫无目地从浩繁的文献中查找，无异于大海捞针一般，工作量之大实难承担，只好掩卷长叹了。

　　前段时间因搬家清理藏书，将一册颇占地方的《黄埔军服 1924—1954（陆军篇）》交流给了一位朋友，在寄书之前，我随手再翻阅了一下，里面的一张照片忽然引起了我的注意。由于此前花费不少精力研究照片并请教朋友，我对于那位高个子"将领"的形貌记忆极深，所以这次在书中偶然见到他时立即有所感。我强抑内心的喜悦，往后再翻了一页，果又看到了与我所藏图 1 这张照片视角略有差别、但人物与着装完全吻合的另一影像！就在这不经意间，困扰我许久的问题已有了答案，这也让我立生"藏书愈多，能通读者反愈少，答案在其中却不自知"之憾。

　　此书的作者杨桂霖先生，是中国台湾黄埔军校退役教官、黄埔文物收藏家。从他对照片的注文中可知，这些照片是 1943 年 3 月 20 日蒋中正视察贵州大定发动机制造厂时所摄。有了这个信息再去按图索骥，所有问题豁然开朗。我很快就查到了该厂的首任厂长名叫李柏龄，并在《乌鸦洞的奇迹——中国历史上第一个航空发动机制造厂建成始末（1940—1949）》一书中找到了他的

图1　蒋中正视察贵州大定发动机制造厂之一

单人照。一眼便知，这就是我所藏照片中那位高个子"将领"无疑。不过这会儿却不能再称之为将领了，因为他的"军衔"为空军一等机械正（同空军上校级），实为空军机械技术人员，其领口佩戴的也并非陆军军衔，而是机械科的兵科领章——其实杨桂霖先生在书中选择这些照片，正是为了比对陆军与空军军服细节的不同之处，最终却机缘巧合，成了解答我问题的钥匙。

大定发动机制造厂正式的名称为"中国第一航空发动机制造厂"，出于保密方面的考虑，对外还有一个幌子叫"云发贸易公司"。早在20世纪20年代，孙中山先生就提出了航空救国的思想，国民政府定都南京后对此亦有长足的重视。但当时我国重工业基础极为薄弱，对于空军的建设，飞机只能仰仗进口，几无造血再生的能力。迨抗战全面爆发后，我国空军历经血战而难获补充，战力越来越弱，以致后来制空权一度完全丧失，城市完全暴露于日军飞机的轰炸之下，损失惨重。

当局痛感于此，乃于1939年决定重金筹建一个发动机制造厂，由时任空军机械学校教务处长的李柏龄担任筹备处长。李柏龄是辽宁辑安（今吉林集安）人，美国密歇根大学航空工程学硕士，为人清正廉洁，勇于任事，受

图2　蒋中正视察贵州大定发动机制造厂之二

命之后即亲赴美国，洽购设备材料技术，延揽人才，一应事宜井井有条，陆续准备停当。发动机制造厂厂址原拟设于昆明近郊，因情报泄露，还未开建就遭日军轰炸，安全性大成问题。李柏龄遂派遣总工程师李耀滋博士另寻新址，后机缘巧合下经人介绍，在贵州省大定县（1958年改称大方县）东南的羊场坝（今羊场镇）觅得两个天然大洞穴——乌鸦洞与清虚洞。经考察，洞穴空间足够大，与清毕公路相距不远，附近也有水源，并有隐蔽利于防空的优势，大家讨论决定可以在此建厂。1941年元旦，我国第一个发动机制造厂就这样落户于大定羊场坝。

　　如今清虚洞倒是因为获评吉尼斯世界纪录——世界最大的天生桥而有些知名度，成了当地一个略显冷门的小景点。不过即便是今天，在地图上看这个地方仍显得很偏僻，当年的主厂房乌鸦洞甚至连定位都没有，知道它们背后这段历史的恐怕也很少了。遥想当年那些前辈们，只为抗战救国发奋图强，纷纷放弃优渥的生活来到这土匪横行、毫无工业基础的贫瘠之地，这满腔热忱着实让人肃然起敬！须知发动机可谓飞机的心脏，想要制造它对软硬件的要求很高，如今尚且不易，当年前辈们筚路蓝缕、白手起家是何等艰辛，今人实难想象。经过两年多不懈努力，基建工程基本告竣，一个现代化的大型工厂如平地起惊雷般诞生，到1943年初，大定厂正式开始装配飞机发动机。

1943年3月15日，蒋中正视察贵州，以大定厂为航空工业命脉所系，便列有视察的计划。适逢3月18日戴安国（戴季陶之子，蒋的干儿子，时任大定厂工务处副处长）赶来贵阳谒见，并相邀前往大定视察，蒋中正欣然同意，第二天上午便即出发。蒋氏在贵州期间，公务之余亦尝游历当地名胜，观其这段时间的日记，往常忧愤烦躁的字眼鲜有出现，可见心情颇佳。日记中也记载了视察大定厂较详细的经过，当这四张照片的谜底揭开后再来比对研读时，日记字里行间的人和事，仿佛也随着影像而鲜活了起来。

1943年3月19日上午十点，蒋中正一行从贵阳启程，途经清镇、黔西，约在晚六时到达大定厂。与厂长李柏龄等人共进晚餐后，蒋中正自己一个人跑到工厂集体宿舍看望青年官佐们，没端一点架子。其在当日日记中写道："……月明风清，建筑完成，心焉乐之。"此般愉快的心境加之羊场坝难得的静谧，让蒋中正当晚睡得极好，遂决定再多留一天。蒋纬国对李厂长说，

图3 蒋中正召集大定厂官佐点名

图4　清虚洞前的大合影

这是他父亲自抗战以来，从未有过的一夜酣睡。

　　翌日上午大雾，蒋中正在下榻的小楼（大定厂俱乐部）前召集大定厂三十余位官佐点名。后来被誉为"中国航空发动机之父"的吴大观院士当时正是其中一员，他那时还只是一位入职不久的年轻少尉技术员。不承想当日在大雾中点名让蒋中正受了风寒，数十年后吴院士在回忆中也提及了这段往事，身披黑色大氅、喷嚏不断的蒋中正让他记忆犹新。毫无疑问，图3这张老照片记录的正是这一场景中的一瞬。

　　随后蒋中正前往乌鸦洞主厂房视察，下午三点还匆匆去了一趟大定县城接见"文武百官"。不到五点蒋中正就返回了大定厂，随即在清虚洞前召集全厂职工，即兴发表了一通颇为鼓舞人心的讲话，恳切地指出重工业为国家建设的基础，而诸位的工作则直接关乎空军的成败和国家的兴亡。一时群情激昂，气氛达到了高潮，随后大家聚餐，尽欢而散。图4这张视角宏大的俯拍照片，应正是此时摄于清虚洞前的。当夜蒋中正心情仍甚好，只是"惜以伤风，不敢玩纳为憾耳"。

3 月 21 日上午九点半，蒋中正离开大定厂返回贵阳，临别之际，大定厂职工们请求他给大定厂题个词。蒋中正沉默良久后提笔一挥，大家一看，只见纸上并非往常那般的主义和口号，而是一个深沉的问题："我们发动机何日可以完全自制？"

其实以大定厂设立的发展目标，分为三个阶段。第一阶段，是以购自美国的零件和蓝图，研发实现发动机的总装；第二阶段，以进口毛坯件自行加工为合格的零件，然后总装；第三阶段，完全由自主生产的零件进行总装。但以当时我国工业基础之积弱，大定厂为实现第一阶段都已穷尽一代精英数年之力，遑论蒋中正所提出的发动机自制，这实则已远超第三阶段之上，当然是任重道远的。

大定厂从 1943 年开始至 1946 年，共计总装出塞克隆型航空发动机三十二台。后来库存的主要零件告罄，但随着国共内战形势的演变无力再进口，以致后续所有的发展计划全部夭折。大定厂在第二任厂长王士倬的带领下及时转型开始生产汽车配件，由于技术过硬，产品大受用户欢迎，在西南地区享有盛誉。1949 年初，大定厂奉空军总司令部令停产，由第三任厂长顾光复偕部分人员及设备迁台。另有一部分人不愿随往，在副厂长汪福清的带领下留守护厂，直至被解放军接管，最终成为新中国军工企业的一部分。1953 年，该厂全部迁往成都。

回首大定厂九年的历史，其虽在本质上只是一个进口散件的组装厂，未能更进一步发展，而且总装成功的航空发动机，也并未来得及对抗战做出直接贡献，但纵观我国航空工业史，大定厂可谓我国航空工业的发祥地，实具里程碑之意义，更兼大定厂在生产研制的同时，还设立技术培训体系，造就了一批后来成为我国航空工业中坚力量的精英人才。

手中的老照片不曾褪色，然斯人斯事俱已矣。如今的乌鸦洞与清虚洞早已人去洞空，唯愿大定厂和这些前辈们的事功永被铭记！

（原载《老照片》第 141 辑，2022 年 2 月出版，

原文章名《1943 年的一次视察》）

田家英去延安

曾　自

父亲是"七七事变"后去延安的,那时候他不足十六岁,还是一个少年。

提到 1937 年去延安,曾彦修老人这样说:"在抗日战争尚未全面爆发前就已形成了各地进步青年奔赴延安的潮流,小小延安城已逾三万人,物质条件供养不了。"而这是我后来才知道的。

父亲是 1937 年 11 月初和赵石英、刘济元、黄怀清三个志同道合的朋友一起走的,他当时名叫曾正昌,到延安改为"田家英",用了他写文章的笔名。刘济元改名何彼秾,1941 年牺牲在晋东南。黄怀清改名羊路由,在延安根据地搞文化建设,是文艺创作骨干,"文革"中受迫害去世了。当年同去的四人,"文革"后只有赵石英健在。父亲去延安的经历,我多是听赵石英讲的,很生动,很有时代感,值得记述。

应该说,父亲毅然奔向延安,和他与赵石英相识有极大的关系。

我父亲是个孤儿,九岁失去了父母,十二岁就和哥嫂脱离了经济关系,靠投稿的微薄酬金谋生。但他有许多伙伴,如曾彦修、何火炬、戴碧湘、张嘉乐、叶兆麟、汪大漠、胥树人……大家在一起追求文学,追求思想。当时他们中不止我父亲一个人发表文章,但数他发表得最多。

渐渐地大家不满足于此,结三四个伙伴尝试着自己办刊,在自己的"园田"按自己的意愿抒发感情。他们为刊物取名"极光""金箭"。《金箭》发刊词是父亲写的。他们还尝试以"五四"以来提倡的白话文做新体诗……所有这些,无不涌动着青春的活力,为享受这种活力,年轻人似乎可以不顾一切。

图1 十二岁时的田家英

　　十四岁那年，父亲重返学校，考上了一所好中学，可读了不到一年便被开除了。回顾父亲的童年、少年，虽然在校时间很短，又没有父母的抚慰，但他的精神世界是丰富多彩的，既孤苦又奔放自由。

　　父亲和赵石英是中学同学，但不一个班。他们是在救亡组织"海燕社"召集的秘密集会上认识的，后来两人都因参加救亡活动被校方除名，这一缘由使两个有志青年走得近了起来。与新朋友赵石英相识，父亲像是得到一片新天地。后来，又和赵石英的友人黄怀清、刘济元结为新伙伴。

　　这里需要交代一下赵家的家世。

　　赵石英的父亲赵世珏在成都很有地位，是上层士绅，他的二叔赵世炎则是中国共产党早期党员、著名烈士。他的两个姑姑赵世兰、赵君陶，均是职业革命家。可以想见赵家是个思想开明的家庭。赵世珏在成都西御西街113

号的院落，成了共产党人、进步人士常常出入的地方。

在这幢深深大院里有一间无人问津的小储存室，成为四个伙伴秘密聚会的场所。赵石英回忆："储存室上有一间小阁楼，光线昏暗，不折不扣的陋室，家英、济元、怀清和我常夜会于此，一灯如豆，黑夜如磐，促膝谈心，意气相投。"

虽说四人是新朋友，但也是"旧相识"。他们看过署名"田家英"的散文，还知道这个"田家英"站在鲁迅的立场在成都《国防文学》和一名教授打笔仗。相聚了才知晓，曾正昌就是"田家英"，大家无不感到意外和惊喜。那些观点鲜明、文笔流畅的文章，无疑应出自成年人之手，没想到竟是眼前这位十四岁的少年郎所写，钦佩之余，友情被拉近了。且黄怀清、刘济元也和田家英在一个中学，课余大家每天都能见面。

田家英一直被成都地下党负责人侯方岳器重，四个伙伴都认识侯方岳。

图2　1937年，前排左起依次为汪大漠、田家英、张嘉乐，后排左起依次为戴碧湘、叶兆麟、蔡依渠

侯方岳来过他们的小阁楼，送来《大众哲学》《青年自学丛书》，为他们分析国际国内时局，讲述新社会必然替代旧社会的道理。正如父亲说过的，"我是从侯兄那里懂得有一个充满新生力量和未来希望的组织共产党的，我一辈子也忘不了侯兄"。

被校方除名后一段时间，父亲住在了赵石英家一间三面有墙一面开放的小房间。这一段因缘促进了父亲向往延安的心愿。

为什么这样说呢？

在中央红军被迫长征后这段白色恐怖加剧的艰难时期，地方党组织被破坏殆尽。失去组织联系的赵世兰和牺牲了丈夫的赵君陶带着一双小儿女李鹏、李琼，此时都住在成都哥哥赵世珏家。很自然地，田家英在这个院子里认识了赵世兰、赵君陶两位职业革命者。她们的影响，是小年轻们决心上延安的关键。

石英的两个姑姑都喜欢家英，喜欢他的聪慧、坦荡、爽朗。当她们知道家英向往延安，便拿出绝少予人的秘密刊物《支部生活》。这个油印的很不起眼的小册子，让父亲真正了解了共产党是一个怎样的组织。

此时，经侯方岳介绍，他们又认识了成都地下党老党员饶世俊。在失去上级联系的数年里，饶世俊自发地秘密发展了几个党员。和延安接上关系后，这些党员都被组织认可了。此为后话。

被校方除名的田家英，认识了多位共产党要人，文学少年的心仿佛进入了一个新的世界。

还有一个因素，是他们要上延安的缘由。1931年底中共中央从上海撤离至瑞金后，大城市的地方党组织基本遭破坏，红军主力长征后，地方组织更是与中央失去了联系。赵石英从姑姑赵世兰那里得知，她新近团结联系了一些有社会身份的人物，多次设法与延安党中央联系。田家英也从饶世俊处听闻，"我们已经和延安联系上了，但还没有得到答复"。

这些消息反倒让他们明确了一个重要思路，要入党，必须去延安，那里是共产党的中心。尽管侯方岳很想让田家英等留下来，一起恢复党组织，但是这些年轻人铁了心要去延安。

父亲一行是1937年深秋时节出发的，走之前进行了充分的筹划，行程和资金都是大事。据曾彦修回忆，他和田家英、赵石英、何火炬、汪大漠等多次在成都少城公园碰头，商量去延安的计划。在他们的想象中，到延安后一段生活是要自理的，加之路费，每个人至少备足三百元。筹钱是走之前的一项要事。曾彦修告诉我，因家英是孤儿，没有钱，他的路费是赵石英偷了家中首饰变卖凑的。

20世纪30年代，四川出省没有铁路交通。"蜀道难，难于上青天"，一座连绵起伏的秦岭阻住蜀人向北向东的路，想出川只有走水路。对未出过远门的小年轻，北上路线也是策划的要项。

在他们之前，已有张嘉乐、汪大漠、叶兆麟几人去延安。为送他们，田家英、戴碧湘等六个伙伴留下了一张历史照片。而他们走的时候，戴碧湘及其他伙伴依旧为他们送行。

四人出发前，除了筹资金，擘路线，还得到了地方党组织的介绍信。据

图3　20世纪初，作者探望曾彦修

赵石英回忆，赵世兰、赵君陶也联名写了三封信。第一封是把他们介绍给八路军武汉办事处的夏之栩。夏是烈士赵世炎的遗孀，在中共长江局工作。第二、三封信是请他们到延安后代交王若飞、李富春，一定是关于联系党中央的事宜。还有两封是"民先"（中华民族解放先锋队）四川省部将他们介绍给重庆抗日救亡领导人漆鲁鱼，请他照顾几个路经的小年轻，和给八路军西安办事处的信。此外，有一封是饶世俊写的。饶说"把你们的情况通知了陕北"，但信没交他们，不知通过什么途径转达的。

听了赵石英的讲述，真让人感动，四个十五六岁的年轻人从蜀地去延安，竟得到组织上这样周密入微的关照。

最终确定的路线是先向东南到重庆，后至武汉，再向西北绕一大圈去延安，行程七千里。

这样走的原因：第一，东行比较安全；第二，有赵世兰给八路军武汉办事处的信；第三，用赵石英的话说："少年郎谁不想从巴蜀穿巫峡，领略领略奇险呢。"正应了杜甫名句，"即从巴峡穿巫峡，便下襄阳向洛阳"。

他们先乘船再乘车，两天后到达重庆；怕节外生枝，没有去见重庆地方组织的漆鲁鱼，并且没费事便买到了去武汉的船票。舍不得多花钱，他们买的是没有铺位的票。站在甲板上，江风凛凛，寒透薄衣，但大家毫不在意，只管欣赏三峡之雄奇，胸怀有如大江。过了宜昌，天宽水阔。

到了武汉，在八路军办事处见到夏之栩。她已知有四位小青年要从成都过来。当晚，夏之栩和另一同志抓紧找他们了解成都地下党组织的情况，告诉他们延安已派人入川联络。四人立即负责地写了汇报，将他们的革命引路人侯方岳、饶世俊及江牧岳、韩天石、康乃尔等坚持下来的共产党员、救亡运动骨干，一一详细介绍。

在武汉逗留一天后，小青年们急不可待地持八路军武汉办事处介绍信，计划乘火车直往西安。谁知车站竟乱成一团，他们买不到票，硬是挤上了火车。行至河南偃师，实在受不住一整日大气都喘不动的挤压，又拼命挤下车来，待摸进附近一处"鸡毛小店"，倒头便睡。次日一早，再次奋勇挤上一列北去的火车。上车后方知，这竟还是昨天那列火车。日本全面侵华战争打响后，大江南北，一片混乱。

图 4　晚年戴碧湘

火车停停走走，终于到了西安。八路军办事处一位姓王的高个男同志不顾武汉办事处的介绍，一开口便回绝去延安的请求，而是安排他们去安吴青训班。

西安到安吴镇一百多里地。安吴青训班是 1937 年中共青年工委同西北青年救国会联名在陕西泾阳县云阳镇举办的青年干部集训班，冯文彬任主任，胡乔木是宣传部长。1938 年春，青训班迁到安吴镇安吴堡，故而称安吴青训班。

无奈，四个年轻人只得背起行囊出发了。千里迢迢奔到西安，却去不了延安，当时的沮丧，赵石英记忆犹新："在那荒凉的黄土地上，走在弯弯小道，我们都默默无语。突然，刘济元背出一句李白词'咸阳古道音尘绝'，顿时引发了我们的共鸣：武汉办事处、成都党组织都介绍我们去延安，王同志什么解释都没有，一句话就把我们打发到安吴。不行，不能去安吴报到，回西安！"

当他们第二次来到西安办事处，真是幸运，接待他们的是西安办事处秘书熊天荆大姐，一位 1926 年入党的革命家。她早已从赵世兰那里知晓田家英和赵石英的名字。虽然她批评了年轻人没有按王同志意见去安吴，但还是宣布，办事处同意了他们去延安的请求。

天助人愿，恰遇一绝佳机会。从新疆回延安的滕代远一行前一日路过西安，准备第二天出发。滕代远于 1936 年赴苏联出席共产国际第七次会议，1937 年春回国后，一直逗留新疆，现在赶赴延安任中央军委参谋长一职。就这么巧，让田家英、赵石英他们碰上了。熊大姐与之联系好，同意小年轻们搭他的车走。

西安到延安城六百多里，一天到不了。搭上车，只见车上的老同志一律身着短皮大衣。这种衣服田家英他们从来没见过，后来听说是从苏联穿回来的。老同志待人十分亲切，小青年们首次置身于向往已久的"真正的共产党人"之中，用赵石英的话，"激动得心都跳出来了"。

夜宿时，滕代远特地找小伙子们聊天儿，谈得投机，一高兴给每人一支苏联过滤嘴香烟。赵石英点火过猛，一下烧了纸嘴，惹得滕代远大笑，又摸出一支给他，解了尴尬。赵石英说这种细腻的体贴，让他难以忘怀。

两天的行程，终于到达延安城，有人负责他们住宿。赵石英说："半年后方知住的是中组部招待所。我们有生第一次吃小米饭，闻着香，南方人却觉得不好吃。我们向组织交了赵世兰、赵君陶托转给王若飞、李富春的信（信我们没有打开，分析信里应提到我们了。这是后来分配工作的事实使我们明白的）。"

在延安城只逗留一天，他们便被分到陕北公学，田家英和刘济元十队，赵石英、黄怀清九队。四人虽分开，但露天听报告时常能见到。时值北方的数九寒天，露天记笔记，墨水都冻了。这些都不算苦，对他们来说，伙伴能见面，比什么都热乎。

（原载《老照片》第 126 辑，2019 年 8 月出版）

马海德与马家窑院

毕醒世

1947年2月20日，延安。苏菲骑马来到居住在龙湾的老房东马育英家，说她和丈夫马海德（乔治·海德姆）及孩子就要离开延安了，她代表一家人向"一家子"老马告别，并祝他的儿媳妇生产顺利。临走时，苏菲送给老马一件礼物，说，这个东西等儿媳妇生下娃娃后有用处。

原来，苏菲送给老马的礼物是一个红色硬纸盒装着的美国制造的吸奶器。纸盒上写道：

老马：

送你这件礼物，恭喜你抱个胖孙子。

苏菲

二月廿日

两个大鼻子成了邻居

有关马海德曾居住在马家窑院的事情，笔者儿时常听父辈讲述。那时，笔者的家就住在马家窑院隔壁的高家窑院。

马海德刚到延安，与曾经指挥红军作战的德国人李德（奥托·布劳恩）同住在马家窑院。李德在回忆录中写道："我和马海德分到了一个农院，离毛（毛泽东）那里有五分钟的路程，位于城门前的半山腰上。这个农院有五个窑洞，门前有一个平坦的场院。这家农民占用了两间，第三间住着警卫员

图 1 马家窑院的主人马育英

和马夫，我住第四间，马海德住第五间。住在窑洞里非常舒服，冬暖夏凉，并且在很大程度上可以防御日本飞机的轰炸，只是跳蚤和老鼠使我们很伤脑筋，以后我们慢慢地也习惯了。"

马家窑院的窑洞是清末打成的，土头高，土脉也好，坚固耐用。

马育英早前是肤施县旧政府的职员。由于他为人处世公道平和，给老百姓办了不少好事，在延安城里是一个出了名的大好人。20 世纪 30 年代，陕北社会动荡不安，他辞去公差，做点小生意，在山坡空地上还种了点庄稼，家里养了几头猪，以此养家糊口。所以，在李德眼里，房东老马是个农民，院子是个农院。

马海德是一个非常开朗的人，来到延安，为了更快地学习汉语，他和任何人都愿意进行语言交流，久而久之他说汉语时，总是带着陕北话的口音。

马海德与马育英一家人关系处得非常融洽，马育英对住在这个院子的外国人在生活上也多有关照。在二马之间，他们总是以"一家子"相称。日机

图2　1962年，马海德（右）赴叙利亚看望久别的父亲，途经捷克时和在延安时马家窑院的邻居李德见面。周幼马摄

轰炸前，马海德在马育英的协助下，用绳索丈量了他们住的窑洞脑畔的厚度，认为这样的厚度应该是安全的。马海德还在他住的第五孔窑洞与第四孔窑洞之间的过洞中间又亲自挖了一个小窑洞，并钻进去自言自语地对老马说，这样藏身会更安全！

而李德那时已经与从上海来的电影演员李丽莲好上了，之后办了结婚手续。李丽莲在鲁迅艺术学院当教员，平时很忙，只有周末晚上，李德才可以与李丽莲在马家窑院团聚。

这一时期，为马海德和李德服务的警卫、马夫、伙夫，住在五孔窑洞中间的那孔。一直为马海德服务的王德牛就是其中的一位，在长征途中，他是周恩来的警卫人员，曾经为受伤的周恩来抬过担架。

窑洞的防空功能不容置疑，但是没有来得及进入防空设施里的人，就会很危险。从 1938 年 11 月 20 日开始，日本飞机轮番轰炸延安。只要防空警报响起，延安城里的人们便纷纷向凤凰山的石窟、窑洞、防空洞奔跑。李德回忆说："我有一个译员，他在抗大为我翻译。一天，我们从抗大向我住的窑洞走去，当时我们正在上坡，突然从山后咆哮着冲出一架轰炸机，我们拼命地跑，想赶快躲进窑洞，当我上气不接下气地跑进院子时，炸弹已经在我身后爆炸了。后来我看到，大约在五十米以外的斜坡上，炸开了一个大坑。炸弹很可能击中了我的翻译，把他炸得粉碎，事后我们没有找到他的任何痕迹。"

马家窑院曾落了至少两枚炸弹，一枚落在李德与马海德两孔窑洞中间的窑腿子旁，一枚落在院子里。马海德曾向家人讲，炸弹爆炸时，整个窑洞受冲击波的影响，纸张一类的东西都被卷出了窑洞。

两张老照片背后的故事

1937 年初，被称为"中国人民之友、美国革命作家"的史沫特莱接受中共中央邀请，在丁玲的陪同下来到延安。有资料显示，史沫特莱到延安不久后，与她的翻译吴光伟（吴莉莉）就住进了马家窑院，而邻居就是李德和马海德。他们的窑洞里有一台轻便的留声机和几张唱片。这为窑洞晚会上跳交际舞提供了难得的伴奏音乐。

李德回忆说："艾格尼丝·史沫特莱和斯诺的夫人来到延安。史沫特莱为写朱德搜集材料。因为她几乎不会讲中文，吴莉莉就给他们当翻译。这位女翻译英文讲得很好。毛泽东常常看望这两个人，有几次，我也在场，这样也就认识了吴莉莉。"

史沫特莱在她的文章里说："毛泽东常到我和我的翻译同住的窑洞里来，我们三人一起吃饭，谈几个小时……他一口湖南腔，试着跟我的秘书学北京官话，跟我学英语，学唱英文歌……"

海伦·斯诺受丈夫斯诺的影响，来延安要写一本《续西行漫记》。海伦到达延安时，适逢苏区党代表会议（1937 年 5 月 2 日—14 日）召开，毛泽东、周恩来、朱德、张闻天等领导人先后会见了她。利用这个难得的机会，她采

图3　马海德、李德居住的马家窑院。后排中是马育英的夫人，前排中是为马海德服务的工作人员王德牛

访了六十五位军政高级干部，询问了上千个问题，收集了三十四本个人简短的自传和大量的资料。她还与许多"红小鬼"相处得很好，并采访了他们，还给他们拍摄了不少照片。

若干年以后，马海德遇到房东马育英，亲切地叫老马："'一家子'，你要不要见你的老婆？"马育英难为情地说："'一家子'，别捣蛋！我的老婆已经归天了，这你不是不知道的！"马海德翻开手中的一本印刷物，撕了两页，递给老马："你看看，这上面有谁啊？"马育英一看，真有点惊讶，这两张印刷的照片是在自家的院子里拍摄的，照片中有他的老婆，还有那些"红小鬼"！

马家一直将这两张照片作为宝贝一样珍藏。20世纪80年代，有一位姓

图 4　警卫战士在马家窑院的合影。海伦·斯诺摄

白的记者来到马家窑院采访，拿走了那两张印刷的照片，留下了一套复制件。

　　笔者于 2018 年访问马家窑院时，在马育英的孙子马兴旺手里看到了这两张复制的照片，一张（图 3）是，在窑洞前，几个警卫战士正在玩狗崽，马夫人和另一位妇女站在他们的身后观看；另一张（图 4）是，警卫战士在马家窑院的马棚前的合影。

　　笔者耗费了大量的时间，查阅这两张照片的出处，还真给查到了：它们出自海伦·斯诺的英文著作 *INSIDE RED CHINA* 及其他的书籍、杂志中。另有一张照片（图 5），与那张警卫战士玩狗崽的照片的场景相同，角度略有偏差，只是穿着红军军装、绑着裹腿的海伦·斯诺一个人在玩狗崽！

图 5　海伦·斯诺在马家窑院

两个家庭的悲欢离合

李德回忆："1938 年，有一天我去找陈云，有一段时间，他是主管中央组织部的书记，我请他把我转为中国共产党正式党员，以便能参加党的生活，并请他同意我同一位名叫李丽莲的歌唱演员结婚。她是 1937 年底同演员江青一起从上海到延安的。这两项请求他都同意了，我就同李丽莲到延安办事处登记结婚。"

自从李德和李丽莲成为夫妻之后，艺术家们就经常到马家窑院过周末，爱好交往的马海德也常常把一些年轻人拉到这里来。延安的年轻人与"两个大鼻子"海阔天空无所不谈，除了关心艺术和政治，也打乒乓球，有时甚至还跳舞。

　　据马兴旺说，他的爷爷曾给他们讲，到了夏天，那些外国女人会把院子用帐子围起来，脱光衣服晒太阳。

　　李德回忆："1939年仲夏一个星期日（注：8月27日）的早晨，太阳还没有出来，住在我窑洞里的一名中央委员会的通讯员把我叫醒，递给我一张洛甫写的纸条，上面写：'速来机场，你飞往莫斯科。'我急忙穿好衣服匆匆向李丽莲告别，她是周末从艺术学院回来的，接着又匆匆向同院的邻居告别，跳上我那匹察哈尔矮马，向机场飞奔而去。机场上已经聚集了将近一百人，其中有许多高级干部，毛泽东也在场。他们正在向周恩来告别。周偕同

图6　苏菲（右）与李丽莲在延安

妻子和养女也要飞往莫斯科。"

原来，共产国际发来电报，要求李德回苏联述职。这天正巧有一架飞机来延安，接因不慎骑马摔伤胳膊的周恩来去苏联治伤，便让李德也搭乘前往。毛泽东、张闻天等一百多人前来送行。这时，李丽莲也赶到机场，李德要求带妻子一起走，但因没有护照签证未得到批准，李丽莲当场晕倒。李德含泪吻别李丽莲后，依依不舍地登上飞机。从此他们天各一方，再也没有见过面。

苏菲是1939年10月抵达延安的。她在上海读书时，受"左联"的影响，经常排演一些小话剧、小节目，还演出过电影。那年秋天，正在昆明积极参加抗敌救援活动的苏菲，受党组织的委派去延安学习。刚到延安的苏菲，进入鲁艺学习，她既高兴又兴奋，可是没过多久就因水土不服病倒了。音乐系女教员李丽莲来看苏菲，安慰苏菲说："你好好休息，我去给你请校医，她是一个美国人，医术很高明。"

马海德被这位病人给吸引住了。他用那"带着陕北口音、不太流利的普通话"详细询问苏菲的病情。他和蔼可亲的语气同样吸引了苏菲的注意。而且，马海德临走时，还大胆地用他那歪歪斜斜、不太准确的汉字，写了一个便条："我衷心希望你能很好地按时用药，早日恢复健康，恢复你那美丽的微笑。"

其实，马海德是个大忙人，他既是军委卫生部的顾问，又是边区医院的医生，也是鲁艺的校医。平日里，他走到哪里，哪

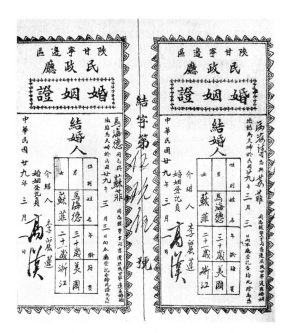

图7　马海德与苏菲的结婚证书

图8 李丽莲、马海德、苏菲（左）在延安

里就有请他看病的人，这些求医问药者中包括普通的老百姓。但是，他再忙，到了距离城里十多里的鲁艺，一定会抽空和苏菲聊聊天，还主动邀请这位美女去他居住的窑洞做客。苏菲答应过两次，而且，许多年以后她还能够记得清当时的情况。一次是吹嘘她会做特别好吃的鸳鸯蛋，马海德想办法搞到了十个鸡蛋和菠菜、肉末。而她不但带来了田夫、杨烈、徐克立，还将这些难得的食材做成了"一塌糊涂"。她的面子挂不住了，便和几个姐妹开溜了。还有一次，她又答应周日去马海德窑洞里吃饭。马海德简直高兴坏了，特地找了一只老母鸡，让负责照顾他的王德牛给炖上了。可这次，苏菲又临阵退缩了。

　　然而，有情人终成眷属。在他们相互多次的接触中，彼此之间有了坦诚的心灵感应。马海德首先向苏菲表达了结婚的愿望，而苏菲觉得有点突然，说再等等吧！马海德说："我父亲说过：'头一次见面就能进入你心灵的姑娘，一定是你最好的终身伴侣。'我第一次见到你的时候，就觉得你是我要找的人。你要是同意，我就向组织打报告啦！"苏菲在甜蜜的感觉中同意了马海德的求婚。

那是庚辰年（1940）春节的大年初一一大早，马海德跑到政治部主任王稼祥的办公室汇报了他的结婚诉求。很快，二十多天后，马海德、苏菲便到边区民政厅办理了婚姻登记。结婚没有钱办酒席，马海德就给正在重庆的路易·艾黎发电报借来了二百大洋，在机关合作社办了十几桌酒席，王德牛以家里兄长的身份坐在了主桌上。

他们的洞房之夜，窑洞里点上了蜡烛。真可谓是洞房花烛夜了！

物是人非事事相传

1971年夏天，马海德的弟弟约瑟夫·海德姆忽然来到北京。正在接受再教育的马海德夫妇便沾了光，可以陪远道而来的弟弟在国内参观学习了，当然也可以让这位美国人很好地接受一下社会主义教育。

他们到了大寨，之后到西安，游览了西安的所有景点。最为重要的一站是到延安，他们看了很多工作、居住过的地方，也没有忘记再看看马家窑院里他们的洞房。马海德用英文向弟弟介绍他的邻居："我们在窑洞中住着的时候，他和我们是邻居，他们家里只要有人得病，我就会帮他们看看。这位老人是我们在延安当地最亲密的朋友之一。"马海德所指的老人是他的"一家子"马育英的儿子马安，老马早在1964年就去世了。

苏菲回忆当时的情景说："进了窑洞后，老乡给我们每人倒上了一杯糖水，延安人最喜欢用糖水招待客人。我们看见老乡窑洞炕上的小炕桌上摆放着各色的干果和水果，竟然还有葡萄，我不由惊奇地问老乡说：'这个葡萄是你从西安买来的吧？'老乡说：'不是，不是，我们现在啊，也自己种葡萄。'我想起我们离开时，延安当地的干果和水果只有杏、枣子，蔬菜只有南瓜、土豆、白菜三样。而现在竟然已经开始种葡萄了，我不由得为这可喜

图9　1971年夏，马海德与弟弟约瑟夫·海德姆、夫人苏菲在延安。周幼马摄

的变化而欣慰。"当时，马家窑院的确栽植了一大架葡萄，而且每年都是硕果累累。

　　让马海德、苏菲、王德牛等人不知道的是，就因为马家人与外国人有过接触，而且接受过外国人赠送的礼物，在马育英去世时，所有邻居都不得去马家，也不得以任何形式向逝者告别，包括烧香磕头。

　　早在60年代初，有人听到马家保存了一件外国人给的奇怪东西，三传两传，便传成了马家有一部外国人给的电台！有关部门专门质问了马育英，而他矢口否认。其实，马育英知道，苏菲赠送的这件礼物，如果保管不好，迟早会给他们家带来说不清的灾难。于是，他让儿子马安专门给这个"洋玩意"做了一个木盒子，还在木盒子上写了"注意，保存好"五个字。

　　笔者算是在马兴旺手里第一个看到这个"洋玩意"的外人了——不过是一件吸奶器而已。

　　笔者早就听父亲毕瑶琳说过马海德的幽默与随和。马海德夫妇在大砭沟居住时，经常和父亲两人骑一匹马，很爱开玩笑的父亲问马海德："骚胡，

图 10　王德牛背着儿时的周幼马

你去哪里呀？”马海德歪着脑袋问：“我听不懂你叫我什么，你不是骂我吧？”父亲笑着说：“哪里能骂外国人呢，我是问你好嘛！”1971 年，马海德回延安时，在大街上看到了笔者父亲，既点头又微笑，走上前想与父亲握手问好。而父亲出于本能的反应，不由分说地躲开了他。那时，父亲被打成了“军统特务组长”，哪敢与外国人有接触！之后，父亲对没有与马海德再开几句玩笑而后悔莫及。

王德牛是一位被马育英及其后代牢牢记住的人。他不识字，但为人憨厚诚实。日机轰炸之后，马家搬离了自家的院子，王德牛却不忘马育英，时不时要去龙湾看望老马，并和老马住在一个炕上拉呱儿。

图 11　苏菲与笔者合影。周幼马摄于 2020 年 10 月

　　马海德一家进京后，王德牛提出，要回离别十多年的老家江西德兴，去找寻失散了的未婚妻。王德牛回到家乡后，通过组织找到了未婚妻，并喜结连理，生了四个男娃，他还当上了德兴县的副县长。王德牛在去世前，与老首长马海德及家人一直保持着亲密的联系。

　　2018 年，马家窑院被延安市政府征收。据文物管理保护部门介绍，马家窑院经修葺后，将作为革命遗址对外开放，让更多的人接受革命传统教育。

　　2020 年 10 月，笔者去北京采访了一百零二岁的苏菲女士，她身体健康，记忆力超强，给笔者讲了约一个小时的延安故事。

　　　　　　　　　　　　　　（原载《老照片》第 135 辑，2021 年 2 月出版）

延安第一个女教师吴文瑜

毕醒世

在延安城里，上了年纪的老人都知道，本城有个叫吴淑闺的女子，20世纪30年代初，成为延安的第一个女教师；陕北"闹红"，她不顾来自各方面的压力，毅然参加了革命，而且自己做主，嫁给了一个参加过长征的老红军。她的作为赢得了满城人的赞誉。

勤于学习　乐于育人

笔者经多方了解，终于找到了这位老革命的联系方式，于2011年5月11日，在北京采访了吴老。

当时，吴老在北京通信兵大院的住宅楼里居住。九十五岁高龄的吴老有儿女们陪伴，生活在幸福的大家庭里，其乐融融。吴老得知延安老家来人看望自己时，兴奋地握住笔者的手问长问短。

吴老1916年出生于延安城。母亲知书达理，是她的启蒙老师；父亲是个泥水匠，也十分关爱她。舅父刘光实上门动员七岁的她去刚刚成立的女子学校读书，得到父母的支持。她一踏入校门，

图1　在抗大学习时期的吴文瑜

273

校长毕老先生就给她起了一个学名——吴淑闺。由于品学兼优，她考上省立第四中学后，在学校结识了高年级学生王化成、王化南等中共党员，以及国民党驻军团长的女儿、进步青年张姑娘（张凤珍），积极参加社会活动，宣传进步思想，反对封建迷信。于是，她的名字便享誉延安城了。

省立第四中学被撤销后，肤施县教育科长张根杨推荐她到西安或榆林继续深造，并发给她四十元大洋。吴淑闺选择了行程比较短、费用比较低的榆林去读书。从延安到榆林，吴淑闺骑毛驴行走了八天。一个学期读下来，公家不给补贴了，家里也拿不出钱供她继续读书，她只好停学回家。也好，县里差役上门要她去女子学校任教。这样，吴淑闺就成为延安的第一个女教师。

在当时，延安城里有一句闺女守家规的俗语："女上十三，不离娘的裙边"。吴淑闺当了教师，迈出家门，走向社会，在当时的延安是所有有女孩子的家庭的一个例外。这件事对于延安城里人破除封建观念来说，无疑起到

图2　1938年3月8日，中共陕甘宁边区第一次代表大会召开。图为当选的第一届妇联执行委员，后排右一为吴文瑜

图3　吴文瑜与丈夫周浣白及两个孩子在延安合影。摄于
1945年

了积极的推动作用。后来，吴淑闺教授的女校学生中，有许多女孩子都参加
了革命。

　　笔者听吴老的学生毕实宜说过，吴老师一边弹着风琴，一边教她们唱歌，
让她们在轻松愉悦的环境中度过了小学时代。借着这个话题，笔者采访吴老。
吴老说，风琴是她从停办了的省立第四中学要过来的，弹着风琴教同学们唱
歌，使大家感受了学习的愉快。

　　在女儿的启发下，吴老为我们唱起了她曾经教给学生唱的儿歌《慈乌反
哺》：

乌鸦乌鸦对我叫，乌鸦真真孝。乌鸦老了不能飞，对着小鸦啼。小鸦朝朝打食归，打食归来先喂母。自己不吃情有况，母亲从前喂过我。

吴老又给我们唱了小歌剧《麻雀和小孩》：

小麻雀呀，小麻雀呀，你的母亲哪里去了？我的母亲打食去了，还没回头，饿得真难受。你是我的小朋友，我是你的好朋友，我家有许多小青豆，我家有许多小虫肉，你要吃吃东西和我一同走。我的小麻雀，我的好朋友，走吧，走吧，走吧，走了走了走，我们是好朋友，大家牵着手，走了走了走……

投身革命 义无反顾

1936年，西安事变发生前，吴淑闺正式参加了革命，随后又加入了中国共产党，并把名字改为吴文瑜。

党中央进驻延安城，组织推荐吴文瑜去抗大学习，随后又去中央党校学习。她在抗大学习期间，与在抗大校本部给罗瑞卿当秘书（后给毛泽东主席做行政秘书）的周浣白相识，从此，她对这位小时候饱受疾苦的孤儿，被佛寺收留后学到了知识，后走上了革命道路的长征老红军情有独钟。

1938年3月8日，中共陕甘宁边区第一次代表大会召开，吴文瑜作为延安东街妇联和鲁迅小学两部门代表出席大会，并当选为第一届妇联执行委员。

1939年1月，吴文瑜与周浣白结婚。这年5月，她随丈夫调到抗大工作。两年之后，吴文瑜随丈夫到杨家岭中央第一秘书处工作。1942年，丈夫调到军委三局电台当政委，吴文瑜随之调入军委三局工作。1946年春，根据中央妇女委员会办好保育院的指示，吴文瑜在军委通信系统内办起了托儿所，并担任第一任所长。这是继中央和军委保育院之后的第三个托儿所。因为是在5月4日成立的，帅孟奇大姐给起的名叫"五四托儿所"。由于娃娃们看

图 4　中央军委三局局办工作人员在延安裴庄合影。后排左起依次为高飞、绳吉伦、刘寅、崔伦、李玉奎、周浣白，中排左起依次为吴文瑜、李应祥、宋明朝、秦岩、梁茂成（抱着王诤的儿子）、王子纲，前排左起依次为程国权、邹念先、黎东汉、李应仓。王诤摄于 1946 年

管得好，吴文瑜还在延安妇女大会上向中央领导作过汇报。

　　1947 年春，根据党中央、毛主席的指示，吴文瑜作为军委三局托儿所所长，带领着托儿所的管理人员，保护几十名革命后代撤离延安。他们一路转战陕北、东渡黄河、绕道晋北、进入河北，千里跋涉终于胜利到达北平。一路上，在中央妇委和军委三局领导的关怀领导下，在吴文瑜和托儿所管理人员的精心照顾下，几十名孩子都平安健康地度过了艰难的旅途。

　　1958 年前，吴文瑜一直在中央军委通信部工作。其间，组织上派她筹建通信兵子弟小学北京翠微小学，并担任第一任校长。1958 年后，吴文瑜转业，来到北京长途局干部处工作，一直到 1978 年离休。

　　丈夫周浣白长期在军委通信部工作，1955 年被授予大校军衔，1964 年

图5　军委三局托儿所大班的部分孩子和部分工作人员。1946年摄于延安裴庄

晋升为少将军衔。由于他在战争年代积劳成疾，于70年代病逝，1983年被认定为烈士。

热心公益　老当益壮

离休后的吴老，热心于公益事业和创作演出。

1990年为支持北京举办亚运会，吴老捐款一千多元。这是十多年中，她由一张张两元、五元、十元的新票积攒而成的。其实，当时她的月工资还不到一百元！她亲自把这些钱送往六部口的石碑胡同捐献处。

她自编自演的快板书《鸡年说鸡》、小品《奶奶的爱》从通信兵大院选到区里，演到解放军总参谋部。她和女儿的对唱《夫妻识字》情深意切、感人至深。1993年12月，在纪念毛泽东一百周年诞辰解放军总参谋部文艺会演上，由她领衔主演的解放军通信部的秧歌剧《到枣园给毛主席拜年》获得

图 6　吴文瑜 1961 年摄于上海

创作与表演一等奖，受到总参谋长张万年等军委领导的接见。

　　在接受笔者采访时，年事已高的吴老从不说自己对革命的贡献，只说读书的事、教书的事、带娃娃的事、演出的事……笔者深表理解，她工作的军委三局是一个机要部门。

　　2012 年 9 月，吴文瑜安详离世。

　　2020 年 9 月 3 日，吴文瑜的铜像安放在了由她创办的北京翠微小学的校史馆里。这座铜像以吴文瑜在抗大学习时拍摄的戏装照片为蓝本，彰显了她一生乐于奉献的本色。

（原载《老照片》第 142 辑，2022 年 4 月出版）

朱枫的家国情怀

朱　霞

2019 年正值新中国成立七十周年，也是朱枫在台湾英勇就义六十九周年之际。

朱枫是我的三婶，此时此刻，我翻阅家庭影集时，目光停留在一张照片上，那是摄于 1939 年 5 月中旬，朱枫在浙江云和与家人的合影。这张照片引发了我的无限思念，我不禁回忆起朱枫高尚的家国情怀。

温馨团聚　送女从军

浙江云和是朱枫最欢乐和最难忘的地方。淞沪会战烽烟突起，我家从上海逃难至武汉，再到湖南常德转至浙江云和安家。此时，为革命奔波多年的三婶中年得子，因哺育婴儿而在家获得短暂休息，并同离多聚少的儿女团聚，真是喜从心生！照片中朱枫灿烂的笑容反映了她此时欢畅的心情。然而这种温馨欢畅的团聚，仅此一次。

朱枫对家人对儿女温柔关爱。她的大女儿沈珍是个聋哑人，为使女儿长大后有一技之长，能够独立生活，朱枫教授她习字作画、刺绣、缝纫等技艺。女儿也很聪慧，继承了母亲优秀的才华和品德，深得家人的喜爱。令人惋惜的是，因时局恶化，在我家从云和逃难转至广西桂林时，大女儿染病身亡。云和竟成了朱枫与大女儿最后的相聚之地。

朱枫深爱子女，心系国家的前途命运，在孩子的教育上倾注了家国情怀。在她哺育儿子不满十个月时，就将儿子交托我姑姑抚养，回到浙江金华从事革命工作。此时，她会同中共派遣的两位同志帮助台湾爱国志士李友邦筹建"台湾义勇队"。建队之初，经济困难，她不仅慷慨解囊，捐款八百元资助，而且毅然决然将二女儿朱晓枫送进台义队少年团，锻炼成长。台湾义勇队的生存环境极其艰苦，我姑姑的两个男孩子在进队后相继染病身亡，而朱晓枫则坚强地经受住了考验，于1946年从台湾回到上海，三个月后又被送往苏北解放区，成长为有所成就的军医。

我是我们家这些孩子中的幸运儿。母亲早年去世，弟弟则在逃难途中夭折，我成为父辈三兄弟中老大的独苗，备受大人们的爱护。在叔叔婶婶们的教育下成长，在新中国成立前参加了工作。

革命伴侣　患难与共

朱枫和爱人朱晓光（我三叔）是革命战友，他们被新知书店派往新四军驻地安徽屯溪云岭，建立随军书店。书店最多时有十多位工作人员，后来只留下朱枫夫妻二人。朱枫是大家闺秀，受过良好教育，才华横溢，意志坚强而能干，里外都是一把好手。她不仅照管门市，还经常外出送书，甚至携书通过敌人封锁线送往江北。有一天，陈毅路过随军书店，驻足询问是谁写的书籍宣传介绍文字，得知是正在店里打算盘的朱枫写的时，称赞说："这字写得蛮有功底啰！"

1941年1月，发生了震惊中外的皖南事变。在新四军奉命北移前，朱枫按"老弱病残"人员提前撤离，爱人朱晓光则留下来，并在事变中不幸被捕。这让朱枫心急如焚，万分关切爱人的下落和生死。她探听到爱人被囚于上饶集中营，在得到组织的批准和协助后，勇敢机智地三进集中营探监。她带去的药品，不仅挽救了病危的丈夫，而且为他后来成功越狱提供了帮助。

朱晓光与狱友蔡谟成功越狱后，辗转回到浙江云和家中，朱枫受组织委派前来接济救援。她陪同丈夫躲藏在山上疗养伤病，既要开荒种些蔬菜，还要经常下山回家，背些米面油盐到山中。生活虽然艰苦，但患难夫妻相逢，心里也是甜蜜的。

在云和山区避难，养病数月后，敌人闻风追捕，患难夫妻不得不辗转数

朱枫和家人的合影。中间抱着儿子朱明的是朱枫，她右边的女孩是沈珍，前排的女孩是朱晓枫；后排最右边站立的女孩是我，右二是祖母，右三是姑姑；前排的两个小男孩是姑姑的两个儿子

省到达陪都重庆。三叔向八路军驻重庆办事处汇报皖南事变和上饶集中营实情后，周恩来指示待车送往延安。但等待多日仍无法前行，又闻追捕之声，只好按组织安排又一次长途跋涉转回敌占区上海。在敌人不停追捕的险恶环境中，朱枫坚毅、勇敢、机智，艰难地陪伴爱人转移成功，重新投入革命事业中。对此次大转移，三叔感慨地说："三十功名尘与土，八千里路云和月，我和朱枫生死与共，形影不离。"

大义凛然　勇闯虎穴

在浙江云和的日子里，朱枫享受到了最温馨的家庭生活，自此之后，再难有家庭团聚，与丈夫更是劳燕分飞。朱晓光从上海转山东，经大连到达哈尔滨。解放战争中又随四野入关南下，参加沈阳、天津、北平接管工作后抵达上海，建立上海新华书店和国际书店。朱枫则一直留在上海从事中共地下的财贸及情报工作，后转赴香港。

解放战争节节胜利，新中国将要成立之时，组织批准朱枫交接工作，准备回内地。久别后将要与家人重逢的喜悦心情，使她在近两个月内写了十余封信告知丈夫，并关切地说："听说你染上了肺病，虽然我不是医生，但我终以为我来之后，对你可能有一些帮助，至少在精神上能给你安慰。"情意绵绵，归心切切。正当她已交代完工作，准备回到大陆时，组织上临时又调她潜入台湾，完成一项重要使命。此时的她既憧憬归家的欢聚，又深感任务重大，逃亡台湾孤岛的敌人"困兽犹斗"，会更疯狂，此行必定危险重重。朱枫的思想也产生过激烈斗争，还将这种矛盾心情向领导吐露过，但最终接受了上级交给她的任务。她立即将带在身边的小儿子委托同事带回大陆，并写信告知丈夫："将出外经商，有几个月逗留，个人的事情暂勿放在心上，更重要的事应先去做。"

潜入台湾后，朱枫以其机智果敢的行动，与台湾地区中共地下组织的主要负责人和潜伏在国民党内的 1 号情报员吴石将军取得联系，并安全地将具有重大价值的情报送回。任务完成，正待返回大陆时，台湾地下组织主要负责人被捕叛变。一个地区的主要负责人叛变是致命的，他不仅出卖了潜伏在敌营中的重要情报人员，而且摧毁了整个地区的地下党组织。然而，一个外表看似柔弱的女子，内心却是坚强的。严刑拷打不低头，甜言蜜语不弯腰。在新中国成立后的 1950 年 6 月 10 日，朱枫与吴石将军共赴刑场，英勇就义。

（原载《老照片》第 128 辑，2019 年 12 月出版）

司徒雷登与献花学童

陈探月

　　这张照片由美国《生活》杂志摄影记者乔治·西尔克（George Silk）于1946年7月下旬在庐山牯岭拍摄。图中的老人是刚刚上任几周的美国驻华大使司徒雷登（John Leighton Stuart）。站在司徒雷登身后的是他的助手傅泾波。照片中的孩子们是牯岭女子小学的学生代表。司徒雷登会讲几种中国方言，他看上去似乎在和孩子们说笑。

　　根据司徒雷登1954年写的回忆录，1946年7月4日，正当司徒雷登犹豫是否参加在南京举行的美国国庆节联欢会时，美国将军马歇尔打来了电话，说他的专机一小时之后来接司徒雷登去北平。1945年底至1947年初，马歇尔（George Catlett Marshall）奉美国总统杜鲁门之命来华调解国共军事冲突。杜鲁门让他"说服中国召开包括各主要政党的国民会议，以实现中国之统一；同时实现停止敌对行动，尤其是在华北停止敌对行动"。司徒雷登在北平见到马歇尔时，没想到马歇尔问他是否愿意当美国驻华大使。司徒雷登一开始谢绝说，他刚过完七十岁的生日，已向大学递了辞呈，这把年纪应该退离繁务，不宜再接受新任务，而且他在外交上也没经验。但最后，司徒雷登表示，马歇尔的工作非常艰巨和重要，只要马歇尔需要谁的帮助，谁就应帮助他。他们达成协议，任期不超过一年。

　　根据保存在斯坦福大学胡佛研究院的美国军方解密文件，马歇尔7月5日急电美国战争部（国防部的前身）转交副国务卿艾奇逊，要求延缓魏德迈的中国之行，转而推荐司徒雷登当驻华大使。魏德迈（Albert Coady Wedemeyer）当时已整装待发，来华填补赫尔利（Hurley）1945年底辞职后

司传雷登与学童们说笑

留下的驻华大使的空缺。魏德迈于 1944 年 10 月接替同蒋介石闹翻的史迪威（Stilwell）为盟军中国战区美军司令兼任中国战区最高司令蒋介石的参谋长。他在 1946 年 4 月任期结束后返美。马歇尔在电报中表示，鉴于眼下蒋介石和周恩来的会面情况，以及舆论对魏德迈任命的反应，任命魏德迈为大使会影响和平谈判。马歇尔说，他需要一位能激发双方对谈判增加信心的大使。

而燕京大学校长司徒雷登，正是马歇尔眼中的合适的人选。马歇尔说他不指望司徒雷登正式参加他的谈判，或负责繁重的使馆工作。马歇尔让司徒雷登利用他对各派政治人物的影响力，将眼下的军事争端谈判提升到政治谈判，以引导出实现民主政府的真正开端。

7月10日，美国总统杜鲁门向参议院提交了对司徒雷登的任命，参议院一致通过。美国媒体也大量报道这一突发消息，认为此举给中国和平带来了新的希望。

7月中旬，司徒雷登跟马歇尔一起去庐山牯岭向正在庐山避暑的蒋介石递交了国书。紧接着他回南京开始同包括周恩来在内的中共代表商讨和谈。7月下旬，司徒雷登同马歇尔再次回牯岭同蒋介石面谈。不知是因为饮食不当还是因为从闷热的平原来到凉爽的高山而受了风寒，他病倒了。司徒雷登的病成了记者的报道主题，人们关心司徒雷登生病对国共谈判的影响，也为司徒雷登的健康担心。

上面的照片记录的，正是司徒雷登在牯岭养病时的情景。司徒雷登自从妻子路爱玲1926年病逝后，一直未再婚。他们的独子杰克在美国大学毕业后，在美国南部当牧师。司徒雷登把燕京大学视为他人丁兴旺的家，他说学生们不断称自己是他的孩子，而他也对他们充满父爱。

照片里的傅泾波就是司徒雷登的一位"爱子"。傅泾波一直陪伴在司徒雷登身边四十多年，直到司徒雷登去世。傅泾波曾跟司徒雷登讲起，他的 Fu 总会引起外国人的疑惑，所以司徒雷登把他的姓改成英文姓 Fugh。傅先生的祖父曾任甘肃镇守使，他的名字"泾波"源于甘肃泾水。傅泾波的父亲是满族遗老，但立志维新，信仰基督教。傅泾波从十七岁时便见过司徒雷登。他二十四岁时司徒雷登成了他的证婚人。傅在燕京上学期间因处理家庭生意问题不得不辍学，复学后又疾病缠身。司徒雷登的妈妈和妻子在傅泾波困难时期曾对他非常关爱和照顾。傅泾波一心跟随司徒雷登，曾引起一些人的猜疑，指责他想借助司徒雷登当大官。可是司徒雷登认为傅凭自己的才华，完全可以当官。司徒雷登说，傅泾波将促进中美友好关系的努力视为他的爱国事业。傅泾波在司徒雷登为燕大募捐和调解国共关系的奔波中都是司徒雷登的左膀右臂。1949年底司徒雷登中风后，傅泾波每日去医院探视，而司徒雷登的亲儿子也只是偶尔去看望他。司徒雷登的回忆录也是在傅泾波的帮助下完成的。直到司徒雷登 1962 年去世，傅泾波和家人一直像照顾自己的父亲一样照顾着他。司徒雷登在他的回忆录中深深感叹体现在傅泾波身上的中国养老送终的传统美德。

在傅泾波和他的儿子的努力下，司徒雷登的骨灰于 2008 年，终于得以安葬于杭州司徒雷登的出生地和他父母安葬的地方。

国共和谈未能像司徒雷登和马歇尔所希望的方向发展，司徒雷登同傅径波一起于 1949 年 8 月 2 日离开了中国。也不知照片里的孩子此后的经历如何？如果她们还健在的话，应该已是耄耋之年了。

（原载《老照片》第 121 辑，2018 年 10 月出版）

取道烟台的"知北游"

朱相如

　　1949 年春，中共中央在指挥解放军解放全中国的同时，也在积极开展新中国的各项筹建工作，决定邀请各界知名人士齐聚北平，参加新的全国政治协商会议，以共商建国大计。

　　其时，为躲避国民党的迫害，大批拥护中国共产党的民主党派领导人、工商业家、文化教育、新闻界的知名人士都去了香港。也有许多民主人士因身在国民党统治区，不能从江南直接进入北方的解放区。所以，早在 1948 年 8 月，中共中央就专门派员前往香港，和华南分局、香港工委一起，经过一年多的充分准备、缜密筹划，分批分期地把国统区的民主人士从各地集中起来，取道香港经海路安全地把他们送到解放区去。

　　遵照党中央的指示，烟台作为北方最早解放的港口城市，先后迎接和欢送了多批由海路前来的民主人士，转由陆路送他们前赴北平，让他们得以跨越重重障碍和各种困难，及时地参加第一届全国政治协商会议，为新中国的筹建工作做出了重大的贡献。

　　其中 1949 年 2 月 28 日，始从香港出发的这批途经烟台参加新中国筹建工作的著名民主人士，有叶圣陶、马寅初、王芸生、沈体兰、郑振铎、刘尊棋、傅彬然、陈叔通、包达三、张志让、宋云彬、徐铸成、赵超构、吴全衡、张绚伯、张季龙和柳亚子夫妇、曹禺夫妇等共二十七人。那时的香港，虽然不是国统区，但到处都晃动着国民党特务的身影。港英当局也在察觉到有民主人士要转道香港前往解放区的动向后，加强了巡查和戒备的力度。

　　为了确保叶圣陶等人的行程安全，中共代表潘汉年、许涤新、夏衍、乔冠华等人对这次行动的各个环节都作了精心的安排。2 月 25 日他们开始从各地前来香港集结，为确保行动不走漏一丝风声，组织行动的负责同志让他们在成行前的两三天里，换了三四家旅馆住宿。27 日，他们分头登上了挂有葡萄牙国旗准备北上的"华中轮"。这是一艘五百吨的小货轮，合法的搭客也仅有十二个人。为了顺利启程，上船前便把扮作搭客之外的人，化装成了船上的职员。其中，陈叔通、包达三等年迈老者装作出行的富商，带着随行的女士、小童，以搭客身份登船。其余的人则分别根据自己的擅长，选择假扮船上不同身份的员工：如宋云彬的身份变作了船上的总务，叶圣陶则成了船上的记账员，张吉龙出任副会计员，郑振铎变为船上的押航人员。而身材稍露富态的马寅初先生，出现在厨房里的锅灶前，当上了掌勺的"大菜师傅"。一向西装革履、风度翩翩的王芸生、徐铸成、赵超构、刘尊棋等报人主笔们变化更大，他们彻底放下了笔墨文人的架子，换上了一身精短工装，扮成了

图 1　1949 年 2 月，前往解放区的各界人士在"华中轮"上合影。第二排坐者右一马寅初、右二陈叔通、右三柳亚子，第三排右二叶圣陶、右三郑振铎

忙碌于舱房甲板上的船员工友。

尽管这番乔装打扮费尽了心机，但还是没能避过意想不到的险情的来袭——第二天，2月28日上午9：30，开船前港务局的海关人员上船作例行检查时，翻查得颇为仔细，他们在马寅初手提箱失手掉落的瞬间，看到满地零散的东西里有一张可疑的照片，那是寅老全面抗战前与朋友们的一张合影，里面的人物全是西装楚楚、袍褂俨然的社会贤达。海关人员警觉地当即指称道，这船上肯定搭有重要客人，便打算扣船不放。当时身奉组织之命送马寅初他们上船的赵沨，见状便随机应变，掏出了两百港币，悄悄塞给了现场的海关警察，请他们前去喝茶，才得以度过了这场意外的惊险。

船离港后，柳亚子按捺不住心中的喜悦，迫不及待地赋作七绝一首："六十三龄万里程，前途真喜向光明。乘风破浪平生意，席卷南溟下北溟。"同船的诸位民主人士也仿佛是正在从地狱奔向天堂一般，莫不眉飞色舞、心旌摇荡。此时，放松了神经的叶圣陶，也赋出了"世运方知春渐至，向荣致实愿双修"这样阳光的诗句，倾诉了他们历尽冬霜，久遭压抑，深盼春归的一腔衷情。

3月1日，一天的乘风破浪，让这些北归的民主人士兴奋得晚上也睡不着觉了。在诸多"乘客"自发举办的晚会上，他们吟诗、猜谜，欢腾了一个通宵。这台波涛伴奏的海上晚会的主题，是叶圣陶先生为大家出的一个谜语定下来的。这个谜语是"我们一批人乘此轮赶路，请打《庄子》的一篇名"。坐在他身旁、一向思维敏捷的宋云彬立即猜中了谜底——他答说："就是那篇《知北游》。"这个谜语不仅为这次海上的晚会规范了主题，还为这次知识分了的北上行程，冠上了自己的大名——"知北游"。宋云彬猜中了叶圣陶的谜底，便嚷着向他索要一首诗作为奖品。叶圣陶为此吟得了这样的一律："南运经时又北游，最欣同气又同舟。翻身民众开新史，立国规模俟同谋。簣土为山宁肯后，涓泉归海复何求。不贤识小原其分，言志奚须故自羞。"诗中充分表达了他们即将参与筹备新中国时的兴奋心情和坚定信念。沿着叶圣陶启动的诗兴，柳亚子迅速完成了一首和诗："栖息经年快壮游，敢言李郭附同舟。万夫联臂成新国，一士哦诗见远谋。渊默能持君自圣，光明在望我奚求。卅年匡齐惭无补，镜里头颅只自羞。"抒发了"万夫联臂成新国"

时，"镜里头颅只自羞"的无限慨叹。一宿尽欢。4日早上，天灰蒙蒙透亮时，宋云彬的和诗也完成了："梦叟寓言知北游，纵无风雨亦同舟。大军应作渡江计，国是岂容筑室谋。好向人民勤学习，更将真理细追求。此行合有新收获，顽钝如余只自羞。"

这真是个诗意盎然的夜晚，当黎明的曙光射进舱舱的时候，陈叔通老人的"纵横扫荡妖氛靖，黾勉艰难国是谋""总冀丛生能解放"、张季龙的"开浪长风此壮游，八方贤俊喜同舟"等大气优美的诗篇也随着金色的朝暾诞生了。他们在诗中表达的涓泉归海复何求的心愿，以及要和人民一起参与新中国建设的铿锵心声，充分显示了他们对新中国的真诚热爱和无限向往。船行外海，风浪有些大，海上漂泊，难免旅途之苦。颠簸中"晕船者殆居半数"之多，但因为大家都沉浸在对新社会的憧憬之中，抑制和平复了许多旅途中的不适，心情也没有受到多大的影响。倒是文友之间的诗词酬和、每天都有的晚会，加上平时的谈天说地、高谈阔论……生生地将一次穿越风浪的渡海之行转化成了一次意趣横生的惬意之旅。柳亚子先生在3月2日的日记里记道："上午作诗，和圣陶下午雀战。黄昏开晚会，陈叔老讲古，述民元议和秘史、英帝国主义者代表朱尔典操纵甚烈，闻所未闻也。邓女士唱民歌及昆曲，郑小姐和包小姐唱西洋歌曲。云彬、圣陶唱昆曲。徐铸成讲豆皮笑话，有趣之至。王芸生讲宋子文，完全是一副洋奴神态，荒唐得不成体统了。"日记生动地记录了他们这次北上生活的惬意画面。

在行程的最后一次晚会结束时，与会者众意"谋一档全体合唱的节目"，他们绞尽脑汁，想来想去，最后还是选择了《义勇军进行曲》这首歌曲。巧合的是，数月之后，这首歌曲隆重地被选定为新中国代国歌。

3月5日下午，"华中轮"船抵烟台港。由于该船系葡萄牙的外籍轮，3时许，海关人员便先行登轮查验，4时多，待船靠上了码头，柳亚子立即便有了"阔浪长风六日程，芝罘登陆见光明"的诗句。叶圣陶在船进港时，也详细地记下了自己此时的所见所闻："山前屋舍并列，防护堤卫护于港口，山头有积雪。"码头上，胶东军区参谋长贾若瑜和烟台市委副书记、市长徐中夫等党政领导人齐聚迎接"知北游"的著名民主人士。在马寅初先生的提议下，"知北游"一行与贾若瑜参谋长、徐中夫市长等领导，在烟台港码头

图 2 "知北游"一行进入烟台解放区上岸后的合影。前排左三为贾若瑜

上留下了珍贵的合影。泊进烟台港，踏上了解放区的土地，大家悬着的那颗心终于落地了。蔚蓝的天空下，胶东军区参谋长贾若瑜（1955 年被授予少将军衔，是中国人民革命军事博物馆的第一任馆长）于热烈的气氛中，在码头上主持了烟台市委、市政府举行的隆重欢迎仪式，让"知北游"一行的民主人士们备感解放区的温暖。

欢迎仪式结束后，所有的民主人士都被安排到那些外国人留下来的别墅里休息，捧出这些烟台最好的房间，接待奔向解放区的民主人士，充分表达了烟台军民对民主人士的坦诚与尊敬，也深深地感动了这些对新中国无限向往的社会名流。3 月 6 日晨，年近半百的华东局秘书长郭子化、宣传部副部长匡亚明专程自青州赶抵烟台，代表华东党政军领导机关和解放区人民，对民主人士抵达山东解放区表示诚挚的欢迎和慰问。对于老相识郭子化的前来迎接，柳亚子怀有一种别样的激动。他在日记中留下了一段专门的介绍文字："郭子化先生，大家都尊称他为'郭老'，他为人和蔼，闻在淮海战役中，我方曾动员了野战军及民兵、民工近百万，在后方的供应和组织上，郭老曾担负过重要的责任。在迎接过我们一行不久，华东局决定南下，郭子化先生则留驻在山东，担任了中共山东分局成员和山东省人民政府第一副主席。"

柳亚子对解放区的热烈欢迎激动不已，便对各位领导都赠诗以酬，欣表心衷。其跋谓："六日华东局秘书长郭子化同志偕宣传部副部长匡亚明同志

自青州远道来迓，各赠一绝。郭为苏北邳县籍，与睢宁为邻县；匡则苏南丹
阳人，私淑亡友苏曼。"赠郭子化："旧雨睢宁未寂寥，远追周郭近张姚。
天涯更喜逢翁伯，邳县人才此骏骁。"赠匡亚明："地覆天翻百战余，乡音
入耳故徐徐。说诗匡鼎君无愧，同向樽前话曼殊。"这一天，"知北游"一
行的民主人士集体巡视了烟台市区。当时恰逢国民党海军"重庆"号起义驶
入烟台港之际，国民党的飞机频频来袭，所以烟台市区气氛有些紧张，许多
商铺都已关门，市面上极为萧条。即使如此，民盟盟员徐铸成，还是看出了
胶东半岛上的这座城市曾经的繁华，他在回忆录中写道："烟台相当富庶，
各行业中，以孟家（即在北平开瑞蚨祥绸缎业之孟家富商）财力最大，不仅
绸布业、钱庄、南货等均在其经营的范围内。"徐铸成先生还在烟台的一家
书铺"淘"到了一本东北出版的《毛泽东选集》，非常高兴——"红布面、
一厚册，如见异品，即购买一本。暇时详读，如获至宝。"晚上，郭子化、
匡亚明又在合记贸易公司设宴，用张裕葡萄名酒享客，"宾主尽欢"。餐后，

图3 "知北游"一行离开莱阳三里庄（今属莱西）时留影

烟台党政军民"欢迎来烟民主人士大会"在丹桂街胜利剧院隆重举行，市领导徐中夫，民主人士柳亚子、陈叔通、张䌹伯等，其间与群众亲切晤面，并分别在会上致辞。会后，民主人士与烟台群众一起观看了胜利剧团第二大队评剧部演出的《四杰村》和《群英会》。"其唱做皆不恶"。戏剧评论家徐铸成说道："演员年轻而极有功夫。盖烟台一带，平剧素有根蒂，旧北京剧界，一向亦视烟台为畏途也。"

3月7日，"知北游"一行离开烟台，移居离莱阳县城约三十里地的三里庄。为安全起见，民主人士被分别安排在当地农户家居住。徐铸成先生与傅彬然先生同居一室，因傅嗜睡，头一沾枕即鼾声如雷，声达户外，以至于糊着白纸的窗户都被震得发出簌簌的声响。徐铸成不胜其苦，曾说："每至深晚，蒙被后始能安睡四五个小时。"早晨起床后，他们看见农家院墙挂满了地瓜干，屋顶及晾台上则晒满了玉米，房东告诉徐铸成，他们一年到头均以此为主食，平常难得吃顿麦子面食。在和村里干部闲聊时，村民从地窖里取出正宗的莱阳梨招待客人。皮色虽然有些发黑，但去皮后甜嫩无比，果然是名不虚传。

宋云彬在当天的日记中记道："此地亦为老解放区，军民融洽如一家人。十时许，招待者分别引导余等至农家借宿，余与刘尊棋同睡一铺土炕，被褥已然铺就，正解衣欲睡时，忽然，招待员又来敲门，谓顷悉此间屋主系一肺病患者，怕有沾染故已另觅借宿处，请即刻迁往新宿处云云。足见忠厚的烟台人招待之周也。"

3月8日，民主人士在附近另一村庄参加了为庆祝"三八"妇女节召开的华东妇女代表大会。叶圣陶先生应邀出席并在大会上做了讲话。晚上，当地党政军民又集会欢迎"知北游"一行诸人。会场设在大野田间，前列摆着炕桌，有烟茶瓜子之类招待，民主人士就地坐在铺地的褥子上。对于长期在大城市生活的知识分子，烟台人如此的仪式显得新奇别致，别开生面。叶圣陶在日记中记道："随后演了四出反映解放区生活以及军队优良传统的节目，有《拥护毛主席八项条件》《交易公平》《积极生产支援前线》《南泥湾开荒》等"，"场中蓝天为幕，星月交辉，群坐其中，有如在戏场之感，此从来未有之经验感觉也"。柳亚子还在会上自动要求登台致辞，在激情的发言中大呼："拥护毛主席，拥护共产党，打倒蒋介石，打倒美帝国主义！"徐铸成回忆这一天时这样写道："连日所见、所闻，意识到我们已由旧世界、旧时代开始走进新天地、新社会矣。"对此，他们在日记和回忆录中都做了详细的记录，为后人留下了一份带有生命体温的鲜活记忆。

3月9日，"知北游"一行离开莱阳西行北平。那时，从烟台去北平，铁路尚未恢复正常行驶，华东解放区的领导就用轿车、吉普车组成了安全护送车队，在护送的同时还组织他们沿途参观，以加深对于解放区的了解和认知，加深对于解放区人民的感情和印象。18日上午10点，"知北游"一行经过近二十天的海陆兼程抵达北上的目的地北平。

（图文由烟台芝罘历史文化研究会提供，原载《老照片》第148辑，2023年4月出版）

1949 年徐悲鸿与江丰的会面

王 涵

1949 年 1 月 31 日（正月初三），经历四十八天围城后，古都北平迎来了和平解放。两天后，北平市军管会由河北良乡（今属北京）迁至北平城内办公。

负责接管国立北平艺术专科学校（简称"北平艺专"）的，是军管会下属文化接管委员会文艺部美术教育处工作二队。这个工作队对外又称"华北大学美术工作队"，由艾青、江丰领导，成员主要是解放区华北大学第三部美术科的师生。1948 年 12 月 16 日，当华北野战军、东北野战军完成对平津地区的合围之时，他们即接到命令，由学校所在地河北正定，急行军三百多里抵达北平西南的良乡县城。经过一段时间的培训，于 1949 年 2 月 2 日晚11 时，在江丰带领下，乘坐两辆卡车开进北平城。

第二天上午，解放军在正阳门箭楼举行了盛大的入城式。北平城万人空巷，市民们纷纷涌上街头迎接解放军。北平艺专的教授们也行动起来，他们在临街房屋的墙壁上画起了解放军的壁画、宣传画，学生们则爬上解放军的坦克欢呼雀跃，还相互在衣服背后写上"天亮了"。北平军管会主任叶剑英在庆祝大会上发表了激动人心的讲话："我们今天，在自由的天空、自由的城市，庆祝人民自己的伟大胜利！"

下午，北平艺专校长徐悲鸿来驻地看望工作队，这时工作队住在草垛胡同 12 号，这是一座紧邻故宫的宽敞院落。一进大门，徐悲鸿就看到一个身穿黄绿色军装、佩戴着军管会蓝白布臂章的小姑娘，正在院子当中作画。徐悲鸿驻足观看了一会儿，对小姑娘和蔼地说道："你画得很好，以后可以到

图1 1949年，华北大学美术工作队在北平草垛胡同驻地合影。前排：右一王朝闻、右二罗工柳、右三胡一川、右四王式廓；二排：左三江丰、左五卫天霖、左六吴劳；三排：左一彦涵、左三林岗（中央美术学院校史馆供图）

北平艺专来深造。"

这时，同样着一身军装的江丰迎了出来，热情地招呼他进屋落座。谈话间，江丰向徐悲鸿展示了几件解放区美术工作者创作的新年画，徐悲鸿俯下身饶有兴致地一幅幅细看，看后连连称赞。江丰又指着其中一件《娃娃戏》年画介绍说，这就是你刚才见到的那位小姑娘画的，她是华北大学美术科的学生冯真，还是创造社主将、著名左翼作家冯乃超先生的女儿，十五岁就只身一人去了解放区，今年才满十八岁。这张年画在老解放区受到群众喜爱，在华北大学美术工厂印过六十万份。

听了江丰的介绍，徐悲鸿顿时心生敬意。对解放区的美术作品，徐悲鸿并不陌生。1942年，正在重庆筹办中国美术学院的徐悲鸿，就对全国木刻展上古元等解放区美术家的作品大为推崇，他曾激动地宣称："我在中华民国

图2　徐悲鸿

三十一年十月十五日下午三时，发见中国艺术界中一卓绝之天才，乃中国共产党中之大艺术家古元。"

古元是江丰在延安鲁迅艺术学院（简称"鲁艺"）时的学生，后又在江丰创办的鲁艺美术工场任木刻组长。这样看来，解放区的艺术教育确实培养路径正确、人才辈出。特别是江丰等解放区美术家创造的"新年画"，与徐悲鸿两年前正式提出的"新国画"，在观念和实践上异曲同工，都代表着新艺术发展的方向。

在主张表现现实生活的写实技法上，在利用旧形式创造新艺术的探索上，徐悲鸿与江丰的艺术观点是高度契合的，而在具体实践上，解放区显然已走在了前面。在徐悲鸿看来，由国外引进的现代木刻，短短十余年间，发展为与中国传统民间年画相结合的新年画，是这一新兴艺术"渐有民族形式"的重大进步。徐悲鸿当即提出，要在艺专举办一个"老解放区年画展览"，让艺专同人都有机会观摩学习。回来后，他又为《进步日报》撰写了一篇《介绍老解放区美术作品一斑》，专门谈了他对这些"生气蓬勃，真趣洋溢"的美术作品的观感："都是普及民间的艺术品，而且具有丰富的教育意义……这种与生活感情相溶化的艺术品，当然为大众所爱好与接受。"

江丰原是一位很有才华的木刻家，是鲁迅倡导的新兴木刻运动的代表人物，1938年赴延安，在中国共产党领导的第一所艺术院校鲁迅艺术学院任美术系主任，后又任华北联大、华北大学美术系（科）主任。他是延安最早探

图3 1949年，进入华北大学美术工作队的冯真（右）
和邓澍（中央美术学院校史馆供图）

索新年画的美术家，不但自己创作，还创办了年画研究室和鲁艺美术工场。
解放战争中，他带领师生随部队转战，一面创作，一面投入当地土改工作中。
1946年秋，他们到达冀中平原腹地束鹿县（今辛集市），当地一家年画厂找
到他，希望帮助设计一些新年画，江丰就组织师生开展起新年画创作，还自
办印刷厂大量印制新年画，深受群众欢迎。

　　对接管艺专，江丰也早有准备。两年前，几个北平艺专的学生来到解放

区，江丰就主动去看望他们，向他们详细地了解艺专情况。1947年中秋，他还在一次座谈会上兴奋地谈到他对全国解放后美术工作的设想，从美术学校的接管、改造，到未来的美术出版工作，都有细致全面的考虑。

徐悲鸿和江丰的这次谈话，没有留下更多的文字记载。从徐悲鸿文章中的叙述看，他大概还向江丰介绍了他多年来一直倡导的写实主义，而向来快人快语的江丰，也向他宣讲了毛泽东在延安文艺座谈会上的讲话精神——文艺要面向工农兵。对此，徐悲鸿反省说："我虽然提倡写实主义二十余年，但未能接近劳苦大众。"通过江丰的介绍，徐悲鸿领悟到，新政权强调的文艺方向，是"都以毛泽东先生的文艺政策为依据，以工农兵为题材的主体"。

江丰性格直率，说话善于一下子把问题揭开并抓住实质。对于旧知识分子的思想改造，也是入城后接管工作的重点。几年后，江丰在纪念徐悲鸿的文章中也提到："他过去的教育思想，受了时代和环境的局限，并没有突破旧现实主义的范畴，因而还存在着很大的弱点，这就是还没有把教育的目的和人民的需要结合起来作为教育事业的出发点。……解放后，由于徐先生勇于追求进步，接受了毛主席所指示的'为工农兵服务'的文艺思想，于是他的教育思想起了显著的变化，开始认识了人民的教育事业必须与人民的需要相结合这一原则。"

这两位先后担任第一届、第二届中国美协主席的美术家的会面，是1949年后解放区与国统区美术家汇流的起始。对于新生的政权来说，这两支力量的领导者，需要在政治上先形成同盟，共同创建新的美术工作和美术教育体制。

此时学校还在放寒假，对艺专的接收就在这个假期中缓慢、慎重地进行着。入城前，军管会主任叶剑英再三强调："对文化接管要慎重，尊重文化界，要斯斯文文地对待他们""不要随便讲话，一般干部先少去，要尽量精干，其余的人先（在外面）住着，开训练班，俟旧人员逐渐由辞职调走，慢慢将我们的干部放进去，最后达到完全控制。"按照这个指示精神，工作队先由艾青以军管会代表的身份进入艺专，其余人员暂时不去学校，在江丰带领下开展美术宣传工作。

在这个除旧布新的寒假中，徐悲鸿还让艺专教师把近两年的作品集中起来，也举办一次展览，邀请解放区的同志来观看、座谈。他这样做的用意，当然一方面是诚恳地希望得到解放区干部的指导，同时也是为了证明，自己在艺专推行的写实主义，与解放区提倡的文艺方向不谋而合。对于这个安排，艺专教授艾中信后来回忆说："当时我们并不热心，因为心里很虚。徐先生说，请老区的同志看看，无妨。"

2月21日，这个展览在艺专大礼堂举行，江丰率工作队成员应邀来参观了展览。按照军管会提出的纪律要求，"老区的同志很客气"。在下午2点开始的座谈会上，江丰首先肯定了艺专教师的作品都是写实的，这一点和解放区的美术作品相同。接着，他重点谈了"深入生活"和"民族性"两个问题。艾中信说："他没有正面提出我们的缺点，其实我仍心里有数。"

新学期开学后的3月8日，叶剑英签署命令，由沙可夫、艾青、江丰、李焕之、王朝闻五人组成的艺专接管小组进驻学校。同日，按照徐悲鸿的提议，北平艺专大礼堂举办了"老解放区美术作品展览"，展期大约持续了一

图4 冯真《娃娃戏》年画

图5 徐悲鸿中国画《在世界和平大会上听到南京解放的消息》

个月。这次展览轰动了整个北平城，被视为"解放区美术创作成就的总检阅"，是"中国共产党通过展览这一具体的形式，向国统区的美术家们指出今后美术创作的方向"。

展览开幕第二天，徐悲鸿观看了展览。他最欣赏的是王式廓一小幅套色水印木刻《改造二流子》。他在这件作品前"留恋很久"，逢人就招呼大家都去看看，又现场点评道："论题材这是最重要的主题，而且新颖；论构图，这幅画最完美；论人物，最成功；论技巧，最高明。"他还向人打听作者在哪里，提出可请他来艺专当教授，"来领导中国青年艺术家，那么中国艺术的中兴，是一定可以实现的！"徐悲鸿对展览中冯真的《娃娃戏》、林岗的《赵桂兰》、罗工柳的《地道战》等作品也都给予了充分肯定，他甚至断言："新中国的艺术，必将以陕北解放区为起点。"

新政权也给予徐悲鸿很高的礼遇。北平解放后，他的社会活动不断，这期间很多民主人士也陆续来到北平，徐悲鸿见到不少老朋友，更感到共产党真是人心所向、万方辐辏。3月3日，他在华北文协召开的"欢迎文艺界人士并交换意见"茶话会上发言："毛主席的文艺政策是艺术史上的大革命，毛主席明确地指出文艺应为劳动人民服务，解决了中国文艺界没有解决的问题，使今后一切的努力有了正确的方向。"3月中旬，他被推选为出席"第一届世界保卫和平大会"的代表，并于3月29日至5月25日随中国代表团出访捷克斯洛伐克和苏联。

4月23日中午12时，在捷克斯洛伐克首都布拉格民族歌剧院会场，大会主席忽然宣布：解放军已攻陷南京。参加会议的各国代表闻讯都站立起来热烈鼓掌，又纷纷和中国代表拥抱表示祝贺，十多分钟后，整个会场才安静下来。到了下午，又有一队捷克青年代表涌入会场，给中国代表团的每位成员都献上鲜花。受现场热烈气氛鼓舞，徐悲鸿当即开始构思创作大型中国画《在世界和平大会上听到南京解放的消息》。这件尺幅长达三米多的作品经过多次修改，回到北平后才定稿完成。画面按会场布局选取了上下三层人物欢庆的场面，上面两层是剧场座席上起立欢呼鼓掌的外国代表，下面一层是涌入会场主席台和中国代表团握手拥抱的人流，中心视线正对一幅自上方座席悬垂而下的红色条幅——中国代表团赠送大会的标语："全世界和平力量团结起来，粉碎战争挑拨者的阴谋。"整幅画面绘有近百位神态、动作、服饰、肤色各异但都喜悦激动的人物形象，包括可一一辨识面部的二十七位中国代表。这件作品在题材、构图、人物、技法等方面都有突破，在体现徐悲鸿一向主张的写实风格基础上，也明显借鉴了解放区年画的构图和色彩特点，特别是注意了政治性的主题表现。这很容易让人联想到不久前他对王式廓作品的评价。这件精心构思绘就的作品，是他对自己当时理解的中共新文艺方向所做的探索，也是他发自肺腑地为新中国诞生奋袂欢呼的献礼作品。

（原载《老照片》第 148 辑，2023 年 4 月出版）

当代花木兰郭俊卿

王端阳

去年，央视记者曾采访我关于郭俊卿的故事，现在的年轻人甚至中年人恐怕都不知道郭俊卿，但在 20 世纪 50 年代，她可是大名鼎鼎，被称为"当代花木兰"。

1931 年，郭俊卿出生在辽宁省凌源县一个贫苦农民家庭，1937 年随父亲逃荒到内蒙古巴林左旗。1945 年为了给被地主害死的父亲报仇，她隐瞒自己的真实性别，又将自己的年龄报大两岁，用假名郭富参军。在部队先后当过通信员、警卫员、班长、连队文书和副指导员，后任某机炮连党支部书记。在艰苦的战争岁月，她女扮男装五年之久，和男同志一样，冲锋陷阵，鏖战疆场，为中国人民解放事业出生入死，先后荣立特等功一次、大功三次、小功四次。

为了不暴露女儿身的秘密，她从不脱衣睡觉，也从不和大家一块上厕所、洗澡。1950 年 4 月，郭俊卿患了严重的妇科病住进医院，这才被医生发现了女儿身，不得不向党组织如实汇报了自己的性别。

1950 年 9 月，她作为中国人民解放军第四野战军的代表出席了全国战斗英雄代表大会，受到毛泽东、朱德等党和国家领导人的接见。中央军委授予她"全国女战斗英雄""现代花木兰"称号，荣获模范奖章、勇敢奖章、毛泽东奖章各一枚。

正是在这次大会上，我父亲王林采访了郭俊卿并给她拍了三张照片。

图 1 是郭俊卿与四野战友们的合影。

图 2 是郭俊卿在大会的舞台上。此时郭俊卿穿的是裙服，很有意思。据央视的导演讲，这是他们看到的郭俊卿穿裙服的唯一照片。

图1　1950年9月，参加英模大会时郭俊卿（右一）和四野战斗英雄们合影。王林摄

图3是郭俊卿和岳慎的合影。岳慎是沙可夫的夫人，著名女演员，1949年她刚拍完影片《中华儿女》，即东北抗联八女投江的故事。

我父亲在日记中记述了这件事：

1950年9月28日

二十八日上午八时……参加英雄大会。给郭俊卿和另一海军照了像（相）。……郭俊卿还是十九岁的女孩子。……郭：单眼皮，眼泡。她的特征应该是两眉中间偏右的小痣。

今天我一边听英雄报告，一边不自主地想传奇郭俊卿。我想这样传奇（指编写剧本——编者注）一下，思想上也提高得有战略意义，叫她每次立功都能与大局有关。比方第一次送信，使林总发觉敌人进攻承德的企图。第二次冲锋立功，是阻击沈阳敌援助锦州，迟滞了这一路敌人，使战局起重大变化，这也就是提高一步，有思想了。

一般人只会对她的女扮男装，如何不被人发觉感兴趣。我想这样传

图 2 1950 年 9 月，郭俊卿身穿裙装在全国英模大会上。王林摄

奇一下：她一次投军，正巧林彪带队往东北奔，林拒绝了她。她那次送信时，被林生疑，她也看出，却飞腿上马，顽皮地说："女孩子会有这么好骑术？"却又脚勾马鞍从地捡起一块石头，投向空中，惊起一老鸦，她来了个鹞子翻身，举枪打中，向林一挥手，说："女孩子会有这好枪法！"又一笑飞跑远了。林叫人追回来问她，她却蹿过敌人火网跑远了。

阻击沈阳敌时，林从望远镜中看见这个小班长了。等解决了锦州的大兵团赶来，换下她们这一部时，林要求见见这小班长。于是打破了这个谜。

（在剧本中）又想安一个班长（后升排长）不自觉地和她发生了爱情。他老想他的爱人表妹，老说郭像他表妹。在阻击战中冲山顶半途中牺牲了，还有一口气时，郭说了实话，而且称他是爱人：反动派逼着我们在死后才敢成为爱人。排长叫她完成任务。她说我带着我们的爱情，准能完成任务！举起红旗冲到山顶上去！这样，观众关于恋爱的趣味也会满足，又不致庸俗和落入俗套。

图3　1950年9月，在北京全国英模大会上，郭俊卿（右）和岳慎合影。王林摄

307

图4　照片背书：荣军张树义，一九五〇年九月在全国英模大会，王林

　　有意思的是，我父亲还想以郭俊卿的事迹写成一部传奇的小说，甚至在现场就开始构思起来。遗憾的是他并没有动笔。

　　九年之后，军旅作家陆柱国将这个题材写成电影剧本，并由八一厂拍成影片《战火中的青春》。影片中那位女扮男装的主人公高山，就是以郭俊卿为生活原型。

我父亲看了这部电影，在日记中写道：

1961 年 2 月 28 日

下午在礼堂看电影《战火中的青春》。很感动人，很振奋人心。无产阶级花木兰——副排长高山，是根据郭俊卿的故事创造的。1950 年秋全国第一次英模大会上，我见过郭俊卿，并且给她照过像（相）。这个演员比真郭俊卿稍胖些。女性味道更浓一些儿。要是那么浓的女性味道，郭俊卿在连队里"混"不了三四年的岁月。这个片子很成功。

2019 年为了纪念共和国成立七十周年，央视决定拍摄那些为共和国奋斗过的英雄时找到我，我将我父亲拍的那三张郭俊卿的照片提供给他们。

除了郭俊卿，我父亲还拍了一张残疾荣军的照片（图 4），主人公叫张树义，是被人背着来到会场的，遗憾的是没有关于他的文字。我立此存照，期望知道的人能够把他的故事讲出来。

（原载《老照片》第 133 辑，2020 年 10 月出版）

廖静文与天津美院学生的合影

刘葆松 口述　英　子 整理

1953 年 9 月 23 日，担任第二次文代会执行主席的徐悲鸿，突发脑溢血。9 月 26 日晨，徐悲鸿逝世于北京医院。消息传来，震惊整个美术界。

徐悲鸿先生去世后，其妻廖静文先生就捐出了位于东城区东受禄街 16 号自家的宅院作为"徐悲鸿纪念馆"，以存放徐悲鸿先生的绘画真迹，并供各界民众参观。

1955 年 4 月，天气乍暖还寒，河北师范学院美术系（后改名为天津美术学院）1953 级和 1954 级两个班的部分学生，相约一起去北京参观徐悲鸿纪念馆。

这天一大早，同学们先是乘火车从天津出发，9 点多钟到达北京站，后又坐公共汽车到达了北京东城区的东受禄街。这是一条很偏僻的、知名度并不高的胡同，据说原是晚清时供官方视察的一处"官厅"，民国时又改成了巡警阁子，后来逐渐形成了一条东西走向、中间是回形、东南角有个小广场的胡同。胡同里有几十个院落、上百户人家，据说这里还居住过设计景山后街上两栋军方大楼的总工程师宗甫先生，而徐悲鸿的故居是当时胡同里最大的院落。1948 年徐悲鸿先生搬来时，也许正是看上了这条胡同里的清静和文化氛围吧。

1954 年之后，这条胡同又成为新中国的第一座美术家个人纪念馆的所在地。因为徐悲鸿纪念馆成立不久，再加上地处偏僻和当时传媒手段的不发达，知晓徐悲鸿纪念馆的民众并不多，所以来此参观的人也很少。

在春寒料峭中，一座砖木结构的平房院落出现在同学们面前，大门楼子前挂有郭沫若亲笔题写的"徐悲鸿纪念馆"匾额，门扇半启，花木扶疏，一切都显得非常安静、清洁和雅致。

班长周之骐（图1第二排左一高个子男生）轻轻地推开了院门，出现在大家眼前的是一座砖木结构的三进院落。据长年居住在东受禄街的居民韩忠魁回忆："（东受禄街）最大的一个院落是16号徐悲鸿纪念馆。著名画家徐悲鸿一家1948年搬到这个院落，1953年他病逝后改为纪念馆，他的家人仍住在这里。……我记得，当时参观门票是一角钱。"

这座院落里有三个跨院，全都开辟为展室，几条甬道把花园展室连在一起。展室里没有摆放别的家具，只展出徐悲鸿先生的素描和油画，还有他生前在画室里使用过的部分生活用品。展出的素描大多是在法国创作的，最有气势的展品就是那幅油画《田横五百士》，这幅油画长349厘米、宽197厘米，创作于1928至1930年。

图1　参观徐悲鸿纪念馆，与廖静文（第二排左四）合影

接待这批学生参观的是副馆长陈晓南教授（图1第二排左二穿浅色风衣戴帽子者）。陈晓南（1908年2月—1993年10月），别名晓岚，曾用名桂荣，江苏溧阳人。陈晓南教授曾于1930年至1934年在南京中央大学艺术系师从徐悲鸿先生学画，1940年又进入徐悲鸿先生创建的中国美术学院为副研究员，擅长铜版画。当时，陈教授负责徐悲鸿纪念馆的日常管理工作，负责接待访客并做讲解。记得陈教授一幅一幅地讲解着徐悲鸿先生作品的由来、创作年代和主题、艺术特征等，两个多小时的参观活动在陈教授的带领下，在庄重而严肃的氛围里完成。

整个参观活动完毕后，陈晓南教授让大家稍等一下，看能否请廖静文先生出来，和天津美院的同学们合影留念。

说着，陈教授的身影消失在展馆的后院。

不一会儿，廖静文先生从后院里走了出来，在她的身后，还有两个探头探脑的孩子，三四岁的样子，在甬道上跑来跑去。

时年三十三岁的廖静文先生身材苗条，面目清秀，梳着最朴素的齐耳短发，身着黑色的厚毛衣，带着淡淡的微笑，落落大方地走到大家身边，接受大家的问候并向同学们致意。

于是，同学们簇拥着廖静文先生（第二排左四）站着，扎着长辫子的女生莫韵学和张玉新还特意挽起廖先生的手臂，在1955年4月的一个正午，这群佩戴着校徽的美术系学生，留下了一张珍贵的合影（图1）。

从照片上，可以看到徐悲鸿纪念馆前的山桃花刚刚绽放。按照当时的节令，已是清明过后，而从廖静文先生和同学们的衣着来看，当天的气温一定很低，这说明寒冷的气氛还在笼罩着北京城，这一年，北京城的冬季一定比较漫长。

仿佛在一转眼之间，几年时光就过去了，天津美术学院1953级绘画系的学生已经到了毕业的时候。

1957年的夏季，1953级美术系的同学又聚合在一起，在班长周之骐的带领下，在照相馆里照了一张毕业合影（图2）。拿这两张照片进行比对，会看到同学们在几年的艺术熏陶之后，精神风貌已发生了极大的变化。之前的那种青涩之气荡然无存，女生多数已剪发，并烫了时尚的大波浪，显得成熟了许多；黑发浓密的男生也梳起了整齐的分头，身着白衬衣的样子干净又整洁。特别请大家留意的是，全班同学胸前佩戴的不再是长条的校徽，而是一个正方形的毕业纪念章。一戴上这个纪念章，就说明大家即将分手离校，四年的同窗不久将会风流云散。

坐在前排左二、左三分别是班长周之骐和他未来的妻子张金英（名字不太准确）。这一对金童玉女已确定了恋爱关系，他们不久将结为夫妻，并一起分配到甘肃兰州工作。而当时的我（图1二排右二穿深色风衣者，图2三排左一穿西装者）也有了自己心仪的女生，只是还没有来得及表白。

坐在周之骐旁边的是云南人杨学儒，杨学儒个子很高，肤色黑，说着一口难懂的云南话，同学们给他起了个外号叫"大猩猩"。

还请大家注意的是，图2下面有两个小字"鼎章"。"鼎章照相馆"是清末民初由广东人黄国华创立于南京，最初叫"恒昌照相馆"，摄影师是宁波人王子铭。后来，天津盐商王奎章出资，由王子铭接手后更名"鼎昌"。"鼎

图2　毕业合影

313

昌"添置新式布景，专门为淑女名媛拍艺术人像，影响力渐渐提升为天津照相业的首位。1912年又由王润泉和李耀亭集资四百元接手后改名为"鼎章"，两位经理翻建了二层楼房，开设了三个摄影棚，引进了美制转镜照相机，社会影响力更大。到20世纪20年代，鼎章照相馆职工六七十人，年营业额高达八九万元，黎元洪、梅兰芳、周信芳等各界名流都来这里拍过照。鼎章照相馆的著名摄影师李耀庭，曾在孙中山先生于1924年12月4日下榻于天津张园之际，抢拍下了他一生中的最后一幅照片。孙中山先生于1925年3月12日去世后，这张照片加印数千张传遍了全中国，鼎章照相馆更加名声大噪。

20世纪的天津民众，能去鼎章照相馆拍一张照片，代表着时髦和面子。所以，历届的天津美术学院的毕业生们，自然都会选择鼎章照相馆拍照留念。而图1那张与廖静文先生的合影，也是在鼎章照相馆冲洗出来的，全班同学每人一张，惠存终生。

事实证明，鼎章照相馆的照相洗相技术的确一流，虽然历经六十余年，这两张老照片一点也没有泛黄、褪色、脱皮、折皱，至今看来还是那么清晰，还是让人浮想联翩。只是照片上的人物，大多已经凋零。唉，物是人非，睹物怀思，只能让人感叹时光的无情。

注：历史上，天津美术学院几经更名，1953年至1957年，其名称先后为河北师范学院、河北天津师范学院。为便于读者理解，统一用现名"天津美术学院"。

（原载《老照片》第133辑，2020年10月出版）

我与曹诚英的故事

胡恩金 口述　曹立先 整理

曹诚英是中国农学界第一位女教授。1902 年出生于安徽绩溪旺川，1925 年进入南京东南公学（中央大学前身）农艺系读书，1934 年赴美国康奈尔大学农学院主修遗传育种学，1937 年获硕士学位回国，先后在安徽大学农学院、四川大学农学院和复旦大学农学院任教，讲授园艺育种和遗传学。1952 年任沈阳农学院教授，在马铃薯品种改良和高产研究方面取得突破性进展。1956 年被聘为沈阳市政协委员，是九三学社社员，1973 年在上海病逝。

曹诚英是我的四姨奶奶，按照安徽绩溪羣岭以北乡镇的习惯称呼，称之为四姨婆。我和她相识于 1946 年，最后一次见面是 1964 年，其间多有交往且互通书信。她随信寄来的一些照片，至今已有五六十年，我始终珍藏在身边，作为永久的纪念。

点滴家事

曹诚英的父亲曹耆瑞是我的曾外祖父，自幼外出经商，在武昌开设师竹友梅馆从事装裱业务，经营茶庄遍布武汉三镇。曾外祖母为安徽休宁人，名曰汪耆淑，与曾外祖父生有三个女儿。过去男婚女嫁讲究门当户对，曹家三姐妹都嫁给了有钱的胡姓大户人家。长女大娟嫁给绩溪宅坦胡观泰，二女桂娟即我的祖母嫁给绩溪上庄胡祥钧，三女细娟嫁给绩溪上庄胡适同父异母的三哥胡嗣秠。曾外祖母去世后，曾外祖父续娶了四川女子谭莲子为妻，生有二子诚克、成恭（幼亡），一女诚英。曹诚英是曾外祖父的第四个女儿，字佩声，乳名丽娟，诚英是家族行名。

我的祖父胡祥钧是徽墨世家胡开文创始人胡天注的八房胡贞松之子，原为汉口胡开文贞记墨店制墨师。1900 年在上海创办了徽州胡开文墨庄。1909 年正式向上海工商局申报注册，店号为"广户氏老胡开文"，经营徽墨、墨汁、毛笔及其他文具用品，在上海本埠广设分号，还在汉口、南京、北京、天津等地设立分号和销售点。

我的父亲胡洪钊是祖父的独子，生于 1906 年，1928 年毕业于上海复旦大学土木工程系，1929 年前往美国康奈尔大学攻读土木工程专业，1932 年获硕士学位。他是继胡适之后安徽绩溪上庄又一位出国深造的学者。

我的生母也是绩溪曹家的女儿，生育了我们兄弟姐妹四人，不幸于 1951 年病逝。1952 年，父亲与继母结合，又生了一弟一妹。

上海相识

抗战胜利后的第二年，即 1946 年的一天，听家人说父亲的四姨曹诚英要从重庆来上海，那年我刚十岁，还在小学读书。早就听说父亲有一位亲四姨是大学教授，我想她一定很有学问。没过几天，我家来了一位身材修长、容貌秀丽，脑后盘个发髻，说得一口江南普通话的中年女士。父亲介绍，这就是四姨婆曹诚英。抗战时期，她在迁至重庆的复旦农学院任教。抗战胜利，又随复旦农学院迁回上海。她举止端庄文静，和蔼可亲，在我心中留下了深刻印象。在我家住了几天，四姨婆就去上海江湾的复旦农学院教书了。

以后几年，每到寒暑假四姨婆都要到我家小住。尽管她在上海与不少同学和好友经常来往，而最亲近的亲戚只有我们这一家。我们全家对她很敬重，且照顾周到。当然她也感到无拘无束，如同在自己家里一般。按辈分我父亲是她的外甥，但实际上只小她四岁，又是美国康奈尔大学的校友，一见面就有说不完的话，而且每次都是用徽州话交谈。那时我年纪小，听不太懂他们的谈话内容。

四姨婆在复旦大学期间，有时周末我也去看她。当时她住在教授宿舍，记得是日本式的砖木结构二层小楼，虽然居室较大，但陈设比较简单，只有几件校方配备的常用家具，更多的是各种书籍。那时我去她家，基本是在每周六下午放学后，或是她亲自来接，或是派学生接，当晚就住她家，周日再回自己家。

四姨婆还请了一位绩溪小同乡照顾生活，她也就十六七岁。有一次我去的时候正好四姨婆不在，小同乡拉我进卧室，掀开枕头，从底下拿出一个镀金的心形项链吊坠，打开吊坠盒，发现里面有一张男人的照片，告之是胡适，并说这是四姨婆最宝贵的东西，天天陪伴她。

四姨婆走上讲台是一位博才多学的教授，回到家里是个勤劳能干的普通徽州妇女，她会做家务、针线活。我在她身边也渐渐学会了洗菜、做饭等活计。她爱好文学，每天有空就读书学习、写诗词，解放前就在一些刊物上发表过诗词文章，也常常给我讲古今名著中的故事；她喜欢打桥牌，具有相当的水准，曾教过我几次，可惜我没学会；她带我去复旦大学试验田，看她的试验成果，饶有兴趣地畅谈栽培的小麦和马铃薯等农作物。我从小生长在城市，既不懂农作物，更不知农业劳作的艰辛，好比听天书，不知所云。为不使她扫兴，我只是一个劲儿地点头表示赞许。

武汉祝寿

1950年冬，四姨婆的母亲，即我的曾外祖母八十寿辰，她要去汉口祝寿，征得我父母的同意，带我一同去了武汉。那是我第一次离开上海，自然很高兴。我们从上海乘轮船出发，在长江里航行。沿途每经过一个城市，四姨婆都要拉着我走上甲板，扶着栏杆远望，跟我讲每一个城市的沿革、人文历史及名胜古迹。她对每一个城市都非常了解，说起来如数家珍，娓娓动听。我那时十四岁，就觉得她学识渊博，懂的东西多。从上海去武汉的轮船是溯江而上，船行速度慢，航行了整整三天。但一路上与四姨婆在一起，听她讲故事，饱览途中景色，也不觉得寂寞。到了武汉以后，我见到了寿高八十的曾外祖母，此时她已双目失明，卧床不起。

在武汉，我们住在四姨婆的哥哥曹诚克家中，房间很宽敞，给我留下印象最深的是书房，面积有二十多平方米，除了满柜子的书，还有各种矿石的样品。曹诚克早年赴美留学七年，获得威斯康星大学采矿冶金专业硕士学位，在开发有色金属矿产方面功绩卓著。他曾任国民政府资源委员会矿务局局长，淮南煤矿矿长，武汉工学院院长，北洋大学、南开大学教授。解放后在武汉任中南区有色金属管理局总工程师，后长期患病，瘫痪在床，20世纪60年代病故。四姨婆与哥哥的感情特别好。她后来曾对我讲，自己赴美留学得到了哥哥和胡适的鼓励资助，回国后，婚姻和事业皆不顺，一度上峨眉山带发修行，又是哥哥亲自前往，苦劝她下山重返教学岗位。

在曹诚克及家人的陪同下，我们前往曹家开设的师竹友梅馆旧址、汉口前花楼瑞馨泰茶叶店和地处武昌的胡开文笔墨店参观，游览了武汉的名胜古迹，品尝了当地的名菜佳肴。武汉之行使我大开眼界，增长了不少见识。

沈阳创业

在我的记忆中，四姨婆的身体一直不太好。她有肚子疼的毛病，发作起来很厉害，有时一天发病几次。每次都是喝下一杯热牛奶，用热水袋敷肚子，待打出几个嗝后，疼痛才慢慢缓解。四姨婆平时生活非常节约，省吃俭用，牛奶是她最高级的营养品。

1952年，全国高等学校进行大规模院系调整。教育部决定复旦大学农学院除茶叶专修科外全部迁到沈阳，与东北农学院的部分专业合并成立沈阳农学院。本来根据四姨婆的身体情况可以得到留校照顾，但她不顾自己体弱多病，毅然服从组织安排，告别久居的上海，随院北上，到气候严寒、生活条件艰苦的沈阳创业。

在沈阳，有的教授不能适应那里的气候和环境，允许调回上海。而体质薄弱的四姨婆意志坚定，克服困难，坚持工作在教学第一线，结合教学内容开展马铃薯的选种、栽培研究，并获得成功。1954年，她在试验田里播种的马铃薯亩产达到2163公斤，而当时传统种植的马铃薯平均亩产仅为605公斤。鉴于她突出的政治表现和优异的工作成绩，1956年当选为沈阳市政协委员。

四姨婆一生坎坷，爱情婚姻又不顺。虽有才华，却未能很好施展，理想和抱负难以实现，心情郁郁寡欢。而我家兄弟姐妹多，重男轻女传统观念浓厚，只管我吃饱穿暖，不冻不饿，至于其他方面很少得到温暖与关爱。四姨婆见我文静、遇事不争，比较讨人喜欢，就跟我亲近起来，甚至想带我去沈阳读书上学，与她生活在一起，互相有个照顾。那会儿，我虽在家里是个可有可无的人，可真要离开家时，却又舍不得，最终没有跟她去沈阳。

春节相聚

1955 年，我高中毕业后考入哈尔滨外语学院（现黑龙江大学外语系）。哈尔滨距沈阳比上海近，每当假期不回家或回上海路过时，我就去沈阳看望四姨婆。每次相见我们祖孙俩倍感亲切，有说不完的话，叙不尽的情，假期结束返回哈尔滨时，总觉得还没待够。在这个时期，四姨婆教我如何做衣服，亲手替我裁剪，手把手教我缝纫，为我制成一套睡衣。

1956 年寒假，我和男朋友陈德宏去沈阳与四姨婆一起过春节。沈阳农学

图 1　丙申年（1956）春节，胡恩金与陈德宏在沈阳农学院教师宿舍楼前合影。曹诚英就住在楼房的二层

图2　曹诚英在沈阳农学院教师宿舍内阅读报刊

院的家属宿舍分甲、乙、丙三种，四姨婆住的甲种最好（图1），是一幢小楼，楼的周边是花园，门前有一小块地，种了一些植物。她房间的席梦思床、两用沙发和写字台的座椅都是从上海带来的，略显陈旧，书架上的书也不多（图2）。

那可真是一个难忘的快乐节日。四姨婆家里特别热闹，不仅有沈阳农学院的师生，还有从上海来的学生，带着爱人孩子，约好了一起过年。那天四姨婆穿了一件自己裁剪缝纫的藏蓝色士林布中式上装，流露出喜悦的神情，我穿了一件花布短棉袄紧紧靠着她（图3）。中午吃饭时，四姨婆风趣地说："我这里是个祖孙三代，子孙满堂，其乐融融的大家庭！"饭后，大家在楼前合影（图4），我、陈德宏和四姨婆也单独合影留念（图5）。

1958年，四姨婆因健康原因提前退休，仍住在沈阳农学院，并不遗余力地关爱莘莘学子。

1959年2月，我回上海过年，中途下车去沈阳看四姨婆。她得知我准备毕业后结婚，就送给我一张价值24元的全年邮政有奖储蓄单，作为结婚

图3 丙申年（1956）春节，曹诚英与胡恩金合影

图4 丙申年（1956）春节，曹诚英和亲人、学生们合影。曹诚英坐中间，立者左起依次为谢群、居毅、周久剑、张存瑞、舒瑞芝、未知、胡恩金、陈德宏，前排三个孩子左起依次为谢平、谢彭、周敏

图 5　丙申年（1956）春节，曹诚英与胡恩金、陈德宏合影

礼物。同年，我大学毕业分配到北京，结婚时用四姨婆送的钱为自己买了嫁妆——一件天蓝色的上衣，一条藏蓝色的裙子，一双天蓝色的皮鞋。

1962 年，恰逢四姨婆六十周岁生日。她写信告诉我，学院农学系的师生们为她精心组织了祝寿活动，张克威院长亲自祝酒。随信还寄来了照片（图6），背面写着参加生日家宴的人员名单，时间是 1962 年 3 月 3 日（图 7）。四姨婆在信中感言："度过了她一生中最隆重的一个生日。"

"文革"相助

1964 年，我回上海探亲，得知四姨婆也在上海，住在她同学家。我就和哥哥一起去看望，四姨婆告诫我们要接受批评教育，好好改造自己。哪想，这竟是我和她的最后一次见面。

1966 年"文化大革命"开始，我上海的家遭到了厄运。六十岁的父亲被打成"现行反革命"，判了 15 年徒刑，送安徽白茅岭劳改农场服刑。

图6　1962年3月3日，沈阳农学院师生庆祝曹诚英六十岁生日，左起依次为陈其本、张克威（院长）、曹诚英、谢群、王缺、徐仁杰

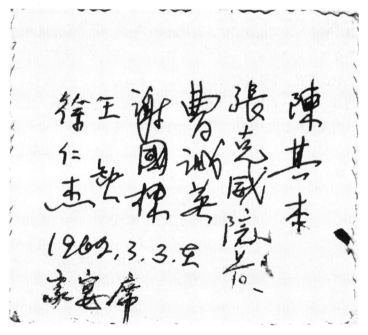

图7　图6的背面，为曹诚英的笔迹

父亲被抓去劳改后，家里断了经济来源，原来住的一栋西班牙式三层小洋楼，除了一层的一间客堂间和亭子间，都被强制收回。大弟弟结婚后住了亭子间，祖母、继母和弟弟妹妹只能挤在客堂间里。

继母曾告诉我，在我家遭难后，四姨婆给了家里很大帮助。因为我家原来的楼房里又搬进了三户人家，那时电费是按人头均摊，邻居之间常因电费闹矛盾。为缓解紧张关系，要每户自装一个电表。可是我家根本拿不出 70 多块钱的安装费。四姨婆知道后就替我家出了这笔钱。此外，她平时在生活上还经常接济继母。

由于四姨婆曾同所谓的"大战犯""反动文人"胡适有过一段恋情，在"文革"中深受折磨。而她和学生在一起的"革命家庭"被诬蔑为"资产阶级大家庭"，定性为"反动组织"，四姨婆是"黑家长"，被无休止地批斗，逼着交代问题，使她的病体雪上加霜。

1969 年，四姨婆离开沈阳，孤身一人回到绩溪县城居住。由于身患多种疾病，她需要去上海的大医院就医，经常往返于上海和绩溪两地。临终前，四姨婆又去上海治病，那时我那个上海的家实在没有能力接纳她。在她住院期间，继母和小妹曾到医院探望。每次相见，四姨婆总是深情地回忆起与胡适的一些交往，言语中流露出对胡适的风度和才华的无比钦佩，并坦言所结识的人之中，没有一个能超越胡适。

2005 年，我第一次回到绩溪老家，得知四姨婆安葬在家乡，就去瞻仰了她的墓。当我发现墓碑上只有文字，没有遗像，便主动提供了珍藏了半个世纪的照片，出资 2000 元委托当地村委会和老年协会专门到景德镇制作了陶瓷照片，镶嵌在墓碑上，使她的音容宛在，浩气长存！

（原载《老照片》第 115 辑，2017 年 10 月出版）

周总理请我们全家去做客

高 敏 口述 韩丙祥 整理

我爷爷高亦吾是周恩来总理在沈阳读小学时的启蒙老师，因为这层关系，我爸妈生前与周总理一直有书信联系。1961年夏季，我在淄博煤矿小学读二年级时，记得我和弟弟妹妹在爸妈的带领下，去过周总理家做过一回客。全家还和周总理合影。这是令我们很幸福的事情，爸妈后来也多次提起这件事。

姥姥给我们换上新衣服

那是1961年暑假的一天，我正在院子里写作业，妈妈手握一封看过的信兴冲冲地对我说："敏，别写了，带上你学习得的奖状，我和你爸带你们上北京。"

我一听十分高兴，就对妈妈说："是上我姥姥家吗？" 妈妈似是而非地说："也是也不是。"这时，我想起了我们少先队员唱的："我爱北京天安门，天安门上太阳升……"就蹦跳着喊了起来："我要看见北京天安门了，我要看见北京天安门了……"弟弟和妹妹也拉着妈妈的衣服说："我也去，我也去……"妈妈对我们说："都去！"

图1 高亦吾当年送给周恩来的个人照

记得我们是坐火车到的北京，先住在一处旅馆里，然后去看望了在北京居住的姥姥。姥姥看我和我弟妹衣着破旧，忙找出表姐、表弟的新衣服给我们换上。我看到妈妈在偷偷抹眼泪，听姥姥对妈妈说："这是去见党和国家领导人，穿好点也是我们对领导的尊敬。"原来，是周总理来信让我们全家去做客。

午饭吃的是红烧肉和大米饭

第二天上午，一辆专车拉着我们全家在一处大房子前停下。我印象最深的是弟弟、妹妹是被抱下车的，我个子高腿脚灵活，是自己下来的，在大房子的台阶上我看到走下一个人，和蔼可亲地和爸爸、妈妈握手，爸妈让我们喊"伯伯"。我就大声喊："伯伯好！"弟弟、妹妹太小不懂事，妹妹才四岁，是周总理抱着她进屋的。特别是在吃中午饭的时候，我们围坐在圆桌旁，总理一边吃饭一边和爸妈说话，我清楚地记得那顿饭吃的是大米饭和红烧肉。弟弟吃得快，吃完了还想吃，总理就亲自给我们三个人不断地往碗里夹菜，这顿饭让我们吃得好开心啊！直到现在我也记得清清楚楚。

周总理看我戴着红领巾，就问我："上几年级了？"我说："二年级。"说着，我就把在学校里得的奖状拿出来给总理看，总理看了十分高兴地说："好！好！"他看到我好动的弟弟在这里跑跑，到那里看看，就拿出一副乒乓球拍和两盒乒乓球送给了弟弟，把一个装塑料皮的学习本子给了我。嘱咐我们一定要好好学习，将来能成为国家有用的人才……在总理请我们全家和他合影的时候，总理把我和弟弟拉到他跟前，妹妹太小一直很拘束，妈妈只好把她拉到自己身边，一只手牵着她，她这才对着镜头好像是很不习惯地拍下了这张珍贵的合影。

听爸妈说，总理当时很喜欢我弟弟，要将其留在身边读书，因弟弟太小又认生，最终没有留下。临别时，周总理还给奶奶写了信，托我爸妈给我住在济南的奶奶带去了燕窝，给了我们咖啡和白糖等食品。

图 2　周恩来总理右边是我的爸爸高肇甫，左边是我的妈妈李玉英，身前三个孩子从左至右
分别是妹妹、我和弟弟。摄于 1961 年

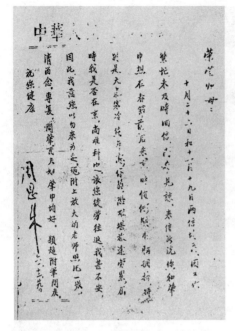

图 3　周恩来总理写给我奶奶的亲笔信

从不透露与周总理的关系

周总理对我和弟弟妹妹的嘱咐，我们一直铭记在心。我们的学习成绩和获得的奖状，那些年都是寄到北京向周总理汇报。1965 年，周总理给我家寄来一本《毛主席语录》和五套毛主席像章。我拿着《毛主席语录》在学校抄写黑板报，同学们都十分眼馋，老师也感到很惊奇，但我们为了不给周总理添麻烦，一直没把我家和总理的关系向外透露。

我们全家这次之所以能去北京住了近一个月的时间，事后得知是因为这一年毛泽东、刘少奇等国家领导人都去了上海。总理这才挤出一点空闲时间叫我们去了一趟北京。今年我已经六十四岁了，也退了休，但我跟爸妈上北京看望周总理和总理那和蔼可亲的音容笑貌却使我终生难忘。

（原载《老照片》第 113 辑，2017 年 6 月出版）

赵紫宸的最后二十年

朱 炜

赵紫宸是 20 世纪最具影响力的神学家之一。他系美国范德比尔特大学神学学士、普林斯顿大学荣誉神学博士，历任东吴大学文理学院院长、燕京大学宗教学院院长，曾为 1941 年圣公会会长，1948 年世界基督教协进会成立大会六位主席之一，拥有世界级宗教领袖的身份。他代表中国基督教人士，到过瑞士洛桑、耶路撒冷、英国爱丁堡、印度坦巴兰、加拿大惠比特、美国普林斯顿、荷兰阿姆斯特丹等地参会、讲学或布道。毕其一生，他都在致力于建立"本色化"的神学，处处眷顾文化和历史的本土处境，使基督教信仰真实而富有活力地切合中国的实况，被誉为"向东方心灵诠释基督教信仰的首席学者，鼓舞人心的老师，卓越的诗人"。

2015 年底，浙江省德清县委统战部与新市镇政府欲着力提升东升公园，将之打造成紫宸园，以纪念从此走向世界的赵紫宸先生。受县民宗局之聘，我全程参与了此事，往来于南京大学、苏州大学和上海中国基督教两会，搜集整理赵紫宸的文献和照片资料，不敢怠慢。直到有一天夜里，读赵紫宸的《耶稣传》，震惊于它的每章标题均辑自与耶稣事迹相对应的中华古籍，太动人了，给我无穷的兴奋和欣赏。

赵紫宸的《耶稣传》是第一部中国人撰写的《耶稣传》。第一章辑文天祥诗"宇宙方来会长"，第二章辑《庄子》"而特不得其朕"，第三章辑朱熹《大学章句》"全体大用无不明"……第六章辑范仲淹文"山高水长"，第七章辑杜甫诗"世上万事无不有"，第八章辑《论语》"循循然善诱人"，第九章辑《楚辞》"吉日兮良辰"……第十二章辑陶渊明诗"心知去不归"，第

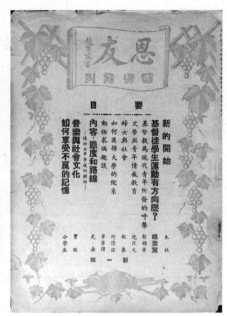

图 1　赵紫宸著《耶稣传》　　　　图 2　赵紫宸题刊《恩友》

十三章辑张载《西铭》"乃浑然中处"……第十七章辑李商隐诗"上帝深宫闭九阁"，第十八章辑佛书"如是我闻"。

仅透过这些精心的编排，不难想见赵紫宸的修养和形象，学贯古今，融通中西；若说他的造诣、地位和境界，即使不能前无古人，后面亦恐怕少有来者，至少现在还没有谁能够超越。燕京大学流传有一种说法，"整个中文系不如半个赵紫宸"，燕大校歌的歌词就是他写的，一直唱到燕大并入北大为止。他自云雨工牧子，一生诗作总在两千首以上，刊印有《打鱼》《玻璃声》《南冠集》，遗稿《烬余集》，晚年还自修了俄文，编了一个剧本《璇玑图》。

回到赵紫宸的故乡德清县，从某种意义上说，斯地堪称民国江南文脉的枢纽。仅以读书为例，莫干山人会去当时的首都南京，乾元人会进省城杭州，而新市人会跑到有"纽约"之称的苏州，赵紫宸就属于后者。

虽不再富裕，但房屋是很宽敞的，有两个天井相连，前小后大，进屋要先走两重石库门。这个地方叫新市东栅东升赵宅，赵紫宸1887年出生于此，

图 3　赵紫宸 1907 年受洗成为基督徒

西邻一路之隔的戴侯祠和清风桥，南濒市河接京杭大运河，交通极为便利。父亲赵炳生为新市北街一家估衣店的朝奉，"忠厚兼豪迈"，母亲周氏生有三子，赵紫宸为长子。赵紫宸幼年上过塾馆和仙潭学堂，父亲原想让他考个秀才，辍学后命他接班做学徒经商，他却常求神拜佛，矢志于读书。有一次，他在戴侯祠求签的结果不合心愿，遂编了个善意的谎言，菩萨让他去读书。恰此时苏州新办了一所萃英书院，系新学堂，他说服了父亲，又用母亲的积蓄交了学费，后入姚坞中学，毕业后考取由美南监理会创办的教会大学东吴大学，通过勤工俭学完成学业，并受洗成为监理会之基督徒。经赵紫宸之传道，他的父亲、母亲、妻子都是虔诚的基督徒。

　　1941 年，赵紫宸因燕大教授案入狱，被囚于日本宪方监狱一百九十三

图4　赵紫宸1939年复活节在燕京大学

天。一天夜里，他梦回生养他的故乡老屋，他穿越天井，走出黑漆大门，在一个小天井里，看到了自己的父亲在洗澡。父亲望见他，从浴盆里站起来，但忽然头眩欲倒，就按住额头，大声地说："我站稳了。"他惊醒了，听到铁窗外的钟声正好敲了十二下，后来他自解其梦。父亲洗澡是暗示他进日军监狱是接受精神上的洗濯，站稳了是坚定立场不示弱。等到日军投降之日，他傲然地说："日本人从哪里赶我出来，我现在向哪里回去！日本人从哪里进来，现在就向哪里滚蛋！"须知，他是极少动粗口的，谦谦君子，铮铮铁骨。在狱中，他还作诗遥寄女儿赵萝蕤："人说吾家凤，声清甚可听。《荒原》新道路，锦瑟归珑玲。斗室兰心素，书城玉案清。碧梧栖欲老，离乱几年经。"

赵萝蕤认为父亲的"宗教信仰有着深厚的哲学基础"，是"创造性地研究、信仰基督教哲学"。差不多七十年前，也即1947年底，赵紫宸在浙江大学做过一个讲演《基督教精神与民主潮流》，提到："有人认为基督教是西方文化的产物，拿到中国来是否合适呢？也许同中国文化还要发生冲突，这是错误的。文化不需要尽相同才能交流

图5 赵紫宸1964年像

的。"又说："爱、牺牲、信仰，这就是民主的基本。"1948年冬，赵紫宸未就美国协和神学院客籍教授之聘，毅然回国，正赶上北平和平解放，于是率领燕大学生及部分契友进城宣传中国共产党的宗教政策，同时召唤长子景心、三子景伦、女儿萝蕤以及学生蔡咏春等回国报效。

1949年9月，赵紫宸与赵朴初等七人作为宗教界民主人士代表，出席了中国人民政治协商会议第一届第一次全体会议。翌年，周恩来总理三次接见他，阐明政府的宗教政策，并对基督教的问题及未来工作给予指导，其后他于7月28日参与发起宣言《基督教在新中国建设中努力的途径》。紧接着，美国介入朝鲜战争，而世界基督教协进会表示支持，他愤而辞去该会主席一职，号召基督徒要抗美援朝，并带领学生参加反奥斯汀言论的集会和游行。此后，他又亲自领导了中国基督教三自爱国运动。

有人说，历史总会选择一二最有代表性的人物，将时代的种种不幸都凝聚其一身。一如陈寅恪是20世纪中国文化极为难得的一个历史标本，赵紫宸亦为当代中国的文人提供了一个价值标杆。然而，检视李维楠编《赵紫

先生学术年表》，对赵紫宸从 1959 年到 1979 年最后二十年却完全失载，可见赵紫宸生前很早就已开始陷入寂寞孤独之中。私心以为，这段特定的心路历程不该空白，补缀出来尚有可观之处，至于是否合时宜，知我责我，则留待读者了。

赵紫宸的最后二十年的大背景是：1952 年，知识分子改造运动从天而降，中共北京市委工作组进入燕京大学，要求"人人过关"，并且发动全校批斗校长陆志韦、宗教学院院长赵紫宸以及哲学系主任张东荪，要求人人与他们"划清界限"。《邓之诚日记》如是记载 1952 年 2 月 25 日的场景，"晚七时开大会向赵紫宸提意见者百余人，有要求撤职查办者，至十二时一刻时毕。赵受洋人豢养，为之效力作谍至去冬犹未停止。"后三人又晋升为全国知识界的"反动标兵"，赵紫宸的一大罪名是他在不久前当选为世界基督教理事会六主席之一，足以证明他和国际宗教界反动势力相勾结，另一大罪名是几年前他和美国总统艾森豪威尔等人同台接受普林斯顿大学颁发的荣誉博士学位。批判者振振有词问道："物以类聚，人以群分。谁不知道，艾森豪威尔是一个双手沾满人民鲜血的战争贩子，那么和他沆瀣一气的赵紫宸难道不是名副其实的美帝国主义分子吗？"什么逻辑！

在这场运动中，赵紫宸过着停职反省的生活，开始研读美国神学家尼勃尔的神学著作，并在数年后写下七万多字的评论，《赵紫宸文集》中没有收录该文，但从他与友人的通信中可知，他写作的主要目的是对尼布尔的反共立场进行批判。

《圣经·哥林多前书》第十三章说："凡事包容，凡事相信，凡事盼望，凡事忍耐。"面对 1952 年以来的遭遇，他有一段时日赤裸着身体在屋内徘徊，一个驰名中外的学者型领袖这样的精神恍惚，说明他内心痛苦到什么程度？他没有选择一言不发，而是决定只发一言。1959 年 4 月 29 日，《人民日报》刊登了他的署名文章《不要扬起沙土弄瞎自己的眼睛》。

1961 年，燕京协和神学院和金陵协和神学院联合，赵紫宸被聘为名誉教授。1964 年 3 月，全国政协文史委编《文史资料选辑》第四十三辑收录了他写的《燕京大学的宗教学院》。在个人思想总结部分，他开始自嘲："一个新的政治局面却在我面前像太阳一样升起来，那夜鹰的眼睛就睁不开了。"

图 6　赵紫宸 1968 年手抄本

他将自己比喻为夜鹰，借夜鹰折翼贬低自己的政治觉悟和在新中国的所作所为："1952 年到如今，几乎十年了；十年之中，我经过了社会主义教育，整风'反右'，和长期的学习，得到了更大的解放，懂得了更多的真理。"

　　"文革"初期，赵紫宸因替吴晗、邓拓、廖沫沙和翦伯赞等人申辩，受到残酷迫害，遣送北京西郊农村劳动。

　　1973 年 2 月 27 日至 3 月 31 日，赵紫宸在一个红色塑料皮的日记本上写自传《我的回忆》，约十二万字。7 月 1 日，他致老同学吴芷芳信，谈道："我自己年迈，除赴浴池外，已不出门。耳聋，眼濛濛，不能出门看电影大戏。独坐无聊，尚手不能释卷，只是'但知大略'，'不求甚解'。说起病，器官尚好；说起无病，则动脉硬化，闻觉渐离，大便秘结，血压高涨，夜眠不易，全是老人难免之苦。"是年，蔡咏春、黄秀英夫妇去看望近二十年没有音信的恩师，老人在如厕，赶紧束衣迎接，还执意留下吃饭，让蔡咏春念念不忘的是他颤颤巍巍站在椅子上去取罐头招待的情形。黄秀英后来回忆道："劫后重逢，本有说不完的话，但我们似乎彼此都有一种默契，绝口不提不愉快的事。包括后来的多次拜访在内，都只有一般的闲谈而已。加以赵先生严重失聪，他的听力本已开始减退，'文革'时又遭殴打，几乎完全丧失了听力，我们多半靠手写来同他交谈，再也不能像从前那样畅所欲言了。虽然如此，我们仍然感觉彼此的心曲均在不言之中。"

1976年1月21日，周总理追悼大会之后，北京民众依然拥挤在天安门广场英雄纪念碑四周恸哭，敬献花圈，赵紫宸深受感动，乃创新格，写一七律如此："谁不争缠左臂纱？谁不恸哭泪如麻？谁忘总理亲群众？谁见精忠爱国家？理论分明心勇敢，悲伤转化力增加，腾腾火炬今人接，还向先人献礼花。"7月，赵紫宸与德国学者古德华会面。

1976年后，冯明禁一次在街上遇见赵紫宸，赵紫宸告之："我过的是三子生活。"问什么意思？答："哄孩子，饭馆子，戏园子。"其实，他为孙子起名颂橘，寓意屈原的《橘颂》，依然反映了他深层的爱国思想。

1978年2月7日，赵紫宸给蔡咏春写信："今天是我1978年春节第一天，后天是我九十一岁生日足岁。"9月，妻子童定珍离世。同年，美国驻华联络处副主任芮效俭的父亲、原美国长老会传教士芮陶庵来中国旅行访问，竟骑着自行车找到赵紫宸家中，老友见面，相谈甚欢。

图7　赵紫宸夫妇晚年合影

1979 年元旦，中美正式建交，赵紫宸在家中收看波士顿交响乐团演出的电视实况，看到中美两国艺术家亲切拥抱，想到中美友谊的新篇章已经揭开，他激动得老泪纵横，连说："好！好！" 3 月，王谨希到北京东城区美术馆后街 22 号赵紫宸家中采访，时赵紫宸午睡后刚洗过澡，坐在沙发上，儿孙绕膝欢聚一堂，虽过九秩，记忆力惊人的好，也很健谈，可惜听力衰退了，和他交谈时必须附耳高声，或者以纸笔代言。7 月 25 日，赵紫宸给古德华写信提到，"我不曾是一个真正的神学家，未能负起应该属于我的担子"；月底，他又写信给学生骆振芳，信中有这样一首诗："自觉锁绝四人帮，重起长征发异光。建国同心成稳定，献身四化到刚强。蓬蓬勃勃霄壤变，烈烈轰轰宇宙昌。纵使艰难还革命，本来革命正开张。"

"亮节惊人完赵璧"，这年 11 月 21 日，赵紫宸走完了他的九十三岁人生，去见上帝了。临终前几个月他还坚持在餐前低头祷告，并时常翻阅《圣经》。令我们略感欣慰的是，赵紫宸在生前得以平反，"盖棺"的职衔为北京市政协委员、中国宗教学会理事。12 月 1 日，赵紫宸追悼会在北京八宝山革命公墓举行，仪式俭朴而肃穆。悼词由赵复三起草，几经修改，最终定稿，指出"正当知识分子能有更好的机会为祖国服务的时候，赵先生不幸逝世。这对我国基督教界是一个损失，我们多年与赵先生相处的后学，更是从此失去了一位导师和长者"。

1988 年，在赵紫宸百年诞辰纪念大会上，雷洁琼代表北京市政协、北京市基督教三自爱国运动委员会、燕京大学校友会、燕京神学院致开幕词。冰心扶病题词："赵紫宸院长是一位慈蔼温和的长者，博大精深的学者，热爱祖国，热爱人民，我们学习他就是对他百年诞辰的最好纪念。"这还是发生在我出生前一年的事。但是近一两年里，我能够有机会集中地接触紫宸先生的资料，并从中经受他的道德的沐浴，也是上天的恩典吧。

（原载《老照片》第 114 辑，2017 年 8 月出版）

京剧前贤马最良先生琐记

贺捷新

写写马最良先生，这个念头很早就埋下种子了——却只是一个纯粹童稚情怀：我九岁在乌鲁木齐二工见过马先生，十岁在石河子农八师见过诗人艾青，啪！啪！脑门儿里盖下了两个印章——一个叫京剧，一个叫文学。艾青我写了点儿，马先生一直没落下笔去。流水落花春去也、秋去也……周而复始，倏忽半世，种子都石化啦！人如信鸽，飞着飞着就飞不回去了。

直至 2020 年秋，才见着了马最良之子马继。缘由是我询问《开封市志》的沙旭升主编，可有马最良的信息否？答曰："马继我熟悉！ 20 世纪 80 年代马继是开封职工信鸽协会会长，我是协会秘书长。我们那时住同院儿。"孰料马继先生跟我一样是少时长在新疆，而后活在开封四十余年，老了老了，方才谋面。

一

马最良先生，原名马叔良，号白眉，回族著名京剧艺术家，马派艺术优秀传人。其父马昆山是马家第一代京剧人，唱老生。其生母哈氏，系北京海淀蓝靛厂哈家之女，是戏剧评论家哈振生的姑母。马最良生母早逝，受长姐呵护成长，其继母系北京京剧界名宿吴钰璋、吴炳章的姑奶。马昆山先生早年在上海入京剧行，送侄子马连良入富连成学戏。几经周折，马昆山复于上海天蟾舞台搭台唱戏，且偕六弟丑行马沛霖、子侄马春樵及其子马君武等一行十余人马家班底，俨然马氏京剧世家矣。

图1　少年马最良　　　　　　　　　　　图2　青年马最良

马最良少时聪颖，一回父偶恙，时最良八岁，为救场替父登台，一场戏下来，台下戏迷不但没怪罪，反喝彩连番！潘月樵说："马老板，您可见洋钱边儿了！这孩子肯定能成角！"马氏京剧艺术家学渊源，是时马最良受教广博，得潘月樵、贵俊卿、瑞德宝等名家指点和受周信芳大家濡染，底子扎得好生牢靠。马叔良时年十四，由堂兄马连良带入北京斌庆社带艺进修。书法家步林屋曾为马连良题字："马氏五常，白眉最良（系《三国演义》之名句）。"连良即为其弟叔良更名最良，号白眉。时马最良与李万春、蓝月春、王少楼并称"童伶四杰"。马连良马最良兄弟二人常去看吴铁庵、孟小冬、余叔岩的戏，马最良还拜鲍吉祥（余叔岩的配角老生）为师，学习余派戏。这样马最良博采南北戏路之长，他擅演马派戏，亦演麒派戏及关公戏，文武坤乱不挡，然马最良先生一生唯以马派老生自谓。

马最良先生十七岁开始置办自己的戏箱、门帘台帐、帷桌椅披，即挑班唱戏。堂兄马春樵、胞弟马宏良、侄子马君武加盟剧团。马最良带剧团巡演

图3　20世纪三四十年代，艺术成熟的马最良

于北京、上海、天津、武汉、青岛、烟台、镇江、苏州、南通、郑州、开封、
太原、西安、兰州、宝鸡、成都，渐渐蜚声全国，尤其誉满西北。1938年马
最良先生与徐碧云等名角为组建西安夏声戏校筹款而义演赞助，且观摩秦腔
事，时盛况空前，是为后来无数老戏迷津津乐道的回忆，越调女老生申凤梅
亦撰文谈及如许旧事。是时马最良声名鹊起，如日之升，时京剧界口碑曰：
南麒北马关外唐，西北有个马最良。

　　然马昆山先生遽受惊吓而去世，兼胞弟马宏良与他分道扬镳，使马最良

图4 马最良与其父马昆山

先生一时陷于困顿。之后 1947 年，经孙文奎介绍，马最良先生到了兰州新生剧校，教戏且演出，以补贴开支。

马继口述道："父亲那些年搭草台班子走遍了中国南北东西，从西安唱到兰州，兵荒马乱，戏台班子那么多人要吃饭，生存着实不易。在兰州给白崇禧唱堂会，从台上下来尚未卸妆，白崇禧就走过来与我父亲叙话合影，又写了一幅墨字赠予马老板留念。两位回族人，邂逅于西北兰州，然此举也留下了隐患。解放初，有人把刊登马最良与白崇禧合影题字的报纸邮寄给新疆兵团京剧团。"

二

马继说，他父亲在兰州由时任一兵团第九军政委张仲瀚动员参加了解放军，加盟九军京剧团。1951年，随王震一兵团进疆。部队实行供给制，父亲带头放弃薪金制待遇，起了很好的表率作用。这使我想起一桩公案：抗美援朝时，马连良先生带剧团赴朝演出慰问志愿军，归国后，因马连良向政府讨要演出工资而受到舆论谴责。可马连良当时带的是自己的戏台班子，马老板发不出工资，可一班子人马都等着买米下锅呢，咋办？

我问马继先生，令尊什么性情？他未加思忖，曰：慈父。又笑道：严母。顿了顿，又补充道：不苟言笑，沉默寡言。父亲一辈子是活在戏里的。马继先生赠我《京剧艺术家马最良图传》，见马最良早年剧照，眸如流星，眉若卧蝉，鼻似悬胆，形容娟秀若女！不由疑惑，说，我少时见你父亲不是这模样啊，要粗犷很多！马继笑道，是新疆戈壁滩的暴雪风沙把他刮粗犷了吧！

叙谈间得知马先生是1913年生人，恰与我父亲同年。两位前辈都是随王震一兵团先后进的新疆，我是1951年在襁褓中被母亲抱着坐军车进的新疆，马继1954年生于玛纳斯——扼守迪化（乌鲁木齐）之门户。昨天马继在小区楼下等候我和沙旭升，我一眼望过去于人群中就认定，那高个子就是马继，马最良的儿子只能是他，不能是别人！眼前这个男人的俊秀白净的脸上，镌刻着新疆和京剧的淡淡余痕，被我一下子读了出来，他身上那种世家子弟的清爽干净气质，我熟悉。马继说他小时候住在乌鲁木齐北门不远大十字一带，兵团文艺团体如京剧团、话剧团、秦腔、杂技团等都是集中在兵团的一个大院里的，大院里的子弟中有一个叫荣光。哦，不错，部队一进疆，新疆军区司令部、军区运输司令部、军区俄文学校、兵团基运处等都分布在北门一带，那时我也是军区运输司令部大院里的孩子。

1957年在自治区文联"大鸣大放"时，马最良先和王筠蘅、蓝月春等演

图 5　剧照

员分在同一组,组内公推马先生和王笋蘅作大会发言。当日王接到岳父去世
电报请假返沪,即由马先生一人代表发言了。三个月后王笋蘅回到兵团京剧
团,发现气氛异常,满墙都是批判马最良和安亭的"大字报"。

有一张旧报纸整版刊有 1957 年马最良在新疆兵团文联"大鸣大放"时
的发言纪要:一、戏剧界的人民代表不能代表戏剧界(案例为个别首长凭个人爱好，把一个没有选举权的十七岁女演员选作政协委员）。二、艺人的待遇依然不够合理（是说上面的政策剧团没有很好落实）。三、外行领导内行会产生矛盾。四、对回族演员的培养重视不够。马先生是因第三条意见被打成的右派。

一早，天尚朦胧，王见马先生执一把大扫把在扫院儿。这时马先生已被撤销副团长，定为右派监督改造了。在人前再没人敢与马说话，至多道路以目。马在改造时吃尽苦头，只能演反派，老本《智取威虎山》派他演大麻子，街头活报剧演杜鲁门，演个正角上台只说一句话就被"打死"了。

可马最良的天是京剧，不是别的，能叫他登台，马最良没趴下，还就是没断过演戏。兵团京剧团一回下基层到阿尔泰山，大雪封山，来年春才能出山，三十六人被困富蕴县，只能靠演出卖票维持生活。马先生和王熙萍等一对一，天天变着剧目演，马先生的剧目即演出了《群英会》《法门寺》《郑成功》《追韩信》等六十余出戏。直至来年春，冰消雪化，出山回团。三个月的收入，除去众人生活开支还上交余款，此番困厄自救之成功，右派老马知途，乃是首功。那年月剧团下基层是常事，哪里苦去哪里慰问演出，一不怕苦二不怕死。1961 年马先生一行赴海拔 4700 米的冰大坂慰问演出，一下车就搭台开演《扫松下书》，中途突然停演，因空气稀薄马先生出现高山反应，休克了！旋即，身怀六甲的女演员赵明华也晕倒了。赵醒时正和马坐在吉普车里，赵对马说，咱爷俩这是怎么了？马先生沮丧道：怎么了？没完成任务就下火线了呗……又，冰天雪地中在乌库公路搭台演出，饿得受不了，就用衣服兜麻雀放在罐头盒子里炖"鸡汤"喝；王筠蘅挖土石方累到吐血，马先生用一块肥皂换俩鸡蛋煮熟了拿给工吃……那年月，如许旧事，比树叶都稠，光荣！

我的纪实散文集《西北有浮云》（2015 年版）写有一段：

1959 年年春节，父亲将马最良先生请来到语文学院唱了几天大戏，全套演员阵容和锣鼓家什，反应热烈。我父亲请马先生等角儿到家里来吃饭，酒过三巡，兵团工建二团团长问能不能请马先生到二团去唱两天。父亲说你问马先生，不要问我。马先生应下。团长又说费用就从工程款里扣除。父亲说那就算了，你们盖楼辛苦，就当语文学院请马先生唱戏犒劳你们好了。马最良先生是沙哑嗓音，像周信芳，作派一板一眼浑身都是戏，直引人入胜！马最良唱的《甘露寺》乔国老一段西皮流水，我的老爸也能唱，这是他的保留节目，常在各种晚会上被掌声请上台清唱这一段。老爸嗓音洪亮、饱满、开阔，一如他本人性情和他浓蘸墨汁写的大字，他用手势自打节拍，唱得铿锵有气势，把顶棚震得哗哗响，惹得台下掌声数起：

他有个二弟汉寿亭侯，青龙偃月神鬼那愁！他三弟翼德威风有，丈八蛇矛惯取咽喉！

长坂坡，一声吼，喝断了桥嗷梁啊水倒流……

印象中老爸唱这一段是 1960 年在新疆大学礼堂，听马最良唱《甘

图 6　1954 年拍摄的全家福

露寺》乔国老则早一年，在新疆语文学院礼堂。

如上文字，河南大学声乐教授景先生读到了，对我说，马最良先生晚年是落在开封的。我深感意外：来开封四十余年了，头一次听说马先生也在开封！景说，他是学京剧出身，20世纪70年代末跟马先生学过戏。再问，景说，马回到爱人老家开封，有病，日子窘迫，晚景凄凉。

沙旭升兄亦言，马先生晚年落在开封，生活惨淡，听说教过马连良在郑州的弟子。马继、马慧均未子承父业，不过马继老生唱得不错，还能唱小生。我一见马继，就觉得马继像他父亲少时的俊朗模样，人又长得白皙，也像他堂伯马连良。马继说，他父亲从兵团京剧团副团长位子上下来以后，世态炎凉之反差，若冰炭，若霄壤，他再也不想看见剧团那些人了。这些我很理解。老来写回忆，我时常会思忖：我的青春岁月，是渍在父辈"牛棚杂忆"中的，既然不甘于被"白眼看鸡虫"，不如干脆一走了之——自行离开学校亡命天涯打小工挣活路去了，这个"老三届"一般都做不到。那些年虽尝尽困窘劳累和饥饿，挨过打也以暴力还击过，但在回忆中已然淡化，笔下书写的，唯彼时期我个人永远保存了的，自由地经历苦难和独立思想不盲从的能力——浩劫之中，没有学坏，就是坚贞。有人问：你是活在回忆里吧。我答：写回忆，恰是活在今天。血脉之因因相袭，我相信是冥冥之中存在的。1929年至1949年，我父亲贺义夫在陶峙岳的湘军，抗战后与上司（中央军）不对付，曾二度甩手走人，脱离部队，欲归乡梓，后来还是曾震五向胡宗南说项，使父亲得以复职。天性里的这个东西，像谁？

三

当年在北京与马最良等并称"童伶四杰"的蓝月春先生说，马最良先生"肚囊宽敞"。这一是说，马先生不保守，想跟他学戏的人他都教，这他做得很好；再是说，马先生博采众长会得多。马派戏、麒派戏、红派戏的发声作派各有"隔行"，可马先生均能融于自身并表演出来，这是他的绝活。

李建勋先生说，马先生有一个"救命音"，那个音儿谁也学不到，那发音是虚着用的，但和调门十分吻合，声音不窄且好听，这种唱法使他能适应任何唱功的戏，即使一时嗓音失润，他也能唱得好听。

20世纪50年代中期，于鸣奎先生在新疆兵团与马最良先生合演过马派名剧《十老安刘》，马扮演蒯彻，于扮演刘长。于说马先生以演马派老生见长，深得马连良先生艺术精髓，且戏路宽，还能演麒派戏。他演马派戏是按京派路子表演，而演麒派戏是按海派路子表演，如是满足了各地域观众的欣赏需求。马先生懂适者生存。又说马先生演麒派并不追求周信芳先生的声音，绝不机械模仿，而是以其特有的一种音质来处理、表现，听起来既悦耳又韵味十足，别人不及！

"宗英秀之歌，派别而今休问马；以白眉为字，君家唯尔最称良"——马连良先生嘱袁寒云为最良撰联。袁寒云先生，梨园真挚友，袁世凯次子，"民国四公子"之一。

兰州女弟子房玉良对于马最良大师京剧艺术时有点滴之悟。入师门半年，先生说："你天赋好，又有武功底子，得把你往你的路子上引，不能只看我现在老了的戏码。"即专请谭派楼亚儒先生给她说《南阳关》。排练演出，先生为她把场、饮场，却不作一字评价，待楼先生评了，才谨慎开口："有灵气，没撒汤漏水……"后来房玉良方知先生良苦用心，因老生都是从谭家发展而来的。

先生教房玉良，嗓子还在会用，演戏还要会演，即张力、扬泄、掖缺、藏拙。先生扮上戏后总寻一僻静处悄吟口白，再于过道处闷声默戏，静若处子，一登台则动若脱兔，即满堂生辉。先生还说，须有心计会偷戏才是。房发现先生台步之奥妙"慢蹯半步稍摇摆，抬眼定神身少倾"，台风即形神兼备了，如《赵氏孤儿》"盗孤"一折，下场，又迅捷半步转身，一手抚箱，一手抖髯，遂以水袖盖头潜下，一气呵成，漂亮之至！又如《龙凤呈祥》后赶之鲁肃，蹯半步气冲冲扭水袖不快而下，"移步不换形，出足必带功"，举凡一摆一快，一快一沉，微妙之间即把人物身份、性格、处境、经历，勾画出一个可循规律，真真妙不可言！先生说，要想着把唱戏变成说戏，把演戏变成不演戏。

——如是意境，实非常人可悟！

图 7　马连良和马最良（右）合影

　　一次演出晚上回来路上先生对房说，咱演的是戏，也是自示做人呐，还得成半个文学家能写，成半个历史学家得懂，还得成半个教育家会教人。

　　——我想，这个，不是什么人都能琢磨成的，先生是把话说给了可说之人。

　　马先生的弟子安云武先生听开封老戏迷说，1936 年看马连良先生在开封演《十道本》等戏，删除了一些念白，但最良先生没删，功力很强，把早期完整台词念给观众，很卖力气，听着过瘾。当初马连良先生创立马派何其艰辛，而马最良先生亦是自己挑班、跑码头，没本事不行！他兄弟二人为了京剧马派艺术，呕心沥血，忍辱负重，奋斗一生。

　　直至纪念马连良先生八十冥诞时，马最良先生年事已高，扮演《龙凤呈祥》的乔玄，和《借东风》的鲁肃。鼓王白登云先生为《龙凤呈祥》司鼓，仅前半出乔玄的一个上场和下场，即亟赞曰：只有马最良先生能走好锣鼓点，他认锣经，这很难得啊！

因上场锣经不能是"一二一"式地踩锣鼓，要踩在节奏之中，却不能踩在锣面之上，要在飘逸之中，在锣鼓总体节奏之中，在饱满的情绪之中上场亮相，这个乐谱上无法标清，是一种微妙的感觉，须演奏者和表演者共融于一种艺术境界。

四

马最良先生由新疆来开封始末：

1972 年开封市京剧团成立。时文化局凌云局长派郭继塘赴乌鲁木齐商调一青年演员。郭偶得一重要信息：新疆兵团京剧团原团长，"修正主义文艺黑干将"马最良刚从牛棚解放出来，赋闲在家，待分配。郭亟将这一信息上报开封市领导。时市军代表同志反应强烈：估计难度不会小，若能把马最良先生请到开封任教，开封京剧团就大有希望了！当即指示郭注意关系影响，下定最大决心，运用最大力量完成任务。郭即与马先生频繁接触，马先生坦荡，竟说，他视"文革"期间被揪斗、关牛棚一段经历为自己极其宝贵的精神财富，使他冷静反思，认识了很多问题，同时也认清了一些人。他说他若能再年轻回去，一定会少走很多弯路。他说如果条件允许，他只想拼命工作，别的什么都不想，都不要。郭就问：如果请您到开封任教，您同意吗？马先生与开封有渊源，有感情，马夫人张素琴是郑州人。马先生当即表示：朝思暮想，求之不得！

1933 年 8 月，马最良先生应梁子恪先生之邀来开封广智院（人民会场）演出《范仲禹》《包公案》等，演员阵容齐整，一炮打响。1936 年 8 月，马最良先生二次应易俗国剧研究院之邀来开封演出《十道本》《法门寺》等剧目，轰动开封城。

郭即向新疆兵团京剧团"支左"军代表提出此动意，对方一口回绝：马最良是新疆兵团京剧团今后工作上绝对不可或缺的人，你们就不要妄想了！郭将新疆方面态度反馈于开封市领导，市领导表示：不管花多大代价也要把马先生请到开封来，要尽快，不能被别的地方先下手。一番周折最后争取到时任新疆维吾尔自治区党委王恩茂书记的同情与支持，马最良先生举家于

1973年搬迁至开封，任教于开封市京剧团。

久已享誉中国的老京剧艺术家马最良先生一到开封，就将开封京剧团当作全新的艺术起点和难得的京剧课堂，立即满腔热情投入工作。他恨不得倾平生所学，把中国京剧行当的菁华，解囊尽授予年轻艺人。他在开封京剧团各场演出施教时的认真、负责，对于演员在台上存在的问题，总能谦虚耐心地给予细大不捐的准确指导，不久演员们都养成了习惯，一下场先找马先生说问题。近半个世纪过去了，当年与马先生有过往来的开封艺人是有口皆碑的。

尽管当时只有八个样板戏，但马先生艺术眼光高远深邃，他说，博大精深的中国京剧若不进行彻底的改革，必然会走向衰亡之路。但无可回避的是，马最良先生京剧艺术造诣和当时的现实之间，不可能不存在深刻矛盾和反差。70年代，开封市京剧团只存在了四年，1975年下半年，开封市突然决定解散京剧团。沙先生说，马最良老先生最后是落在相国寺。我问，在相国寺做什么工作？沙说，看大门。马继说，父亲是1978年回新疆，兵

图8 1979年，马最良、张君秋等人演出《龙凤呈祥》

图9　1979年，马最良（右）的剧装照

团给落实政策平反的，并补发了工资。之前1977年8月被请到河南省京剧团示范演出和教学，又在河北省京剧团任教。其间曾赴石家庄、北京、昆明等地演出。1980年在北京纪念马连良先生八十冥诞演出后，彭真与马最良等演员合影，中央戏剧学院史若虚院长盛邀马最良先生到学院任教，马先生很激动，说一定要把马派早期的濒临失传的剧目都传下去。因故，终无果，双方热望成云烟。

老来品茶，觉前贤马最良先生一生，仿佛是融在了岁月里的中国纯正的茶叶，不管历了怎么样的烘焙压缩，但若遇好水，再遇好茶客懂茶，即刻会舒展自如，浮出淡淡异香，渗出旧日汤色来……

今天马继先生讲了父亲弥留之际的事："1984年父亲赴沪参加麒派艺术研讨会，之后又参加了言少朋先生艺术研讨会，见了不少京剧界故人，很激动，说话多也提劲。回家后，高兴地跟我三伯马庆云喝酒叙旧，不料突发脑梗。在上海医院抢救了十天，不治，慈父于11月27日仙逝，享年七十一岁。

父亲安葬于上海青浦回民公墓。"

马继先生引我看客厅挂的一幅字，说是父亲的旧友写的挽词，我见挽词末题署为："北京八旬叟王孟扬敬挽。"不由喟叹，王孟扬先生，新疆前辈啊！

补白：王孟扬先生，国民政府新疆驻军骑五军马呈祥军长的上校秘书，参加新疆和平起义，回族教育家，书法家。王孟扬和王洛宾两人同在马步芳的马家军服过役，都是北京人，王孟扬是北京牛街回族群众中有影响的人物。王洛宾、王孟扬和王子纯，时称"新疆三王"。20世纪70年代至80年代中期，王洛宾孤独，时背一把吉他，揣一瓶二锅头来王孟扬家蹭饭，一碗炸酱面，几只饺子就酒，就唱起来：可爱的一朵玫瑰花，赛利玛丽亚……1989年王洛宾声名鹊起。在王孟扬追悼会上，王洛宾为老友题挽词，首句曰"哲人归真"，马王二人初逢于沪，相交六十年。王孟扬先生写给马最良先生的挽词里，也有"归真"字样。

归真——土归于土，云归于云。

人，往往仰望浮云，满眼泪痕。

（原载《老照片》第 134 辑，2022 年 12 月出版）

探 亲

新凤霞 口述 吴 霜 整理

我从小过流浪卖艺的生活，对于家观念很淡。解放前一直没有个安定的家，解放后虽然有了美满幸福的家庭，但因丈夫工作忙，我的演出也紧张，对家也不很留恋。吴祖光那时是电影局的编导，他经常体验生活，外出拍戏，下厂，下矿，去部队，去农村，在外多在家少，我们已经很习惯经常分开工作，很少一起在北京过家庭生活。1957年后，我和祖光分开了三年，但觉得很快就过去了，因为我每天都忙着演戏。"大跃进"年月，每天都紧张得一头钻进火热的氛围里，哪有工夫思念丈夫哇，写信都是只当学文化了。

元气还没有养足，又来了"文化大革命"。祖光被隔离审查多年，从1966年到1975年不知转了多少地方，经历了多少痛苦的日夜。从不许通信，到可以通信；从不许见面，到可以让孩子看看爸爸。而我也一直过着劳改隔离、审查生活的日子。1968年，我被编入"深挖洞"的劳动中，这期间我干得很努力，也时刻惦念着祖光的处境。直到几年后忽然有一天，我被叫到专案组，通知我可以去河北团泊洼农场探亲。啊！探亲，我不敢想象，简直不知如何是好了。去团泊洼要从北京坐火车去天津，还要倒几次车，虽然我从小闯荡江湖，可是从来没有一个人坐过火车，小时候总是由母亲带着我，解放后就没有离开过集体，也从没一个人坐火车上过路。

准 备

我和张伟被隔离关在一起，她爱人张庚和祖光关在一起，现在他们两个

图 1　新凤霞 1955 年摄于北京

同在团泊洼农场干校。叫我之后也把张伟叫去，也是通知她去探亲。有了同伴，我心里别提有多高兴了！我们两个同时向战备组组长请假，组长给了一个星期假，因为我是病号而且从来没有休息过，这次可多住些日子，不用忙着回来，况且春节深挖洞劳动也该休息了。

去天津火车票很好买，可是要给亲人带东西，就要费点脑子了。我和张伟商量着买东西，因为这正是春节呀。祖光喜欢吃的东西我都想方设法买上

图2　20世纪50年代，吴祖光、新凤霞与夏衍合影

了。他喜欢吃中国式的苏糖和南方的糟肉。我到稻香村买了原料，自己为他扣了糟肉带去。桂圆我都把皮剥下来省得占地方，干大虾、干贝、海参和做好的鸡鸭都带着，做好了的桂花红豆沙装了一大盒子。蜜供他爱吃，也买了两斤，还买了玫瑰糖。虽然祖光让我来时少带东西，说他们干校什么都有，但我想这些东西都是我们家过年必备的，也是祖光喜欢的，所以我每样都准备了很多，家里多留下些给孩子老人吃，带一份给祖光。

　　我给祖光做了两条衬裤，以前我给祖光做过两条羊毛混纺针织内裤，这种料子是混织的，穿起来又薄又舒服，比毛裤轻得多，暖和又结实。我给祖光用尼龙针织料子做的裤子，穿着很合适，又能带去妻子的心。张庚很喜欢也很羡慕这种自制针织裤子，给张伟写信也想要一条，张伟的针线活不如我，她把张庚的信拿给我看，我说："我也给他做一条。"张伟买来料子，我给他做。因为这种料子必须用手缝，有松紧，要对针缝起来，不能用机器，为了赶做我花了两个晚上做到深夜，因为上下午都要劳动。做好了拿给张伟，

图 3　新凤霞与吴祖光婚后的合影。摄于 1951 年

她非常高兴，准备带给张庚。

　　祖光穿衣服不讲究颜色，但料子必须舒服，哪怕一条短裤。我买来一种混纺的棉布，给祖光用机器做了两条短裤，是原裆新式剪裁的，穿着挺舒服。张伟说："我也买这种布，你给老张也做两条吧。"我当然满口答应了，我这人是个急性子，早上买来料子，一个晚上做两条短裤，第二天上班交给张伟。她高兴地说："新凤霞给我做过裤子……"

　　我给祖光带的东西都准备好了，张伟也一样。我们两个背着大包小包上路，那时候也不觉得像个逃难的样子。我对张伟说："咱们这患难姐妹，去探望他们难兄难弟，多么有意思啊！"张伟平时最爱哭，她看看我再看看自己，眼圈红了。

等　车

张伟有力气，也比我能干，为人热情，买票上路都是她照顾我。到了天津，一刻都没休息就赶去团泊洼的汽车站。那时候正是"文革"末期，汽车没有准时间，问谁都说不能保证是有是无，更说不准什么时间开车了……我们等啊，等啊，排成了队。过了两个多小时，来了一个人说："对不起，今天不开车。"人们一个个的都唉声叹气，甩着手没办法呀！大家都散了，我们不能走啊，我们两个还没吃东西，于是找了一个小饭铺先吃点东西。多年不去天津了，听见满街的天津话感到很亲切，但我是从小就不会说天津话，

图 4　新凤霞与吴祖光的合影。摄于 1957 年

图 5　1958 年新凤霞在首钢工地劳动时留影

天津劝业场是我从小唱戏的地方，很亲切，但现在的环境乱了。我和张伟吃了饭，在劝业场附近一家书店买了两本书。我们又回到汽车站，看看没有人，我们两个坐在一块木棍子上，真累呀，翻看着小书，都是"四人帮"的宣传品，看起来也没意思。等啊等啊，我看着我的大帆布背包，想想祖光把这些他喜欢的东西拿出来的情景，心里也就不烦了。这里边有一个信封，信封里装的是我亲手剪的窗花。剪纸是我从小学会的，我用红色电光纸剪了一些窗花，准备带到团泊洼干校农场，贴在祖光住的屋里，一定会给这次春节增添色彩的。过了好一阵子，三三两两的赶车人都向车站走来了，我跟张伟把自己的东西都拿好准备排第一个，谁想我们两个刚刚站好，车站里面就出来一个人大声说："往后，往后！"人群一下子乱了，过了会儿才重新站好。我和张伟一下子被赶到后排去了，我们也不抢，后就后吧，反正能上车就是万幸了。我向后头一看，队伍都拐了弯了，一会儿就这么多人。我心里正纳闷，一个青年带着两个妇女过来了，这青年身后跟着一条狗，他对我们说："出来，出来！"我们感到莫名其妙，"出来！快，快！"我们还没明白过来，那条狗就冲着我们吐着大舌头，看样子想对我们发狠、咬人了。我知道"狗仗人势"这句话，赶快出来了。青年赶快把这两个妇女塞进了队伍中。大伙看看我们也都不敢说什么，我们更是敢怒不敢言，只好背着东西向队伍最后站着去。车子开出来了，前边的人拥挤着上车，等轮到我们最后几个人时车子已经满了。眼看着车开走了，张伟对我说："要不是被挤出来咱也上车了。"我点点头对她说："我当时也想过咱们不让他。可是那条狗我有点怕，人我倒不怕，怎么着同着这么多人，他也不能把咱怎样。可是那条狗是专门仗势撒野咬人的。"因为我在旧社会被狗咬过，现在还是怕狗，躲着为好。

又等了一两个小时，车又来了，我和队伍的人全都上了车。坐在车上心想，那个操北京口音的青年怎么就专门把我们两人拉下来，挤上他带来的两个妇女呢？准是他认出我来，知道我们好欺负。

团 聚

车开得很慢，也许与我的心情有关，盼着快。之前写信叫祖光在他们干校汽车站等着我们，头趟车没赶上，他一定还在等第二趟车。从郊区开进一片荒凉的农村，冬天的农村一根绿草都没有，只有秃枯的树干，一望无边的雪地。心想祖光一定在车站等我，真够冷的，十冬腊月天哪！车子终于靠道边停了，前边一个大牌楼写着"中央文化部五七干校"。我看到祖光和张庚同志正在道边等我们，这是1974年冬天，我和祖光从1967年分手后头一次见面。祖光还是那样冷静地站在道边，身上穿着我为他拆洗好，今年寄来的丝棉裤和袄，脖子上围的是我给他织的深蓝色毛围巾，两手插在裤兜里，五眼底棉鞋是我在百货大楼给他买的，脚上准是穿着我给他织的长筒毛袜子。给他寄这套棉衣时，在袖口袋里我还有意写了一个小纸条："你穿上这些衣服吧，走在哪儿也跟着我的双手，带着我的心！"

我站在大道边上，对面是祖光，可是道边隔着一条沟，我们的东西都在地上，我一样一样地递给他，最后迈大步过这条沟时，我双手扑向祖光，他接着我，我的双手扶住他的肩，他一抽我的腰，我借力纵身跳过了沟，终于跟祖光在一起了。我好好看看祖光，他样子没有变，只是脸晒得红里透着点黑，显得更精干更结实了。祖光肩背手提大小行李，一样也不叫我拿，他说："地上滑，你路不熟，当心慢着走。"张伟跟着张庚也是边说边笑地走着，我们这两对就先各自回了住处，说好先放下行李再见面安排怎样生活。

干校的房子都是一排排新盖起来的，祖光这间房不小，原来住四个人，因为别人都回家过春节了，这房子就只有祖光一人了。房子大，透风不暖和，生一个自己搭的土灶，白天烧水闷着小火儿，四面都是空床，上面有行李卷儿，只有祖光的床铺整整齐齐。没有椅子，有木凳、木箱子各一个，收拾好了我带来的东西，祖光让我看他为过春节给我准备的东西。呵！罐头、鸡、鸭、鱼、肉、烟、酒、核桃仁、花生仁用麻袋盛着，米、面就更多了，祖光说："我们这里每天有去天津的汽车，托他们给带来的。我和张庚还特地去了一趟天津买年货。"我说："接妻子过年啊！"

我把东西收拾完，看看屋里很干净，一点都不觉得环境生疏。也怪了，男人住的集体房间里一般有一种光棍堂味儿，可是这间房子里却没有。祖光会烧土灶，又省煤又暖和。我把我的洗漱用具拿出来后还有一点点粉香味儿哪。

图6　20世纪60年代的新凤霞

　　屋当中一个大灯泡儿，我想起从家里带来的红纸和窗花了，便拿出来贴在各处。祖光桌上有一把张小泉的小剪刀，找出红纸，叠好很快剪了一个葫芦万代，连着一排，用糨糊围着灯罩贴了一圈儿，白灯罩周围一圈红葫芦，照得满屋子红，显得温暖热乎！特别是晚上站在外边，从远处透过窗户纸看满屋红色，真有点气氛哪！人们来看我们时都说："嚯，简直像是新房！"

　　我把给祖光做的短裤拿出来，又把一件细线蓝色的对襟毛衣给祖光穿上，都是为了让他过春节穿的。我还告诉他，张庚同志喜欢你的尼龙混纺针织裤，张伟让我也给他做了一条，还做了两条短内裤。祖光听了满意地说："你这点很好，喜欢为人服务，人家会高兴感激你的。"

　　果然张庚同志第二天见着我说："感谢，感谢。"我说："应该，应该。

这是我的习惯，就愿意帮助人家做点事，给你做一点事，是我的光荣呀！是你对我的信任。"张庚同志忠厚谦虚，他双手抱拳："不敢，不敢，太谢谢了。"

过　年

干校大部分人都回北京过年了，只留下很少的人。头一个来看我的是丁聪，跟着丁聪后边是钟灵、肖凡等人。干校这时人虽少，却有一个感觉，是过小日子，一家子一家子的，各自开火做饭，互相串门儿，晚上聊天儿，写字看书真清闲。干校的小卖部货很全，都是从天津办货，真是应有尽有。

祖光早晨喂猪，两大桶猪食，挑在肩上走在雪地里，就听见扁担咯吱咯吱响，两只手前后扶着桶绳子，走得平稳。我跟在他后边看着他那轻松有力的后背，心想祖光真是练出来了。到了猪圈，他把帽子摘掉，满头冒热气，满脸汗水，这么一大趟路真是够累呀！

我们三家在一起吃饭，林汗标夫妇，张庚夫妇，我们两个。在讨论吃饭问题会上可热闹了，大伙提议用"拿出主义"过春节，讨论如何分工。我自告奋勇当第一厨师，老林第二厨师，祖光说："我不会烧菜，打下手洗碗。"张庚说："我当伙夫，管火。"张伟说："我当三厨师，代管全部卫生，切菜擦地。"大家虽然这样通过了，但并没有真的实行，因为做饭是艺术，大家都感兴趣，都喜欢动动手。老林是广东人，他还真有几手，做菜烧肉还真有广东味道。拾掇鸭子还是我最利落干净，特别是鸭子屁股那两块不切出来，鸭子味道就不鲜，我从北京带来了烧菜的各种佐料，烧鸭子放进丁香、大料、黄酒、葱、姜等，肚子里装进栗子、江米、红枣、花生仁、火腿肉、桂圆肉，再用针线缝合，做一个八宝鸭子，和一只老母鸡一起煮，这叫八宝鸭子母鸡会合汤。最受欢迎的是我带去的香糟鸡、肉、鸭。春节这天大家团团围住一起吃，还喝了点酒，大碗、小碗、茶缸子什么都是现凑的。

我想他们在干校这么些年肯定不常吃得到鸭子。于是，我给他们做烤鸭，没有烤炉，就用铁锅，把鸭子切成大块，在锅底上烤，也很好，可是必须掌握住火候。张庚烧火，很听我的指挥，火大了，小点。火出了烟，我们

图7　1960年的全家福。前排左起依次为儿子吴欢、母亲、女儿吴霜、婆婆、儿子吴钢

大伙眼都被熏得流着泪用扇子扇风。张伟准备葱、蒜、酱，我做饼，和面时水里加些素油，做出饼来苏香，薄饼做了一大摞，鸭子虽然有点烤味儿，但加上大饼抹上酱、葱、蒜，大伙站着就把鸭子卷饼喜滋滋地吃了。祖光说："这甜面酱是在天津买来的，这次可真用上了。"连坐都没有坐就把饭吃了，大家吃得开心地说："比全聚德不差。"我说六个人吃了两只鸭子，大伙赶紧喝茶呀，真是叫渴，大葱大蒜要水钱，果然不假，夜里都渴得睡不着了。三十这天两顿饭都很完整，吃得饱，喝得足。都夜里十二点以后了，干校的几个孩子又跑来找祖光要鞭炮，原来祖光许诺去天津给他们买鞭炮。大家到外边放花、放炮，祖光表演放二踢脚。烟花在雪地里点着，放出闪闪的金光，真好看。

　　初一的饺子，初二的面，初三的盒子团圆饭。我是主厨师，和面，切菜，拌馅。包饺子大伙都行，张庚、祖光包得很快，老林两口子广东人包得不够快，我擀皮还算行，供得上他们，团圆饺子就表现在大伙一起干。可是初二吃抻面就得靠我自己了，和面、醒面、抻面，一把把地大家都上不去手。可是吃得真香啊！拌面的卤好，大虾、鸡肉、肉丁、香菇、冬笋，等等，样样都有，真高级好吃。

我每天早上扎上围裙就想着做饭的事，调着样地吃。祖光打下手也很用心，张庚烧火只是烧煳过一次锅以后也没再出毛病。张伟样样都帮我搞好，洗菜干净，也时常帮我切好；张庚还炒过一次菜，姜末炒松花，很好吃。张伟爱干净，桌子、地都擦洗得干干净净。

一个星期的假，眼看过去了，我本来可以再住一个星期，可是我胆小，没有单独坐过车，也不愿意张伟一个人走，所以决定和张伟一同回京。祖光和张庚两个人把工作安排好后，主要是养猪，田里没活了，决定送我们两个到天津。我们四个人一同离开干校，很多人送我们。在天津吃了顿饭，是张庚同志请我们在起士林吃的，说："这是谢谢凤霞同志为我做裤子，也是欢送你们两个。"我们看看时间还早又坐车去了一趟劝业场，也确实没有什么好看的了。又要分开了，这些年分别多相聚少，我们心里总是有点难过。送我们上了火车，祖光和张庚站在站台上，我们互相挥手告别。

我跟张伟在火车上面对面笑了笑，我说："真有意思，这次探亲机会是很难得呀，总比几年不让见面好，见见面看看他们在干校生活得很好，人也健康能干了，过几年希望会更好。"

果然，1975年邓小平主持工作，1976年"四人帮"倒台，日子一天比一天好起来了。但甲寅年（1974）春节探亲，至今在我的印象里还是最甜蜜的。

（原载《老照片》第116辑，2017年12月出版）

丁玲在北大荒的日子

赵国春

我国著名女作家丁玲在北大荒劳动生活的十二年，是鲜为人知的一段历史。然而，在黑龙江垦区仍流传着许多她的故事。

初到密山

1958年6月29日凌晨4点钟，戴着"右派"帽子的丁玲，走出密山火车站，来到了这个陌生的小城。

8点钟左右，丁玲怀着忐忑不安的心情，被领到楼上局长的办公室。王震伏在一张大地图上，看了一会儿，抬起头来："陈明在八五三农场，他那个地方是新建点，条件差一点，你就不要到那里去了，你们换个地方，到汤原农场吧，我已经叫他们打电话给八五三农场，调陈明来，同你一道去汤原农场。那里在铁道线上，交通方便些，离佳木斯近，条件好些，让他们给你们一栋宿舍。"

7月1日，吃过中饭，陈明从八五三农场赶来了，两人热烈拥抱，好大一会儿相对无言。丁玲又高兴又心痛，分手才三个多月啊，老陈怎么变得又黑又瘦？她简直都快认不出来了。

第二天，丁玲和陈明带着王震的信，坐上火车的硬座，到了佳木斯，他们找到了临街的一家旅店住下后，美美地吃了一顿西餐。

汤原安家

7月3日，丁玲夫妇到了汤原农场。陈明被分配在场部的第二生产队参加劳动，丁玲则被分在一分场畜牧队养鸡。

丁玲来到养鸡队，被安排到一间堆满鸡蛋的屋子里，挑选鸡蛋，把能够孵化的留在一边。她原以为这是轻劳动，但半个钟头下来，她的腰疼了，开始坐不住了。丁玲原来就患脊椎骨质增生，常常腰疼。她一阵眼花头晕，要倒下去。幸好，这时走来了张振辉。他走进门，一眼就看出丁玲不行了，忙说："我说丁玲是啥样子，原来是一个老太婆。呵！看，满头大汗，满脸通红，

图1　1959年冬天，丁玲（前排中）在汤原农场畜牧队任文化教员时与大家合影

图2　20世纪60年代中期，丁玲与陈明在这间茅屋里住了三年

快歇息一会儿吧！不要以为拣蛋不费力，看来从没有干过呀！”他走过来拉住丁玲的手，丁玲就势扶着他才勉强站了起来，连腿也是硬的。邓明春忙从孵化室里走出来，抱歉似的说：“你回家休息去吧，身体好些了再来，不要勉强。”张振辉把丁玲扶到院子里，一阵风吹过，丁玲心里有点迷迷糊糊，觉得不该走，却又自然地慢慢走回家去了，顾不上同他们告别。

转宝泉岭

　　1964年12月5日，丁玲和陈明来到宝泉岭农场安家落户。陈明在农场工会帮助工作。农场安排他们住在招待所的底楼最后一间套房里。冬天天气

图3　1981年7月，丁玲回访时在友谊农场麦田

寒冷，高大钧特意嘱咐招待所主任，每天连带着帮丁玲烧火墙。

丁玲刚来这个农场参观时，场长特意介绍了标兵邓婉荣同志（杜晚香的原型——《杜晚香》是丁玲晚年创作的小说）。

有一天，忽然从楼下广场传来了两个女人吵架的声音。丁玲趴窗户往下一看，只见一群看热闹的正拥着两个女人，朝场部这边走来。

"又是六委那两个家属！"工会干事"杜晚香"着急地说了一句，就跑下楼劝架去了。

丁玲来到宝泉岭不到一年，但也听说，场部家属宿舍划分成八个居民委员会，共有家属二三百名。工会女工部管不到家属，平时她们干完家务，就东家走西家串，唠家常传闲话。六委主任小张，是个老实巴交、不爱说话的山东小媳妇，急得常常掉眼泪。

午后的阳光照在六委张主任家的小院里，暖洋洋的。四十几位家属挤坐在屋里屋外的小板凳上，听邓婉荣讲话，她们都很佩服邓婉荣，因为她不摆架子，说话办事都畅快。

图 4　1981 年 7 月，丁玲与陈明重返北大荒，探望在五六十年代结下深厚友谊的农场职工

丁玲乐呵呵地和家属们热情地打着招呼说："我来六委帮助你们学习，从今后，我就是你们六委的人了。"

个子不高、大眼睛的小胡，手里一边纳着鞋底，一边说："学习、劳动我们都高兴，可家里的孩子给谁看？"许多人也随声附和着："是呀，我们孩子小，还没上学呢！"

坐在邓婉荣身边的丁玲说："咱们办个托儿所，不好吗？"

"办托儿所？说说倒容易，我们也早就想办，可房子上哪儿找呀？"

回家的路上，丁玲脑子里蹦出一个想法。她顾不上回家，扭身朝场部大楼走去，找高大钧求援去。见到丁玲来，高大钧放下电话，忙热情让座："你来半年了，一直想找个机会跟你好好唠唠，可总没有时间。"他一边说着，一边给丁玲沏茶。

丁玲非常了解高大钧这个人，他直来直去，快言快语，也喜欢别人讲话不拐弯抹角，就直截了当地说："我遇到困难了，想请求你的支援。"

"啊？是生活上的？还是工作上的？"高大钧很认真地问。

369

图 5　1981 年 7 月，丁玲、陈明回访北大荒时与老友相逢在当年的同事张文豪家

图 6　1981 年 7 月，丁玲重返北大荒，看望曾经一起生活劳动的养鸡姑娘，熟练地重操旧业

图7　1981年7月，丁玲回访时在农垦总局会议室里与看望她的老
同志交谈

　　丁玲把组织家属学习的想法和办托儿所没有房子的困难，都跟高大钧
说了。老场长听完非常高兴地说："应该支持，这是为农场办好事嘛！至于
空房子，眼下的确不好找，不过我马上就让房产科想办法，明天就给你回
音。"

　　第二天，房产科的同志告诉丁玲："好房子实在找不出，破草房倒是有
一间闲着，要是合适，场里可以找人帮助修修。"

　　这间草房子就在六委这排草房的尽头，原先是养牛的，闲了几年没用，
房顶漏风，墙壁坍塌，虽是初夏五月了，屋角还有尺把厚的积雪。丁玲跟着
邓婉荣，带着十几名家属，到十几里外的草甸上去打草，苦好房顶，又和泥
脱坯，补好了墙壁，屋里新抹的墙刷上了雪白的石灰。丁玲买了一些花花绿

图 8 1981 年，丁玲回访北大荒时与陈明在现代化拖拉机上

绿的彩纸、气球和小玩具挂在棚顶，经过这么一打扮，引得孩子们都往这里
跑。

孩子们入了托儿所，六委的三十三名家属组成了家属队，全都参加了麦
收劳动。丁玲又和邓婉荣说："咱们得趁热打铁，趁着这股热乎劲，把学习
也搞起来。"

"行！你文化水平高，比我强，该怎么学，就由你领头吧！"邓婉荣说。

1966 年上半年，丁玲在和邓婉荣相处两年多之后，以这位女标兵为模
特，创作了《杜晚香》。1979 年发表以来，在国内外享有盛誉。1980 年，其
法文版以《大姐》为名出版发行。

重返北大荒

1981 年 7 月 15 日，丁玲和陈明从北京回北大荒探亲。7 月 19 日天刚亮，

丁玲和农垦总局的同志就坐上松花江上的小火轮，直奔普阳农场。

轮船一靠岸，陈明就禁不住招手大声喊起来："王俊芬，你好哇！"他和丁玲都深深记着这个从山东来支边的大姑娘。陈明被派到鹤岗修铁路时，就是她，不怕别人的闲言碎语，不怕"划不清界限"，每天去给丁玲做伴，给丁玲从井台上挑水，像照顾自己的老妈妈一样照顾着丁玲。

丁玲到达普阳农场的第二天，下了一场暴雨，到处是泥浆、积水。这天晚上，普阳农场工会大会议室里，灯火通明。农场党委为了满足职工们的要求，安排了一次形式新颖的活动——请丁玲、陈明在这里跟汤原农场老职工会面、座谈。就连住在几十里以外的生产队职工，在接到通知后，都骑自行车匆匆忙忙地赶来了。会议室里座无虚席。

22日晚6时，从普阳开了两个多小时的北京吉普车，在宝泉岭农场招待所门前停下，一位身穿月白衬衫，已鬓发花白的老者陪同丁玲从车上走了下来，大家远远地望着。

第二天一大早，丁玲就到家属区去看望朋友。她要访问的老乡故旧实在太多了。丁玲在宝泉岭时，一位老人常去找他谈心，还请丁玲吃过大馇子，这次回来，她能不去看望这位已九十三岁的老人吗？

丁玲和陈明一起，沿着他们当年住过的那排拉合辫子垒成的"六十户"泥草房，探寻旧日的踪迹。泥草房塌了，"六十户"前的泥土路已经杂草丛生，大多数家属都搬进了新居。丁玲正走着，从一座旧房的瓜棚下，走出一位六十多岁的老太太。老太太一眼就认出了她，连声说："这不是老丁吗？"丁玲也赶忙迎上前去，双手握着老太太的手说："这不是刘大嫂吗？"

汤原是丁玲来北大荒时的第一站，他们在这里工作生活了六个年头。

丁玲重访北大荒，在普阳、宝泉岭、汤原这些她曾日夜怀念的地方，留下了她的欢笑，留下了她对北大荒的感激之情。

（原载《老照片》第145辑，2022年10月出版）

冯思纯先生回忆父亲废名

钱欢青

一

　　说起现代文学史上的大家，很多人都会想起鲁迅、周作人、胡适等等，但很少有人会想起废名。而事实上，作为周作人四大弟子之一（其他三人为俞平伯、沈启无、江绍原），近些年来，废名在中国现代文学史上的地位和价值越来越被人认可。这位现代文学史上被忽视的大家，开始穿越时光，日益为人瞩目。

　　废名（1901—1967），原名冯勋北，学名冯文炳，湖北黄梅人。1922年考入北京大学预科，两年后升入英国文学系。1929年毕业后在北大国文系任教。抗战期间，避难黄梅，一度任小学和中学教员。1946年重返北大，任中文系副教授、教授。1952年调至东北人民大学（今吉林大学）中文系。1967年9月4日，病逝于长春。

　　2016年11月9日，是废名先生一百一十五周年诞辰。山东大学当代中国文学生活研究中心特别设立"废名和他的文学世界"学术工坊，邀请国内十位著名学者于10月至11月在山东大学文学生活馆举办系列专题讲座，以推动废名的文学普及和学术研究。10月21日，该活动的第一场讲座在山大举行，北京大学中文系教授、博士生导师，中国现代文学研究会副会长吴晓东先生，做了题为"废名及其诗化小说"的主题演讲。

　　山大的谢锡文老师是文学生活馆的负责人，也是我读大学时的老师，谢老师早早发给我讲座的信息。10月21日是星期五，我提前到了报告厅，坐

图1　废名夫妇和女儿（冯思纯提供）

在第一排。讲座十点开始，九点五十分，吴晓东教授进了报告厅，随同一块进来的还有一位白发苍苍的老者，原来他就是废名之子冯思纯。我问冯先生打算在济南住几天，老人说他就住在济南市中区徐家花园，"1970年后就一直在济南生活！"

　　冯思纯先生今年已经八十二岁了。在吴晓东教授的讲座现场，老人听得很仔细。因为怕老人累着，我没有在讲座结束后立即采访他，四天之后的10月25日，按照约好的时间，我和老人在杆石桥济南日报社碰面，这里离老人的住处很近。济南日报社已经搬到西客站附近，杆石桥的老报社只留下一楼一个办挂失广告业务的小办公室，我借来两张椅子，和老人面对面坐下，开始听他讲述他和他父亲的故事。时不时，有人推门进来，办挂失业务。我挺幸运能听老人讲故事，证件可能丢失，可以挂失；记忆也可能丢失，但无法挂失。

二

　　在现代文学史上，废名的小说是一个独特的存在，其小说多以诗意化的碎片连缀而成，情节很少，因此有人名其曰诗化小说。废名小说集《竹林的故事》（1925）、《桃园》（1928）、《枣》（1931），长篇小说《桥》（1932）等大多以自己的故乡作为题材抑或背景。其小说的高妙之处，沈从文在《论冯文炳》一文中有精彩阐述："作者的作品，是充满了一切农村寂静的美。差不多每篇都可以看得到一个我们所熟悉的农民，在一个我们所生长的乡村，如我们同样生活过来的活到那地上。不但那农村少女动人清朗的笑声，那聪明的姿态，小小的一条河，一株孤零零的长在菜园一角的葵树，我们可以从作品中接近，就是那略带牛粪气味与略带稻草气味的乡村空气，也是仿佛把书拿来就可以嗅出的。"

《莫须有先生坐飞机以后》中的这段话，可以让我们看到什么是"诗化地观照生活"："捡柴，便是提了一个手提的竹篮子到山上树林里去拾起树上落下来的细小的枯枝。慈同纯便共同出发了，竹篮子由姐姐提着。冬日到山上树林里捡柴，真个如'洞庭鱼可拾'，一个小篮子一会儿就满了，两个小孩子抢着拣，笑着拣，天下从来没有这样如意的事了。这虽然世间的事，确实欢喜的世间，确是工作，确是游戏，又确乎不是空虚了，拿回去可以煮饭了，讨得妈妈的喜欢了。他们不知道爸爸是怎样地喜欢他们。是的，照莫须有先生的心理解释，捡柴便是天才的表现，便是创作，清风明月，春华秋实，都在这些枯柴上面拾起来了，所以烧着便是美丽的火，象征着生命。"

这的确是需要安静地去阅读的文字，需要在重复阅读中体会岁月静好的丰富意蕴。这段话中的"慈"是废名的女儿冯止慈，"纯"就是废名的儿子冯思纯。冯思纯老人的讲述，把"捡柴"拉回到了发生的时空——那是艰苦的抗战时期，在黄梅。

1935年7月，冯思纯出生在北平，其时，父亲废名任教于北大国文系。老人回忆："1936年，我随母亲、姐姐回到老家湖北黄梅，父亲一个人在北平。1937年抗战爆发，恰好我奶奶也过世了，父亲就回到黄梅。当时的黄梅县城被日本人占领了，县政府迁到离县城15里一个叫龙须桥的地方，办了所小学，我父亲就去当了教员，教语文和英文，我们全家也都搬到了那里。"

抗战时期的生活十分艰苦，冯思纯记得，父亲后来又到了离县城30里的五祖寺当中学教员，"日本人从县城往五祖寺开大炮，学校只好先停了，

图 2　废名夫妇和儿子冯思纯、女儿冯止慈（冯思纯提供）

我们就下到山脚躲到水磨冲。没地方住，就住牛棚，没吃的，我母亲就拿着碗到老百姓家里去借米。父亲后来在《莫须有先生坐飞机以后》写到的我和姐姐捡柴，就是在水磨冲。后来学校搬到了南山寺、北山寺一带的深山里，日本人进不去，这才安定下来。"

　　冯思纯的大伯冯力生，彼时正是中学的校长，"学校搬到南山寺、北山寺一带的深山后，不少学生受到共产党、新四军的影响，当时县教育局就让大伯把学校迁走，大伯不同意，就被撤了校长的职，父亲也当不成教员了，就又到了后山铺教起了私塾。"

　　那时候，冯思纯和姐姐一直跟着父亲上学，"我父亲这个人特别耿直。他也很关心孩子，总希望我好。当时没有教科书，他就自己编了课本教我。父亲对孩子也很严厉，有一次在后山铺的私塾，我一看他走了，就溜出教室，到旁边的池塘去钓鱼，父亲回到教室一看我不在，就知道我溜出去玩了，一看我在钓鱼，把我好一顿打。我小时候的名字叫冯毛燕，因为太调皮好动，父亲希望我能纯洁一些，就给我起了个学名叫冯思纯。父亲生活十分朴素，一心都在工作上，小时候乡下有庙会，他也会带着我去逛，傍晚没事的时候，也会带着我出去溜达。"

三

抗战胜利后，1946年，废名重返北大任教；1947年，冯思纯也到北平继续读书。北京的生活一直持续到1952年，这一年，废名和杨振声等其他三位教授被调往东北人民大学（今吉林大学）中文系，杨振声任系主任，废名任教授，此后杨振声生病离开长春，废名接任中文系系主任。

在北京生活的这几年，让少年冯思纯见到了父亲当时的很多朋友，"父亲曾领着我去看望他的老师周作人，因为我是在北平出生的，很小周作人就见过我，多年不见，他很高兴。"

1946年废名回北大后，住在北大蔡子民纪念堂后面的一个院子里，同住在这个院子里的还有熊十力，冯思纯回忆，"父亲和熊十力关系很好，熊十力雇了一个人做饭，我和父亲经常去他那儿吃饭，经常吃西红柿炖羊肉。"有意思的是，周作人还曾在文章中记述过废名和熊十力"打架"的经历："一日废名与熊翁论僧肇，大声争论，忽而静止，则二人已扭打在一处，旋见废名气哄哄的走出……"当然，打架也是因为观点不同，丝毫不影响两人的友谊。

此外，冯思纯说："俞平伯也经常到我们家来和父亲讨论问题，两人的嗓门都很大，我记得俞平伯经常是上完课，带着满身粉笔灰就上我家来了。另外还有朱光潜、卞之琳、冯至、沈从文，都经常来和父亲讨论问题。解放前，听闻学校要南迁，朱光潜到我家来问我父亲走不走，父亲说'你走我也走'。后来学校又不南迁了，父亲就没走。新中国成立后，沈从文被分到华北大学（中国人民大学前身）接受改造，扫厕所，有一次利用休息时间到我们院子里来，当时父亲和熊十力、游国恩在院子里晒太阳，沈从文说，'让我扫厕所，我就扫得干干净净，我不怕脏！'沈从文文质彬彬，他说话的样子，我现在还记得。那时候季羡林和熊十力关系不太好，熊十力有点看不上他，不过胡适很看重季羡林，还让他当东方语言文学系主任。有一次熊十力和我父亲在讨论问题，季羡林很感兴趣，就偷偷躲在后面听，这是我亲眼见到的。"

四

废名虽然对孩子要求很严格，但却不干涉他们自己的兴趣，冯思纯记得，读高中时在长春，自己还和父亲讨论过以后学什么的问题，"我跟父亲说写作挺不好搞的，我想学工科，他说行，学工科还容易找工作。"

1957年，冯思纯考入哈尔滨工业大学，学的是通信，毕业以后到了电子部工作，"1967年的一天，我接到母亲的电报，说父亲病危，让我速归。我匆匆从北京赶到长春，父亲得的是癌症，已经扩散，我赶到家后三天，1967年9月4日，父亲去世了。那时候'文革'已经开始，父亲被人在学校里贴过'反动学术权威'的大字报。"

因为爱人从北大毕业后分配到了山东大学任教，所以1970年冯思纯就从电子部调到了当时一度隶属济南军区的山东省国防工业办公室，后来又相继调入山东省电子局、浪潮集团，分别担任过山东省电子局副局长和浪潮集团副总裁。

冯思纯的姐姐，从南开大学英语系毕业后留在了天津，后来当了一所中学的校长，姐弟两家时常走动。冯思纯说，"1994年我把父母的骨灰盒迁到老家，葬在了爷爷奶奶的墓旁。"如今冯思纯也会时常回老家扫墓。

望着须发皆白，极为和善的冯思纯先生，我想起了周作人笔下的废名——"废名之貌奇古，其额如螳螂，声音苍哑，初见者每不知其云何"，"（废名）喜静坐深思，不知何时乃忽得特殊的经验，趺坐少顷，便两手自动，作种种姿态，有如体操，不能自己，仿佛自成一套，演毕复能活动"。20世纪二三十年代的文人，是挥斥方遒、多么有个性的一群！他们像柴火一样，"烧着便是美丽的火，象征着生命"。

我跟沙孟老的摄影缘

王秋杭

　　我是 1976 年父亲退休后，"顶替"他进浙江省博物馆工作的，被分配在远离西子湖畔馆部的文物库房里，跟沙孟海先生学字画鉴定。

　　当时的省博物馆文物库房设在浙江省委党校里，占着整整一幢两层楼。楼上堆满两大屋子"文革"时期查抄来的文物，都是名人字画、瓷器等，需经沙老等专家鉴定、分出等级后进入馆藏。库房当时也就四五个人。我那时刚结束了"广阔天地"的生涯，对政治不怎么敏感，完全是出于对一位七十六岁高龄老人的尊敬，每天到远离库房的公共汽车站去接他。遇到下雪天，我都要早起，提前用扫帚扫干净路上的积雪，以便扶他老人家来上班。

　　沙老是历经沧桑的人。民国时期，蒋介石对沙老十分敬重，时有往来。蒋离开大陆前，曾专门召见沙老和陈布雷的哥哥陈训慈，谈了半天的话，这成了沙老的"历史问题"。因此，他长期被"内控"，多次受审查。审查人员让他交代都谈了些什么，布置了什么"任务"。沙老每次交代都一样：蒋只是与他拉家常，没谈什么国事。1980 年，我被调到省博物馆落实政策小组，第一批落实政策对象中就有沙老。为了澄清强加在沙老档案里的一切不实之词，我和组长无数次跑省文化厅、省委宣传部甚至省公安厅，最终如愿以偿。沙老在"文革"中受过不少苦，平日沉默寡言，上班不是看书就是写字，极少闲聊。有相当一段时间，沙老对我的存在并不在意，在他眼中我就像个陌生人一样。

　　我从"文革"初期就喜欢上了摄影。无论在黑龙江生产建设兵团，还是在浙江农村插队，"海鸥"4B 相机从没离开过我的身边。到了文物库房，还

图1 1982年，沙老出任浙江省博物馆名誉馆长，去上海治病。组织上派浙江省书法家协会主席朱关田（左一）护送，沙老点名要我（左四）一同前往。浙江博物馆副馆长汪济英（左三）为我们送行

是离不开它。那时候文物库房没有摄影设备，也没有复印机，我们抄卡片都是将文物依葫芦画瓢画在卡片上的。老先生把摄影看得挺神秘，看我摆弄照相机，老问这问那的。有一天，沙老心情特别好，对我说：秋杭，你写几个毛笔字给我看看。我说：那不是关公面前耍大刀吗？沙老笑着说：别这么说。你会照相，我就不会，人各有长。你我二人还是兄弟相称吧！我知道沙老在摄影方面有求于我，便欣然领受。见我们走得很近，馆里有人出于对我的"爱护"，说沙老是戴着"帽"的，还是保持距离为好，弄不好要影响政治前途。可我自认为政治前途原本就不会有什么戏，所以一直和沙老保持亲密的关系，还常去他家。沙师母对我也很喜欢，每次去，她都不让我抽自己的"西湖"烟，而是拿出她的"红牡丹"和我对抽，常叫我讲些社会上的新闻给她听。因为她是小脚，出不了门的。每次我要走，沙师母都要再三留我多坐会儿。

图 2　沙老提议跟我合影一张

图3 1982年，沙老在上海锦江饭店。王秋杭摄并用银盐相纸制作，是收藏级签名限量版

图4 1982年，沙老在上海锦江饭店。王秋杭摄

图 5　1982 年，沙老出任西泠印社社长，在西泠印社汉三老石屋前挥毫。王秋杭摄

　　1979 年，西泠印社恢复雅集笔会活动。沙老闻讯后很激动，吩咐我带上相机跟他一块儿去。那时候"文革"刚结束，这些刚摘帽或还没有摘帽的"臭老九"没有人为他们拍摄肖像。到了现场，沙老向我一一介绍：启功、谢稚柳、钱君匋、陈佩秋、方介堪、王个簃、朱屺瞻、许钦文、朱复戡、诸乐三、程十发、方去疾、高式熊……我就一位一位地为他们拍照。拍完后回来冲洗，还要完成沙老每人要放大两张的要求。那时候做这些事完全自费，我的月工资才三十多元，除了吃饭剩不下多少钱。沙老接过照片，再三感谢。

　　尽管有"海内榜书，沙翁第一"的美誉，但很少有人知道书法只不过

图 6 由左至右依次为朱屺瞻、王个簃、谢稚柳、沙孟海。1979 年，王秋杭摄

是沙老的业余爱好，他的正业是对金石、碑帖的研究。他三十岁时写下《论秦印》而一举成名。正是因为他对金石、碑帖的深厚功底，才造就书法大字独步天下的地位。即便是受迫害时写的大字报，到不了第二天，晚上就会失踪。我最看不惯那些以种种名义让沙老写这写那的人，而沙老对谁都是有求必应。可以说从博物馆到文物局，再到文化厅，基本上上至领导，下至传达室，每一位工作人员都藏有沙老的手迹。我好酒，不少同学和朋友知道我和沙老的关系，都向我求其墨宝。我开出的"账单"是：一桌不少于四菜一汤的酒席。那年头我口福可真不浅。进库房工作大约三年后的一天，天下着雨，我照例打着伞接沙老上班。沙老和我肩并肩走在通往库房

图 7　由左至右依次为单孝天、方去疾、朱复戡、高式熊。1979 年，王秋杭摄

的小路上，他突然问我：秋杭，你怎么不向我要字呢？我说：不好意思嘛！
沙老说：你这话就见外了！今天下午到我家来。沙老每天 11 点半下班，下
午在家休息。这天下班时，他特别对我说：下午 3 点我在家等你。我如约
到了沙老家。沙老亲自裁下他自藏的五尺夹宣，提起斗笔，为我写下了"莺
歌燕舞"四个斗大的字，并对我说：你结婚告诉我，再送你一幅中堂。我
知道，这是沙老对挚友的最重礼物。

　　因为我没有大专文凭，1982 年落实政策结束后，回不了库房，馆领导让
我去搞基建，造新文物库房。临别时，沙老对我说：林副馆长征求过我的意

图 8　诸乐三和朱复戡（右）。1979 年，王秋杭摄

见，我同意的。文物库房第一要紧，你去我放心。到了 1982 年底，基建刚
上马，林副馆长把我叫去，笑着说：没想到沙老对你那么欣赏！我说：怎么
了？他说：快办移交，陪沙老去上海看病。我一听就急了：是什么病？林副
馆长说：是膀胱结石，没什么大不了的。沙老点名要你陪同。那时沙老已经
落实了政策，先后担任浙江省博物馆名誉馆长、西泠印社社长、浙江大学历
史系教授等，享受正厅级待遇。我和朱关田两人护送沙老去上海。在浙江省
博物馆大门口，汪济英副馆长为我们送行。沙老问我："秋杭，相机带了吗？"
我说："带了！""来，我们大家合影一张。"我就用三脚架支起相机拍了一

图 9　程十发和谢稚柳（右）。1979 年，王秋杭摄

图 10　钱镜塘和程十发（右）。1979 年，王秋杭摄

图 11　启功现场挥毫。1979 年，王秋杭摄

张四人的合影。沙老又跟我说："我们俩也来合一张。"住上海锦江饭店后，沙老先看望了好友谢稚柳等，再去华山医院检查。医生建议保守治疗，不必开刀，我们才放下心来。这期间，我又非常认真地为沙老拍摄了几张肖像，沙老非常顺从地听我摆布。

那时候最时髦的东西是四喇叭收录机，我在淮海路旧货店看到一台二手两喇叭的"飞利浦"收录机，黑乎乎的挺难看，标价 400 元。我本来没打算买，可被告知随机奉送邓丽君原声磁带一盒，胃口一下子被吊了上来。不听还好，一试听立马乖乖地倾囊买下，飞快地奔回锦江饭店。沙老正在午睡，

图 12　谢稚柳现场挥毫。1979 年，王秋杭摄

朱关田不知上哪逛街去了，我像患了毒瘾一样迫不及待地蒙上棉被，悄悄打开录音机，把耳朵紧贴在喇叭上继续陶醉在邓丽君那缠绵的歌声里："弯弯的小河，青青的山冈，依偎着小村庄……""开响点儿，我也听听！"没想到沙老那浓重的宁波口音突然响起。我赶紧关掉，对沙老说："邓丽君是台湾歌星，大陆是禁播的。""这里又没有外人。"于是我又打开了："在那里歌唱，在那里成长……"我们一老一少静静地躺在床上欣赏着，听了一遍又一遍。最后，沙老说："好东西是禁不住的。"

我结婚时，和爱人带了两包喜糖登门拜访沙老，并告诉他我们不办酒席，

图 13 陈佩秋现场挥毫。1979 年，王秋杭摄

图 14 钱君匋现场题词。1979 年，王秋杭摄

图15　诸乐三现场挥毫。1982年，王秋杭摄

准备去北京旅行结婚。沙老忙说：好，好，好！不办酒席好，我答应送你们一幅中堂的。说完，立马亲自动手铺纸、润笔，写好让我们带走。如今，这幅中堂和那幅"莺歌燕舞"书法作品，成了我家的镇宅之宝，客人见了赞不绝口。

　　今年是新中国成立七十周年，我想起了当年我跟沙老在西泠印社拍的那些大师们的底片，决定用银盐相纸收藏级的工艺放大20英寸，在我的学生李小龙的专业黑白暗房里一直忙了几天几夜，终于完成。遗憾的是，1996年毕业于杭州工艺美术学校的李小龙，别说西泠大师的模样从没见过，有些大

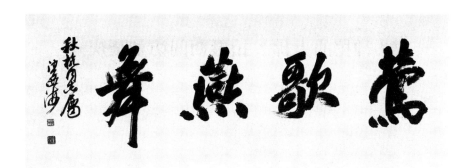

图16 沙老赠我五尺墨宝

师的名字都没有听说过……

　　和沙老相处的时候从没感觉到他是大师，只觉得他是位年长的学者。而现在把沙老的点滴小事汇集在一起时，一座丰碑便耸立在了我的眼前……因为我觉得我的摄影能走到今天这一步，跟沙老的缘分是分不开的。想起沙老"大器晚成"的谆谆教诲，这些底片在四十年后的今天才面世，真是感慨万千啊！

（原载《老照片》第 126 辑，2019 年 8 月出版）

《神秘的大佛》拍摄期间访刘晓庆

邓洪秀

北影来乐山拍电影

　　一部好的电影会捧红一些影星，也可以捧红一座城镇。1980 年电影《神秘的大佛》让乐山大佛走向了全国、走向了世界，1986 年电影《芙蓉镇》让同名的湘西小镇一时红遍全国。而这两部电影的女主角都是由刘晓庆担纲领衔主演。本文就谈谈四十余年前刘晓庆在乐山拍摄电影《神秘的大佛》时的一些往事。

　　1980 年 3 月，影片《神秘的大佛》正式在四川乐山开拍。因出演《南海长城》《瞧这一家子》《小花》而在影坛崭露头角、成为当时深受观众喜爱的青年演员刘晓庆作为女主角来到乐山，这一消息像长了翅膀一般很快传遍了乐山城。人们都密切关注着在乐山拍摄的第一部故事片，对影片充满了神秘感与殷切的期望。

访谈影星刘晓庆

　　1980 年 7 月初，在北影厂美工师王一的推介下，笔者在陕西街口的地委第二招待所三楼单独与刘晓庆进行了一次访谈。那天我先到王一的 303 房间，不一会儿王一带着刘晓庆进到房间来，互相握了握手，彼此问好，刘晓庆就坐在了我对面的床沿上。接着王一借故出去了，就剩下我和刘晓庆，开始我还有点紧张，毕竟刘晓庆已是家喻户晓的电影明星。

图 1 刘晓庆素颜照

　　面对着近在咫尺的刘晓庆，起初我总想从这张靓丽的脸上寻觅出她在电影《小花》中饰演游击队员何翠姑那坚毅刚强的眼神，以及她在《瞧这一家子》中饰演张岚的泼辣张扬又略显轻佻的咋咋呼呼的神态，但都看不出任何电影镜头中的痕迹。眼前的她就是她，是原汁原味、朴素本色的刘晓庆！

　　这天，刘晓庆穿着特别朴素，不施粉黛，就像"邻家的女孩"一般，素装淡雅却难掩其绝美的容颜，而且完全没有一点明星的派头，十分随和，一下扫除了初次见面的尴尬气氛，我慢慢平静下来，开始了长达半个小时的访谈。

　　对于刘晓庆出名之前的情况，以前我就有所了解。刘晓庆是涪陵人，四川音乐学院附中（初中）1968 级毕业生，1969 年下乡到了宣汉县胡家区农村当了知青，1972 年在修建襄渝铁路时，当上了宣汉县民兵团宣传队队长，在队里集弹扬琴及唱、跳、编导于一身，绝对的主心骨。招工时走不了，县里不放人。一咬牙，刘晓庆自己背着行李在公路边拦车去了达县（今达州）军分区要求参军。现场即兴表演后，刘晓庆靓丽的形象和姣好的身材，特别是她的多才多艺，使她顺利入伍穿上军装，进入达县军分区宣传队。

也就在这一年，刘晓庆随达县军分区宣传队来到乐山，与驻乐部队一四九师宣传队学习交流，住在一四九师招待所，并在乐山川剧团演出文艺节目，当时 0044 部队还没有建礼堂。达县军分区宣传队当时只有六个女兵、十一个男兵，经常下基层为连队演出节目，深受官兵们欢迎，被誉为四川省军区的一支"乌兰牧骑"式的演出队。刘晓庆进入宣传队，如鱼得水，其文娱天分得以尽情发挥，很快就成了宣传队的"台柱子"。

这次来乐山川剧团演出，因队里人员少，刘晓庆便身兼多职，既演小女孩，又演老大娘，兼跳舞蹈，还要表演扬琴独奏，这可是她在川音学的专业，且兼报幕，容颜才艺皆出众，获得全场观众阵阵掌声和喝彩。

这次的演出，因得到 0044 部队宣传队小唐、小陈送来的演出票，我得以首观刘晓庆多才多艺的表演。那时的刘晓庆，面庞光洁如玉，莞尔一笑，便能倾倒众生。

我们的话题也就从这次演出开始切入，我说："1972 年你随达县军分区来乐山川剧团演出，我就观看到你多才多艺的表演。我爱人那时就是 0044 部队宣传队的，当时你们来乐山还与她们宣传队学习切磋过《洗衣歌》中的西藏舞蹈。"刘晓庆频频点头称是，这样很快就拉近了我们谈话的距离。

1974 年 4 月，刘晓庆随达县军分区宣传队参加成都军区文艺会演，时任成都军区司令员的秦基伟看过会演节目后专门开会评价这次会演，认为业余宣传队的表演比战旗话剧团专业的好，"兵演兵，有模有样！"并指示要从各个宣传队抽调骨干充实到战旗话剧团。就这样，刘晓庆的芳容气质与多才多艺得到首肯，顺利进入成都军区战旗话剧团。不久，即被前来遴选演员的八一电影制片厂导演张勇手"慧眼识珠"看中，参加拍摄电影《南海长城》，初次登上银幕，饰演甜女。

刘晓庆挺平易近人的，没有那种大明星的架子，她也好像无话不谈。我们用普通话交流，讲到成都或乐山的事情时，也会说几句四川话。

刘晓庆问道："乐山地区川剧团你熟悉吗？"我说："非常熟悉！我兄弟就在川剧团拉小提琴。我还经常为他们剧团拍剧照嘞！"刘晓庆接着说道："我演的《神秘的大佛》中沙舵爷的家庭教师梦婕，她幼年时期（小梦婕）的演员就是在乐山川剧团选的一位小学员来饰演的。"这个饰演小梦婕的小学员叫陈小艺，虽然在这部电影中戏份很少，镜头也不多，但身材、脸型、气质都非常接近刘晓庆，也算为电影的成功锦上添花吧！也许是这初次的"触电"开阔了陈小艺的胸怀和视野，后来陈小艺也成了著名的影视明星。

　　刘晓庆说，她目前的编制还在成都军区战旗话剧团，是借调到北京电影制片厂的，工资仍由战旗话剧团发，按照正排职干部待遇，每月五十七元钱。这次随北影《神秘的大佛》剧组到乐山来拍片，为了节省费用，所有演职人

图2　美工师王一与刘晓庆、葛存壮在白塔街地委第二招待所楼顶合影。左边的王一在拍摄这张照片后没几天的一个晚上，在大佛寺东坡楼拍摄完工后，不慎摔伤成为植物人，不久后去世，令人唏嘘不已

员不管是主角还是配角，抑或跑龙套及剧组一般工作人员，无一特殊，全部住在地委第二招待所。所有房间设施条件都一样，没有空调，连电扇都没有，每间房四张床，为防蚊子叮咬，每张床都挂上一顶纱布蚊帐。每层楼一个公共厕所和公用洗澡间，那时的住宿条件就这个水平，每人每天住宿费八毛钱。所有人员伙食标准也一样，每人每天一元，另外享受同等的每人每天八毛钱出差补助。

《神秘的大佛》摄制成本总共只有十几万元人民币，但影响极大，前后发行了近三百个拷贝，在门票平均二毛五分的时代（那时乐山电影院，普通电影票价一毛七分，《神秘的大佛》之类宽银幕电影票两毛钱），票房总创收上亿元。

《神秘的大佛》是"文革"后我国拍摄的第一部武打故事片，武打的场面很多。

刘晓庆又问我："乐山体委的人你熟悉吗？"我说："非常熟悉呀！70年代乐山举办的各项体育比赛都是体委请我去拍照片。"刘晓庆又问："那你认识体委的体操教练吗？矮矮的。"我答道："很熟悉呀！叫朱朝荣，原是解放军八一体操队的运动员，1969年复员到我们地区印刷厂当了一名机印工。几年后专业对口调到乐山地区体委当体操教练，后来体委在老公园灯光球场旁建起了一座练功房，作为乐山培训体操和举重运动员的场地。"

1980年4月后，因电影中有许多武打场面，那个时候的演员基本上都没有找替身，所以在拍电影的时候，不管是一些动作武打戏还是一些其他的危险戏份，都是演员亲自出马，需要演员的"真功夫"。

刘晓庆说道："前些时，我每天早上7点准时到公园练功房去练功，受到朱教练的关照。练功非常辛苦，不时会碰得青一块紫一块的。不过我从入伍进入宣传队开始就经常练功，倒也适应。加之招待所到练功房也就不到十分钟路程，很方便。"刘晓庆边说边卷起裤脚："不但练功，现场拍片时也经常受伤，现在我这腿上都还留有青紫的痕迹。"

电影中刘晓庆扮演的女侠梦婕所用武器是软鞭，为了熟练掌握软鞭的功夫要领，刘晓庆自己做了一条鞭子，经常带在身边，一有工夫就抽出鞭子甩打几下，她的认真敬业和吃苦精神得到摄制组集体称赞，甚至眼睛被踢伤都

图 3 《神秘的大佛》拍摄期间，刘晓庆上剧之前在乌尤殿前留影。此照与重庆美术公司大玻璃橱窗里二十四英寸的照片几乎无异

不耽误拍戏进程。

那时拍电影还没有使用"威亚"，电影结尾阶段大战沙舵爷的情节中，在凌云寺前空坝上拍片，刘晓庆从三米高的墙上一跃而下，地面上没有任何的防摔保护措施，幸好刘晓庆有良好的基本功，动作矫健，身轻如燕，镜头没有转换而一气呵成，使影片拍得真实而精彩。

我又问起拍电影《小花》中她饰演的游击队员何翠姑抬担架上黄山石梯

坎的事。刘晓庆说当时用担架抬受伤的赵永生（唐国强饰）上陡坡梯坎，剧情为了让"伤员舒适一些"，要求在前面抬担架的何翠姑（刘晓庆饰）跪着上梯坎。刘晓庆说，导演担心刘晓庆膝盖受伤，提议让她膝盖上裹一层棉垫。刘晓庆认为那样拍特写就会"露馅"，不真实，于是坚持只穿单裤，加之唐国强体重不轻，所以真的是咬着牙一级一级石梯坎跪着抬上去的，拍完后两个膝盖都磕破皮渗出血了。影片播出时，这段场景非常真实感人，成为该片的一大亮点。

《神秘的大佛》电影还未拍完，刘晓庆的编制就从成都军区战旗话剧团

图 4 　《神秘的大佛》拍摄期间，刘晓庆上剧之前在乌尤殿前留影

正式调到北京电影制片厂，成为北影厂演员，后来与张金玲、李秀明一起成为80年代的"北影三花"。

刘晓庆还谈道，每拍摄完一部影片，除了工资和出差补贴外，影片上映后，还会发给她几十元钱的奖金，仅此而已。

首次拍照刘晓庆

我告诉刘晓庆，现在四川的几家新华印刷厂正在印制的1981年的挂历中有她的专辑，即从封面到12个月的月历，全是她的彩照。刘晓庆听了十分高兴，毕竟自己是四川人嘛！她忙问我能否为她搞一些寄去北京，我便请她给我留个地址。我从挎包里取出信笺和钢笔，刘晓庆挥笔留下了她当时的地址：北京平安里三号总政歌剧团。

我好奇地问："你不住在北影厂？"刘晓庆答道："我是借调去北影厂的，没有分宿舍。我爱人是总政歌剧团弹钢琴的，我住在他那儿，你寄总政歌剧团写我名字就能收到。"这个"弹钢琴的"就是刘晓庆的第一任丈夫，名叫王立。

至此，访谈差不多了，我对她说，"看在什么地方给你拍几张照片？"刘晓庆说："就去楼顶吧！"此时美工王一也进来了。接着，我们便去了楼顶。这天天气一般，薄云晴天，能见度不高，但光线柔和，拍人像还蛮好。

当时我只带了一部上海4B型双镜头照相机去，这种照相机没有自动卷片功能，每拍一张照片卷片时还得打开后背观察孔看着数字再卷片。之前其他人给刘晓庆拍照，绝对都是长枪短炮式高级相机拍彩片，而我的相机确实很显寒酸，并且还是黑白片，但机会难得，拍好每张照片最重要。

通过刚才的访谈，与刘晓庆已消除了"陌生感"，我也一点不紧张。刘晓庆很谦和，仍着便装，不施粉黛，我给她拍了几张单人照片后，她点名要请葛存壮老师和她的姐妹儿（服装师和化妆师）一起上来合个影。于是我见到了葛存壮老师，当时葛老师也才五十二岁。我给刘晓庆拍了两张与葛存壮的合照，其中一张增加了美工师王一（图2），另一张增加了刘晓庆要好的两姐妹儿。

这是刘晓庆第二次与葛存壮在电影中演对手戏了。在电影《小花》中，刘晓庆一人饰演两角色，即同时饰演永生娘和何翠姑，而葛存壮则也同时饰演两角色，即饰演大反派丁叔恒和丁稚云。在这部电影《神秘的大佛》中，刘晓庆饰演梦婕，而葛存壮又饰演大反派沙舵爷。两位演员在电影中的角色都是你死我活的敌人或仇人，然而生活中的刘晓庆却特别敬重这位"仇人"，亲切叫着"葛老师"，拍照时也未忘了要与葛存壮老师一起合影。

葛存壮在电影里饰演的是人人痛恨的大坏蛋，而生活中的葛存壮却是和蔼可亲的大好人，这天他脚穿北京老布鞋，手拿折扇，悠闲自得神态慈祥。而刘晓庆一颦一笑间，素装淡雅却难掩其绝美的容颜，身着短袖休闲衫，宽松的下装，一双极其普通的凉鞋，整个衣着打扮朴素而简洁，以后再也难看到刘晓庆类似的照片了。

电影中有这样一个情节："沙舵爷"被梦婕用钢球砸中脑袋而死的镜头需要连续不间断地拍摄，这给化妆师和道具师出了难题，剧组就用一个手控式埋在头发里的"血包"造出被钢球击中头部鲜血顺势而下的不切换镜头，带点血腥味又十分解恨，自然而逼真。

乌尤再遇刘晓庆

7月下旬一个星期天，晴空万里，又是一个大热天。我与内弟唐军相约好友王小方兄妹前往乌尤寺游玩，随身带着上海 4B 型照相机和自制摄影用反光板。

刚进到乌尤寺，就听有人说这里正在准备拍摄电影《神秘的大佛》，刘晓庆也正在乌尤寺方丈室休息。乌尤寺方丈遍能和尚与我父亲从 1942 年就成为世交好友，"文革"前我随父母亲多次来乌尤寺游玩都会找遍能，全家人一起在方丈室休息和午餐。

所以听说刘晓庆也在方丈室，我便迈步进方丈室，果然她正和她的妈妈刘慧华及妹妹冉晓红在一起休息，她妹妹身材背影及发型与刘晓庆像极了。此时，刘晓庆已化好装，穿着白色套裙，等着电影镜头开拍。

我坐在刘晓庆对面，这是第二次面对面与她谈话，已无陌生感。与她才

图5 《神秘的大佛》在乌尤寺止息处拍摄中

聊了几句，就听到有人叫刘晓庆，说重庆美术公司的摄影师来了，先去拍些宣传照片。我和唐军也就跟着一起来到旁边的山顶上（后来这里重建了一座"乌尤殿"）。重庆美术公司是重庆一家很大的美术、摄影公司，在重庆解放碑旁有一栋大楼，很有实力。只见重庆美术公司的摄影师带着一部日本产"玛米亚"照相机，价值好几万元，这在当时算很高档的相机了。我带的是一百二十八元一部的手动卷片照相机，但有过上一次的拍照经历，这种场面也就"不虚火"了。

刘晓庆到达乌尤殿南面的栏杆前，就决定在此拍摄了。

此时正值盛夏的中午时分，炎阳当空，正是顶光，这在摄影，特别是人物摄影来说是很忌讳的。刘晓庆穿的又是白色衣服，胶卷的曝光宽容度有限，拍出的人脸部肯定很暗，难以达到理想的效果。但只有电影开拍前的一点点空闲时间，即使顶光也得拍摄。

好在那天我带了自制的反光板，赶紧让唐军打开反光板，为刘晓庆脸部补光，方才较好地解决了这一难题。刘晓庆不断地变换着姿势，用现在的语言就叫"摆 POSE"，我和重庆美术公司的摄影师噼里啪啦一阵按动着快门，也就拍下了这组刘晓庆的剧装照。

不久后，我去重庆探亲，在解放碑旁重庆美术公司临街的大玻璃橱窗里看到了刘晓庆的二十四英寸照片，与我拍摄的这张（图3）几乎无异。

刚刚在乌尤殿前给刘晓庆拍完照片（图4），就听剧组有人喊话："准备开拍了！"我们也就收拾好相机离去。当王小方听说刘晓庆妈妈和妹妹也在时，说应该给她们母女仨拍张合影，我也猛然想起确实应该拍，因为这后来几十年间，刘晓庆的照片像雪片似的见诸各种媒体，但却鲜见刘晓庆和她妈妈及妹妹的合影，很是遗憾！

此时，刘晓庆换了一件蓝色旗袍，外罩一件白色无领开衫，正在乌尤寺山门下"止息"处拍摄电影镜头。我也赶紧下去，与摄影师梁子勇打了个招呼，拍了一张真正的"剧照"——司徒骏在去凌云寺的路上遇到梦婕（图5）。

意犹未尽的故事

之后不久，接到摄影师梁子勇给我的信件，信中说："刘晓庆于八月十二日离开北京，前往黑龙江省五常县山河屯拍摄电影《原野》。"这一年10月，成都、重庆新华印刷厂的朋友给我寄来刘晓庆专辑的挂历，我按最初对刘晓庆的承诺，连同我给他拍的照片分批寄到她北京总政歌剧团的家中。或许是因为刘晓庆常年在外拍戏，全身心投入她热爱的事业中，不知道她后来多久才收到我的信件及包裹，也一直未收到她的回复。

1988年8月，为感谢摄制组为宣传乐山所做出的贡献，乐山市政府在嘉

图6　2014年，刘晓庆来乐山期间，手持获赠老照片。刘晓庆微博照片

州宾馆举行简单仪式，授予《神秘的大佛》导演张华勋、女主角刘晓庆为乐山"荣誉市民"称号。

　　2014年10月23日，刘晓庆来乐山，受到乐山市有关领导亲切接见，并赠送刘晓庆在乐山拍摄电影《神秘的大佛》期间的照片（图6），其中右面一张就是我为刘晓庆、葛存壮、王一拍的合影。

　　回过头来再看看当年笔者为刘晓庆拍摄的这些黑白素装照片，似乎找到一番返璞归真的感受！

（原载《老照片》第138辑，2021年8月出版）

马海德与艾黎在南滨农场

王超和

　　那是 1983 年 3 月，马海德、艾黎偕同卸任外交部部长的黄华到三亚鹿回头休养。28 日那天，我听到黄老、马老和艾黎一行要到南滨油棕园参观，兴奋之余，毫不迟疑地背上 135 照相机赶往胜利队的薄壳油棕园。

　　马海德是第一个加入中国国籍的美国人。他 1936 年赴延安参加中国革命，新中国成立后担任卫生部顾问，是著名的麻风病专家。路易·艾黎是新西兰人，1927 年来到中国，此后为中国人民的解放和建设事业奋斗了整整六十年，我读过他的文学作品，收藏有他的诗集《艾黎诗选》。黄华早年是燕京大学的高才生，1936 年参加中国共产党，开始是陕北苏区红军总部翻译，与马海德共事多年。他当过朱德和叶剑英的秘书，解放后是著名的外交家，1971 年为首任中国驻联合国及安理会代表。三十六年前，我在海南三亚市南滨农场有幸见到这三位老人，心中一直都感到荣幸和快意。

　　南滨农场是在海南最南端的国营农场，1952 年建场开始就大面积种植了有战略意义油棕树，但是它的果实榨油率并不高。1975 年左右，从非洲引进了薄壳油棕树，结的果实壳薄、皮肉厚、含油率高。在南滨农场大面积播种后，薄壳油棕声名鹊起，引人注目。这也成了海南南部的一道风景线，吸引了不少文人墨客。自然也引起了马老、艾老和黄老的关注。

　　上午 10 时，胜利队油棕园里春风习习，叠翠的棕树婆娑摇影。黄老、马老、艾老一边仔细听着农场副书记黄玉清的介绍，一边拍照记录油棕树的倩影风姿。艾老头戴一顶大草帽，穿深蓝色的西装短裤，白色外衣的三个外缝大袋大得惊人，衣袋里还插着一个眼镜夹子，看上去像个十足的"老北京"。他已经八十有七，仍然自如地在油棕园里走来走去，不时地拿起相机拍照，好似个年轻活泼的记者。

马老中等身材，穿一套深色衣服，脚踏我国北方人穿的布鞋，外衣敞开着，脖子上挂着两副眼镜，别有风趣。若不看其脸，恐怕不会知道他还是一位美国血统的中国人！那时马老已年过古稀，但他的眼睛闪着神气，脸上洋溢着微笑。而对新植的油棕，不时抚摸光亮的红棕色油棕果穗，还动手摘撷带刺的果穗，毫无疲倦之意。过一个小坎沟时，随行人员要扶他，可马老摆手谢绝，一个箭步跨了过去，看得出来他的身体结实如年轻人。黄老当天穿了一件浅灰白色外套，显得十分精神，他很有兴致地在油棕树上摘了一颗油棕果粒，给马老和艾老观赏。

出了油棕园，回农场招待所，三老登楼眺望，周围的椰树、油棕和鱼塘的杨柳，以及不远处的工厂、人工湖相映成趣，南国风光，令人陶醉。他们感叹提笔，为南滨农场留下了美好的祝福。黄华题词为"祝南滨农场全体同

图 1　黄华、卫生部顾问马海德和著名作家艾黎视察南滨油棕园

图2　艾黎在南滨

志为祖国社会主义建设继续努力做出新的贡献"。马老题词用英文，大意是：
祝南滨农场干部职工经过二十多年努力种植薄壳油棕成功！希望产量到2000
年翻番。署名用了中文。艾老用英文写下了一首诗，虽然我看不懂，但我想
那必是赞美南滨的篇章。

　　分别时，三老似乎都认出了我。在车子里，黄华副委员长伸出手来与我
握手，马老还留下他的名片，并用熟练的普通话与我话别。事后两个月，马

图3　马海德在南滨

老给我回了信："寄来的照片和信已收到，有关照片已送黄华和艾黎同志，谢谢你！"

如今，三十六年过去了，而三位老者的形象，永远留在了我的心中。

（原载《老照片》第 127 辑，2019 年 10 月出版）

与摄影家吴印咸的一次接触

邹存荣

1984 年初，我因病住进了北京小汤山疗养院。听同室病友说，院里住着一位专为毛主席照相的老头。经打听才知道是摄影家吴印咸。我喜爱摄影，所以对于吴老的事迹比较熟悉，很是仰慕。电影《风云儿女》《马路天使》使我知道了他的大名，后来中共在延安的影像资料也大多由他拍摄。伊文思赠给延安的摄影器材由他经手接收的故事，也是众所周知的。我窃喜能有此机会接近他，以表达对他的仰慕之情并一睹他的风采。由于在理疗室常常遇到，我便有意识地与他搭讪。原以为名人一定架子很大，难以接近，孰料这位老人却平易近人，时间长了，我们也就熟悉起来了。

年前，老伴儿从家乡黑龙江来京看我时，曾登八达岭长城，拍了张照片（图 1），我想何不趁此机会求吴老签个名以作纪念。一天，我怀着忐忑的心情向他提了出来。令我欣喜的是，他不假思索地答应了并告知了他的住处：疗养院最西边几座二层小楼中的一座（那是高干疗养区）。两天后我去送照片，他开门客气地请我坐。但见桌子上摆着一台放大机，几个冲洗照片的磁盘和许多装底片的小纸口袋。显然，他在疗养中也不时在工作。其时吴老该有八十多岁了，此情此景不禁令人起敬。坐定后他问我爱好摄影有多长时间了，以及用什么相机等等，我一一作答。起初，我还有些紧张，但吴老的和颜悦色使我的情绪很快放松下来。为了不过多打扰吴老休息，我很快就告辞了。大约有半个月，我在理疗室未见到吴老，我心里很是着急和纳闷。

有一天，我的住室有人敲门，开门见是一位六十岁左右模样的人。他自我介绍说是吴印咸的儿子，说这些天他父亲因有事回城里了，照片签名晚了

图 1　我和老伴的合影

些，叫我久等了。从交谈中得知他是徐州司法局的干部，离休后来京探视父亲，这几天在疗养院照顾父亲的起居。

　　不久我要出院了，向吴老提出合照一张相，他叫儿子在二楼楼梯上为我俩在院中汤池边拍了这张照片（图2），之后和吴老在院内的小道散步时，吴老用我的相机又为我拍了几张照片。其时吴老的《摄影构图120例》一书恰好出版，我进城在王府井新华书店购得，吴老也为我签了名。我回家后，把吴老为我拍的照片洗好连同底片寄去，请他签名和评点并询问他近来的生活状况。他回信说，去青岛疗养一段时间后，又回到小汤山疗养院，仍住原来的房间，还说我印放的照片调子有些硬，待过些时候给我重新印放。没过多长时间，吴老就把印放并签名的照片寄来了（图3），并告诉我："显影液用的D-76，相纸是厦门2号。"为了不打扰他，此后我就再也没有与他联系。

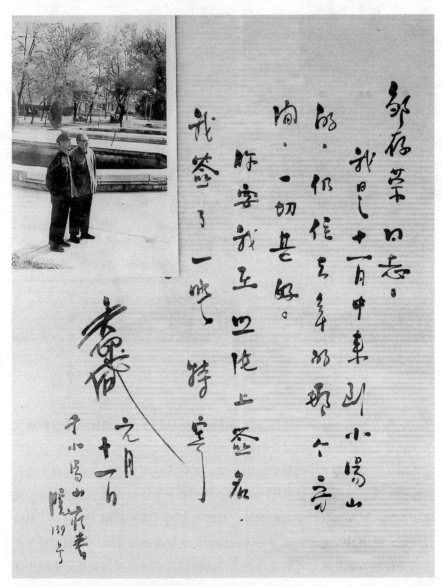

图2　我和吴印咸的合影及吴印咸的来信

图 3　吴印咸印张和签名的照片

　　时光匆匆地过去了三十多年。吴老寿高九十多岁也作古多年了，照片中的我老伴儿也离我而去多年了，而今我也进入了耄耋之年。每一次翻看这几张照片时，我都不禁感慨万端！

　　作为一个普通摄影爱好者，能有机会得到摄影大家的接见，而且他还为我拍照，并与我通信，真是此生有幸的事！每念及此，当年的情景仿佛如昨。

（原载《老照片》第 127 辑，2019 年 10 月出版）

怀念周汝昌先生

殷占堂

2018 年 4 月 14 日是中国著名红学家、诗人、书法家周汝昌先生一百周年诞辰。

周先生早年学的是英语，但他为研究红学，煎熬奋战了一生，为我国红学研究立下了丰功伟业。正如他的女儿周伦玲所言：觉得爸爸最后是被累死的……九十五岁高龄，听力、视力极差，但头脑却格外清醒。先生躺在床上还让女儿给他读他早年写的《红楼梦》研究资料，并且时不时要改动，要添加新的观点，头脑思维之清醒，让人吃惊！

这可真是鞠躬尽瘁，为红学研究用尽了最后一口气呀！

我结识周先生是缘于老同学韩进廉。四十年前我在河北电视台任编导，韩进廉在河北师大中文系任教授。我们在张北一中读书时，因为共同对文学的偏爱而结为好友，还一起编过油印的校刊小报。

在石家庄能遇到同学、老乡，自然格外亲切。我住在电视台单身宿舍，进廉的爱人是市妇幼保健院的医生，家就住在医院里，休假日我便常去他家吃饺子，吃莜面。进廉十分勤奋，每天学习写作到深夜。除了教学，他热心研究红学，专心致志于写一本《红学史稿》，并得到周汝昌先生的鼓励和帮助，与周先生常有书信来往。那个时代家里既无电话，更无手机，只有书信往来。我因为去中央台送电视节目（那时都是电影胶片带），所以经常去北京出差。于是进廉就托我到周先生家去送信件，一来二往便与周先生熟了。

当时周先生一家住在北京站附近的禄米仓胡同一处大杂院里的北房，好像只有两间房，外屋会客，里屋是书房兼卧室。这么一位贡献卓著的大家，住如

图1　酷热的夏天，周汝昌先生在自家小院的圆石桌上写作

此之简室让我很吃惊！周先生是真正的大家，可是待人却十分谦恭，他温文尔雅，面带微笑，嘘寒问暖地和我拉家常，知道我喜欢书画，分别时便主动拿出墨宝送我，还说自己眼力差，写得不好，请多多指教。当年也没有什么艺术投资意识，来得容易，去得也快，周先生送我的书法作品都让电视台同仁和朋友要走了，不过有一首周先生自己的诗，写在我的册页上，保存至今。周先生告诉我，这是他去苏联开世界红学会议，在飞往莫斯科的飞机上写的：

> 九万里风谁与偕，
> 白云俯视地褱哀。
> 凌空不为囊星斗，
> 录取青埂真字来。

有一次，周先生说要给我写一幅字，谦虚地问："写什么好呢？"我说："先生为红学研究夜以继日，在花甲之年不顾眼耳有疾，争分夺秒辛勤耕耘。我要向先生学习，就写唐朝孟郊的诗吧：'夜吟晓不休，苦吟鬼神愁，如何不自闲，心与身为愁。'"先生一听说："好呀！让我们共勉吧！"便很利索地写了下来。

当年我们拍电视片，片头片尾的字幕全是美工手写，然后拍照，再编辑到电视片上。我编导的《巍巍太行》系列片是响应胡耀邦"黄龙变绿龙"的号召而拍的重点片，为了增加影响力，我便到北京请周汝昌先生、梅阡先生、总政副主任史进前先生写了每一集的片名。记得数周先生写得多，写得认真。可惜由于尺寸小，又几次搬家加上朋友索要，大都散失了。

周先生听力极差，谈话不戴助听器几乎无法交流。有一次我受托给他送去一副日本产的助听器，先生当下就戴上试了试说很清楚，又小又轻，十分高兴并连声称谢，这是几十年前的事了。这副耳机助听器是一位日本红学研究者买的（也是周先生的弟子），委托我在日本的亲戚带回，我再给周先生送去。

周先生一生勤奋苦学，孜孜不倦，让人万分敬佩！

有一次，正是酷暑时节，我去拜望先生。进入大院看见先生正光着上身

图2　周汝昌先生亲切地握着笔者的手叙家常

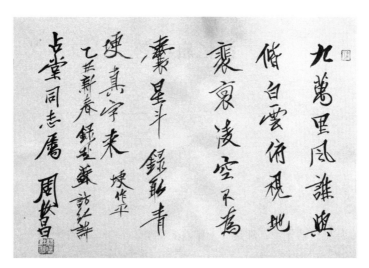

图3 周汝昌先生赠送给笔者的书法作品

在自家门前房檐下，端坐在一个圆石桌前聚精会神地写作，厚实花白的头发，专注的神情，消瘦的身躯，一位红学大家，平凡而又伟岸的风貌使我十分感动，急忙掏出相机抓拍了下来。前两年恭王府的美术部负责人冯令刚来我家玩，看到了这幅照片。他在艺术研究院工作时也曾是周先生的弟子，便将照片要去，说送给周先生的家人。后来他来电话说已转交了，周先生的女儿还说谢谢，如果有其他的照片也想要。出于当记者的习惯，在我多次拜访周先生时肯定拍了不少照片，可都是胶片底版，几十年存了好几箱子至今也未来得及整理，再说就是有了底片，也不好找洗印的地方了。1986年我出国之后工作很忙，很少回国，有一次回国拍片抽空去探访先生，邻居说搬走了，详情不知，只好作罢。一晃我出国已三十多年，到2012年5月31日先生逝世，再也未见，万分遗憾。愿先生在天之灵好好安息，别再累着了。

　　蜡尽泪干驾鹤去，红学伟业重如山。

　　百年诞辰万人颂，音容笑貌浮眼前。

（原载《老照片》第118辑，2018年4月出版）

417

漫忆启功老

吴龙友

有幸拜见启功先生，那是三十年前的事了。

为拍摄文献电影《书法家沙孟海》，1987年春在百花争艳的西子湖畔，我第一次造访了仰慕已久的启功老。

当我向他汇报，这部电影的拍摄大纲，进而说明具体内容及开头与结尾等情况后，着重提出请他老人家出任该片艺术顾问的要求。

先生听后说：好！好！沙老对后学器重、鼓励，我发自内心敬重他，非常值得拍，这是光荣任务。紧跟着又讲：因为北京、杭州不便，所以审稿、审片基本委托你办，具体事沙老认可就行。随后继续说：我没有看过本子，根据刚才讲的结尾结在兰亭书会，我看不一定，把兰亭书会位置抬高了，那只是沙孟海先生活动的一部分，没有书会他也伟大。结在"满江红"也不妥，太悲切。岁月无穷，弟子满堂，还不断有新作问世，都可以结嘛。

先生谈话，给了我启示。

次日晚，我以急切求教、求助的心理，走进启先生在杭州的临时住地，再度打搅启老。

老人家满脸笑容，开门见山地说关于拍电影的事，回来后他又想了很多，接着说出两点：一是沙孟海先生年事已高，伏案机会越来越少，有关写字的内容，你们应该多拍些，观众想看的，也就是他如何运笔，怎么写字；二是进一步明确他昨天的谈话，说结尾决不要结在外国人身上，因为书法是中华民族优秀的传统文化。

言简意赅，聆听了先生的两次谈话，我信心更足了。

图 1　启老在家

在启功先生的全力支持与多次点拨下，我顺利地完成了这部影片的拍摄。

1987 年 4 月 10 日的兰亭，阳光明媚，迎来了中日两国高水平的 41 位书法家，对坐墨池两侧交流书艺。笔者随团进入现场，感受了这一空前盛况。启先生兴奋不已，即席书自作诗一首："临风朗咏畅怀人，情有同欣今有因。可比诸贤清兴永，水流无尽岁长春。"头天 4 月 9 日，他与沙老两人在杭州饭店小礼堂的中日书法研讨会后，以其特有的乐观与幽默，愉快接受了中外记者的提问，当有人提到启功与沙孟海如何如何时，先生立即表示，我与沙老不能相提并论，我毕竟是后学……谦逊的表白，引来满堂笑声。

1989 年，我筹拍陆俨少先生的文献记录电影，经与陆老商定，有关拍片事，一则求教启功先生指点，二则劳其题写片名。为表示慎重，陆老拟字条一张。

某日，我来到北师大西北角的小红楼，这里花草掩映，树木葱茏。

走进二楼的书房兼会客室，眼前书架满墙，架上书籍一层压一层，透过一张门帘，又见屋内书橱排列整齐，存有更多的书，皆摆放有序。靠门的墙上高悬李叔同照片，丰子恺先生亲笔题赠"弘一大师肖像，启功先生惠存"。西墙还挂有米芾行书手札的复制照。沙发边摆放几盆绿色植物，生机盎然。

启老边让座，边对我说：见笑，有些乱，嗨，我就生活在书堆里。

坐定后，我向老人家递上陆先生的字条，并汇报了有关拍摄陆俨少先生影片的简单情况。听了我的叙述，启老讲：呃，陆俨少先生他吃过很多苦，山水画得很好，非常值得拍。并建议我：陆老对长江很有研究，建议着重展示三峡图卷。当我提出求其题写片名想法时，先生二话没说，欣然挥就"山水画大师陆俨少"，还问一句："可以吗？"我被问得有点难堪，连说："太好了，太好了，谢谢！"

2000 年 12 月 30 日下午，我去给先生拜年，其间讲到自己近年来，在不

图2　启老与沙老接受记者采访

少朋友影响下，利用拍摄的空隙，拾掇起儿时想当书法家那图画般的梦幻，又开始练习写字，可总觉得很难，并且还泛泛地谈到拍片、写作中的许多不易之处，所以至今自己还觉得空落落的，长进不大。

先生听后，立即向我指出，恭谦不是这样恭谦法的，不要自识太薄。成绩与不足都应该看到，更要紧的是今后的努力。接着，与我说起他自己的经历。小时候，他看到祖父书案旁，挂着一幅他叔祖画的墨笔山水，山川稠密，笔画精细，心里非常喜欢，幼小的艺术心灵受到启迪。说他也想当画家，后来又拜了一位陆军部的年老公务员，北洋段祺瑞时代的贾羲民做老师，先跟他读书做文章，后跟他学画画，还跟过吴镜汀学画山水。他有一位叔祖还领他去见齐白石，让他学刻图章，写篆字……学习过程中，碰到不少问题，受过刺激，也泄过气，后来因为老师的鼓励，又获得信心。十八岁时，一位长亲命他画画，说要裱成挂起，但又说画完后不让落款，说由老师代写款，这对他来说，是一次"沉重打击"，深感"奇耻大辱"。从这以后，便暗下决心，发愤练字。以此证明，愤悱实是用功的起点……

图3　启老与侯刚、吴龙友

图4 启老为吴龙友的书法题跋

　　先生一口气说了那么多，乘其兴致来时，我将在家写的南宋姜白石"湖上寓居杂咏"书法取出，请先生指点。老人家追溯往事，意犹未尽，当看到拙作后，一边勉励一边思考，紧接着就捉笔题跋："白石道人，韵语不减放翁，于南渡诗人中，宜居上选，吴公龙友，喜其绝句，一再书之，此卷尤为得意之笔，公元二千年十二月三十日，北来见访，出此相示，喜为题后，目眚未痊，书不成字，启功，时年八十又八。"启老收笔，哈哈一笑，我却受宠若惊，激动不已，可又心存惭愧，想想只好日后用功来报先生的关爱了。

　　2001年初，我参与筹编《二十世纪十大书家遗墨》。在求启老写序时，先生说："呃，真了不得，这工程可不小啊，你们要编好噢。说不上作序，我写几句就是了。"数天后，再度拜访，气势恢宏的诗句："六书文化重神州，一百年来第一流。曾见仙人挥健笔，龙跳虎坠共天游"和"二十世纪十大书家遗墨，公元二千年夏启功敬书"的落款赫然同前。

　　2004年初，京城春寒料峭，大风吹得呼呼作响。为了当年三月初三在绍兴兰亭举办的书法节，我又来打搅九二老人启功先生。来到先生住所，老人家正手扶铁架从卫生间移步出门，见我来了，他"嘿"的一声笑后说：欢迎。
　　他吃力地坐定后，开口戏说：我现在可不一样了，有四条肉腿和四条铁腿，别看八条腿，可就是上不了楼。老人家丝毫没有因此而沮丧，一如既往，谈笑风生。

我接过话茬说，住楼下不是更方便嘛。又说，这次是受关田兄和绍兴市的委托，为兰亭书法节而来，听说绍兴有人已经来过，您很支持。启老一脸歉意说："哎呀，我忘了，忘了，抱歉，抱歉。"我说："不要抱歉，我还要给您老添麻烦呢。"

启老继续讲："别，别客气，尽说无妨。我听人家说，绍兴政府对兰亭的书法活动，多年来一直很重视，您知道吗？"

我说是啊，并告诉他："原本只有五十几亩地的兰亭，去年已扩大到二百余亩，绍兴市投资五千多万，还要建碑林，造'二王'纪念馆，培训中心，兰亭中国书法艺术学院开学在即，还把书法作为绍兴的窗口……"

启老听后，神情矍铄地说："好，这个好！1987年春天那次，很热闹，沙老到场，还有顾廷龙等人，我也去了，以后又听他们经常办这个聚会，今儿听您这么一介绍，感觉就更好了，哈哈。"

"哎，怎么样？这次来有何指教。"启先生接着问我，我就将书法节打算出诗集，想求他写个序的事说了，并告诉他，为防万一，所以与俞建华先生一起去过绍兴，还拟了草稿。

他接过稿子看后："要是还用那个名字（指《兰亭集序》）是否太高了，另找一个说法好不好？"

我说好。紧接着先生又说："呃，那咱们一起研究，用新的词句，要提到那个问题（指《兰亭集序》），但不能把他扣死了，应当以仰慕、追踪、学习的思想去考虑。如果说原来叫《兰亭集序》，现在搞个《新兰亭集序》，这脸皮是不是太厚了，那要给后人骂的呀。"还说："尤其不要用我的字集字，那不好，就排印（指铅字）也可以，我想一点词，不要说谁写的。"

我立刻表示，那不行，当代中华大地，唯有您老才够资格，为什么不要说明。启老听后不语。

稍事片刻，先生又说，我们跟他（指王羲之）比在一起，我觉得实在惭愧。

隔了两天我又去，屋里宾朋满座，他向我招手，我凑近他身边，启老说："这几天来的人实在太多，搅得我想不出词儿，这样好不好，请容我再耽搁

图5 启老在兰亭书会上

一两天。"

我说行。嘴里这么说，可心里却咯噔一下，咋办？要真想不来，不是没戏啦，可怎么向书法节交代？回到住地久久不能入睡。

又一次去时，老人家见我就说："嘿，昨儿我想了几句，请指教。"我说不敢。

坐定后，他将诗稿交给我，并说到时候再改改，很快又说："这会儿我再言几句，您记一下好不好？""好！"我当即取笔，启老讲，我记。年岁毕竟大了，说着说着又回到前面的话上去了，言者吃力，听的人也累，真是难为先生了，但看得出他的思维还是很清晰的。

一会儿，走进冯其庸先生，启老立即介绍；这位是杭州的吴龙友同志，为记载兰亭聚会的事来。冯先生听后就接话，说有一次在庐山，听讲东林寺边有个池塘，台阶石头是王羲之的碑刻，这事你们倒可以去看看，说完启老又向冯先生介绍："他们绍兴对书法很重视，尤其兰亭的活动搞得很热闹。"

指着我对冯先生说："他们真幸福，浙江好，有兰亭，有沙孟海先生，沙老人品好，学问好，为人和气……"

等客人走后，我们继续边谈边记，此刻时针已指七点钟，阿姨端来一个小木盘，上有饭菜少许，还放着一听雪碧。启老说，在这儿吃吧。我说不啦。先生又说："龙友，把您给搞苦了，您回去整理一下，明儿咱们接着聊。"

这样经过六天时间，序文与诗已基本整理写好，找了一个适当的时间，我再次登门。我先把初稿与先生读一遍。

读完后，我把稿子交给先生，他边看边改，第一段"在山阴兰亭曲水之间"改为"曲水之滨"；第二段末句"所谓玄言之作，当于兰亭诸贤之作求之"其中倒数第三字"作"改为"诗"。最后一段尾句，谨具数言，"以致其盛"改为"以鸣其盛"。

启老还将第二首诗的后两句作了修改："流觞曲水群贤句"改成"今朝曲水群贤句"，"应是南朝极盛音"改成"应是中华极盛音"。

我将所改稿子又整理一遍，几天后的下午早早地过去，三点钟就进门，先生没起床，侄子也不在，阿姨说，要不是这几天您跟爷爷谈得很迟，很熟，否则我是不敢开门的，叔叔（指启老侄子）对我说过，他们不在家，谁也别让进，借此机会，我就向阿姨了解些启老的日常起居：早上八时左右起床，用完午餐休息到三点半前后，晚上十点前睡下，醒来时按一下床边的键，侄子就会去帮他起床。一天吃得不多，但有个小小的习惯，床头放些点心、饮料，想吃了顺手可以拿到，戴了假牙还爱吃花生米……记得好几回我去，也让我陪他一块儿吃花生米，想想真好玩。

快四点钟，侄子回来一看，说老爷子还没醒？我说没有啊，还闭着灯呢，因为有时候他是开着灯睡的，看来今儿睡得特别香。接着我与启老侄子章景怀聊上了，景怀说，老爷子除了腿不便，其他都还好，脑子特别清楚……说着，启老的学生北师大赵仁珪老师来了，告诉我启老还带着12个博士生呢，明天要在这屋子里作开题报告，他来告诉先生，顺便看一下位子怎么安排。等到五点半，先生还不醒，赵老师先告辞了，走前对景怀说，告诉启老他明天会早点来。又过去一个小时，六点半，天都黑了，我跟景怀说，把老爷子叫起来吧，要不然今晚上他会睡不好的。侄子听了觉得有理，便推门，开

图6 启老在兰亭书会上

灯，把老先生唤醒，帮他穿衣，穿裤，上厕所，一套程序完成，启老"精神地""八腿"挪步，见我又是一笑，"嘿"，很高兴的样子，待桌边坐定，我递上稿子，他拿起放大镜，稿纸几乎又凑到鼻子尖，移看完毕，说了声："好，我签字，您盖章。"

一切就绪，我说："启老辛苦了，谢谢您，明天我就回南方，要再见啦。"先生听后讲："回去看看大家，代我问声好。"片刻后继续认真地说："哎，您到家后告诉绍兴，告诉关田，说启功要求，所搞的东西过得去过去，过不去就改……"

2005年1月3日，按以往习惯在进京的火车上，我给先生去电，启老问我，在哪儿呢？我答还在火车上。先生又回话，好，那明儿来吧，我一定恭候。

次日在给启老拜年时，我问："我们浙江想给您做一线装的书法集，您看行吗？""好啊！"先生迅速回答。说罢我拿纸捉笔，写出"建议将启功画集中的书法部分，再加未发表过的作品数件，用一百二十个筒子页，以古籍线装的形式出版"一段，并在这张纸上签了"吴龙友，二〇〇五年元月四日"字样。

写完后，将纸交给先生，老人家看了哈哈一笑，并说：好！紧接着又开口：笔。我会意地递上一支钢笔，见他不紧不慢地，在这篇字旁，写上"这个办法很好启功同意"10个字，启先生放下笔又是一笑，令当时在场的各位，都为之兴奋，我还请北师大原办公室主任侯刚先生（他一直兼任启功先生的秘书工作）也签了名字。

从这以后，先生很少下床。有一天我去，听见他在卧室里按铃的声响，知道他想起来，侄子和我推门而入，老人家问现在几点钟，景怀回答：5点钟，他又问是晚上5点钟还是早晨5点钟。我就说，是下午5点钟。"噢！"先生应了一声，接着，景怀和阿姨，一起帮他穿衣服，醒了不到半小时，他又要去睡了……

返回杭州，与景怀电话不断。有一次阿姨接电话，说爷爷头天睡下，到第三天才醒过来，我们都急坏了。又有两回听景怀说，老爷子现不想吃，挺麻烦。

1月25日，先生晕了，赶紧送医院救治，临近春节，他很想回家，大夫给开了药，又配护工，在腊月二十七即2月5日，用救护车把他送回居住多年的红六楼。

返家才三天，正是大年初一，普天同欢的日子里，先生因昏迷，又被送进医院抢救，当时做CT检查，发现脑部有血栓，在与郑喆（启老的侄媳，主要照顾先生的家人）的通话中，得知启功先生的情况不太好，郑喆说，您隔两三天来个电话吧。

后经治疗，病情略有缓解，先生又回到普通病房。

几天后，与章景怀通话，说又严重起来，并讲他再也不能说话了，但还认识人。

3月4日，我那年第二次赴京，一则与先生的家人及有关方面，沟通《启功书法作品选》进展情况，更要紧的是探望思念已久的启功老先生。

医院规定，每周只有周三、周六的下午 3 时至 4 时，为重症监护病房探视时间。

3 月 5 日，即星期六下午，我随景怀去医院。3 时整，我第一个换鞋进入病房，走到老人身边，我问护工，可以碰吗？可以和他说话吗？护工同意，我便抚摸先生的手，同时开口：启老，我是吴龙友，刚到北京，看您来了。话音刚落，他半侧着躺卧的身子，用右手摆弄三次。护工说，他示意已经知道。

望着眼前的先生，使我联想起平日他那笑口常开、和蔼可亲的慈祥面容，不禁一阵心酸。

次日，我带着十分难受的心情，离开北京。

3 月 13 日，接到侯刚先生电话说：老爷子较前些日子稍好，能睁开眼，还用手指自己的口，示意不能说话，听这消息，我当时非常欣慰。

在以后的日子里，我忙于搜集资料，准备《启功书法作品选》的出版，计划在 7 月 26 日，先生九十三岁寿诞时拿出。并继续与其家人保持联系，但得到的消息都是不妙。

6 月中旬去电北京，探询启老病情，并说书稿已整理得差不多，打算来碰下头。景怀告诉我，启先生气管已切开，靠呼吸机呼吸，可遭罪了，每况愈下，朝下坡路走，您来吧。

就这样，我带上整理好的《启功书法作品选》模拟本，以沉重的心情离杭，当年第三次进京。

28 日上午，拨通景怀电话，他急着说：在二窟呢，您快来吧。

一进门，见有王靖宪、赵仁珪、侯刚等先生及家人，在看启老收藏的碑帖，准备出版《坚净居丛帖》，该帖将分：临写、鉴赏、珍藏三卷。

29 日晨，我早早就到红六楼，景怀颇为紧张地说，昨儿晚上我在那里待到 6 时 30 分才离开，刚到家不久，医院来电话说又在抢救，我赶紧返回，等我到时又稍稍平静些。

正说到这儿，侯刚先生进门，我们三人一起商量作品选的模拟本，略变原有想法，两卷改出一卷，新旧作品并存改成全新，方针稍有不同，内容当需重新征集。片刻，赵仁珪先生到，侯先生拿出讣告发送名单核对、认定。

图 7　启老与吴龙友

　　下午 2 时 10 分，从北师大出发。3 时整，景怀又让我第一个进入重症监护病房，与上回不同，这次是隔着玻璃，在门外探视。我问一旁的护士，老人家怎么样，她说不好，都有两天一夜没合眼了。

　　面对着先生的病床，我双手合十，嘴里念叨：启老，吴龙友又从杭州来看您了，线装本已初具眉目，我们一定会搞好的，您就放心吧。六分钟后我即离开。3 时半刚过，又开始抢救，四时多渐趋平静，医生出来说：今天很危险，家属不要走。

　　眼看时针已指 5 点，探望人已慢慢散尽，景怀握住我的手说，吴先生，走吧，我在这儿守着，请放心。无奈之下，我忧心忡忡地返回住地。

　　万万没有想到的是，在我走出医院还不到 10 个小时，2005 年 6 月 30 日凌晨 2 时 25 分，他老人家永远地离开了我们，结束了他九十三岁坎坷而又如夏花般绚烂的生命历程。

　　回顾 1987 年因拍电影，而认识启功先生的十九年中，探望先生岁岁不断，我已记不清有多少次到过这环境幽雅的红六楼，其间，我有幸多次目睹先生的书画创作过程，并拜读他送给我各类著作，每每踏进这一门楼，心里倍感亲切和鼓舞，先生妙语时出，那幽默而富哲理的谈话，常常会把人逗乐以后又能叫你产生丰富的联想……

忆往昔，师诲弟，书理、画理、做人理，理理终身受益。

言如今，我缅公，友情、亲情、薰草情，情情永世难忘。

先生！我们将永远怀念您！

（原载《老照片》第 111 辑，2017 年 2 月出版）

采访台湾艺人凌峰札记

庞守义

　　1987年台湾老兵向当局请愿，要求返乡探亲，经过长时间的交涉和斗争，终于在10月15日，台湾当局宣布开放台湾赴大陆探亲和旅游。两岸长达三十八年隔绝的局面被打破，众多的台胞返回故里，与家人团聚。我意识到将会有很多感人的故事产生，我努力寻找这个能够定格历史的瞬间。我向好多的媒体朋友求助，请他们提供线索。很快得到在中国新闻社工作的同行告知：凌峰，山东青岛人，四岁时随父母去了台湾，现今是台湾金钟奖最佳男歌手，曾和当红歌星邓丽君同台演出，他现已启程，随着赴大陆探亲的人流，即将回到青岛，并在大陆拍摄电视系列片《八千里路云和月》。

　　三天后，我按预约准时在济南和凌峰相见，提出采访他探亲的要求，他热情相迎，十分爽快地答应，并表示尽力配合。

　　凌峰，四十开外，中等身材，锃亮的光头戴着的礼帽，一双黑布鞋袜，衣着简朴随意，言谈吐幽默风趣。

　　"大陆是我的生母，台湾是我的养母，海峡两岸都是我的家。今天我踏上这祖辈生息的土地，那梦绕魂牵的故乡，我格外激动。"这别具一格的开场白，拉近了我们彼此的距离。随后在几天的相处中，我感到他的情感总处在亢奋之中。亲人那张张团聚的笑脸，一双双含泪的眼睛，在迎接这位远方游子的归来。凌峰望着九十三岁高龄的外祖母那如雪的白发和慈祥的面容，他情不自禁扑上去："姥娘，我想你啊！"热泪扑簌簌地滴落在老人的肩上，这养育之恩，刻骨铭心；那间他当年出生的小屋，更使他激动不已。幼年时，曾在这里蹒跚学步，门前嬉戏，此时他展开双臂，脸颊紧紧贴着墙壁，默默

图 1　凌峰首次回乡探亲，下车即与亲友拥抱

图 2　凌峰和外婆在一起

图3　凌峰与亲友们在一起

不语；他父亲在台去世时叮嘱他，今后若回故乡，一定去祖坟上祭奠……如今大伯和堂兄带他来到祖父的坟前，在台湾和家乡的儿孙们一起并排跪下，额头紧贴着祖父坟上的黄土，如泣如诉。

三天后，游子又要离家了，他怀着无限依恋的心情，为乡亲们演唱了一首《船歌》。事后，他特意告诉我，这歌词里有两句词特别触动着他的心扉。"风儿呀吹动我的船帆，船儿呀随风荡漾，送我到日夜思念的地方……"我顿时感悟到这句歌词不正是我这组专题要寻找的吗？

时隔三年，辛未年（1991）春节前夕，我突然接到凌峰先生的电话，说他又来到济南，下榻在齐鲁宾馆，邀我前去相见。通过上一次的采访，短短几天的相处使我们结下了友谊。分别后的这三年里，虽然有过书信往来，但我更多的还是通过中央电视台和其他媒体的节目，了解他的一些情况，知道他正为拍摄《八千里路云和月》穿梭于大陆与台湾之间，没想到这次春节前夕在济南又一次相见。

我按响了他房间的门铃。

　　他和三年前一样的装扮，一样的神采，笑眯眯地拉着我的手说："庞兄，久违了，三年不见，别来无恙？"因我长他三岁，平时言谈或书信往来，他对我每以"兄"相称。

　　"十分感谢你们山东画报社，我第一次回乡探亲时，受到你们的关照，派你这个资深记者，随我回故乡采访，并给予了很精彩的图片形象报道，太谢谢你们了！"

　　今再重逢，我们很自然地回忆起了当年的情景，作为一个著名的歌星和电视主持人，三年前毅然回大陆探亲，并拍摄制作电视系列片，在海峡两岸引起了很大的轰动，三年后谈起这件事，他仍为此举感到自豪。

　　凌峰不愧是消息灵通人士，他知道，《山东画报》报道他回乡的稿件曾被《人民画报》转载，而且还评选为优秀专题奖；他还知道，他在祖坟前祭奠的照片《父辈的夙愿》曾在"龙的故乡"摄影大赛中获奖，他向我表示祝贺。

　　"其实，这功劳是属于你的，"我绝不是故作谦虚，"摄影是以情取胜、

图4　凌峰在故乡的院中

图5　凌峰到家乡祭祖

以神态感人的，我不过是用镜头如实地记录了你的情感。"他哈哈大笑："那可不是舞台上的表演，而是真实的生活，那如梦如幻的感觉。"

凌峰可爱的地方，正在于无论在舞台上还是在生活中，他都是个富有感情的人，三年前在他故居的切身感受就是如此。我一直想找个合适的机会能和他详细交谈，进一步了解他的成长经历与事业发展的起伏，这次在济南再次相遇，了却我的一个心愿。

谈起他如何走进演艺圈的，他毫不隐讳地说："我刚刚开始从艺很简单，单纯就是为了'谋生'。我的父母原是国民党兵工厂的普通工人，1949年工厂整体搬迁，四岁的我随父母来到台湾，在台湾眷村长大。为了分担家庭的负担，十五岁就辍学开始干童工，每天十五六个小时的劳动强度难以承受，晚上还得去歌厅唱歌，换取微薄的收入补贴家庭。从此就走上了演艺的道路，后来唱到了香港，生活才有了改善。经过多年的努力和磨难，又从唱

图6　凌峰在街头买糖葫芦

歌转向影视，从开始当演员后转型做导演、当制片人，从拍纯粹的娱乐片逐渐转向拍公众意识和社会意识比较强的片子，从关心娱乐的价值提高到关心公众事业的艺术人生道路。我艰苦地走了二十多年。"凌峰每提到目前拍摄的《八千里路云和月》就格外激动：他每每看到父辈们那隔不断的乡愁，便产生决心到大陆去拍片，用台湾人的视角记录祖国的风光地貌、山河变迁及人事更迭，让父辈们纾解那浓浓的乡愁。这个系列片之所以在台湾引起强烈的反响，就是抓住了"感情"这一动人的真谛，是民意的需求，是时代的需求。三年来，他投入了大半时间奔波在天南地北，连一些偏僻的小乡村，也留下他跋涉的脚印。各领域的代表人物，如国画大师关山月、西部歌王王洛宾、"孔雀公主"杨丽萍以及梅兰芳之子梅葆玖等都在这部电视片里有详细的描述，让人们欣赏到他们的风姿。他这次回山东，带了一个摄制组，准备用两个月的时间，走遍山东大地，把故乡的山、故乡的水、故乡的人都搬上屏幕，介绍给台湾及海外的观众。还要抓住春节期间，赶拍胶东人过大年的热闹景象，也顺便带上老母亲和孩子回老家过个团圆年。

凌峰对故乡、对亲人的怀恋是很深的："虽然离开家乡四十多年了，我那九十五岁的外婆还健在。在台湾时，我唱《外婆的澎湖湾》，如今回到山东，就改唱外婆的胶州湾了。"尽管凌峰已是海内外知名度很高的艺人，但他始终以山东人为自豪，至今他仍能操一口地地道道的青岛方言，即使演唱闽南民歌，听众也能从他的歌声中听出"山东味儿"。

凌峰出口成章，妙语连珠，成千上万的观众为他的才华和幽默所倾倒。他相当用心于文藻的修饰，喜欢把意念化成短句，用独特的语言，向朋友说明他的立场。每当听到凌峰那雄浑的歌喉，看着他潇洒的表演时，却不曾想到他生活的另一方面。随他探亲的家人告诉我："他是个能动能静的人，一回到家，不是看书就是摆弄他的花草和古董，抱着书，一看就是七八个小时，

图 7　凌峰为家乡献歌

图 8　凌峰与邓丽君

一句话也不说。"

　　凌峰自言在穿着和生活上是个粗人，他说："充满自信的人是不需要包装的，要做一个有内涵的人，不靠脸蛋吃饭，有用的，不一定非要好看不可。当主持人，从不背别人给我写的词，不当传声筒，要形成自己的风格，把自己当品牌。我喜欢即兴，我的人生追求是'做自己'，这就需要学识来喂养，储备丰富的知识，遇事才有较强的应变能力。"在他主持的节目中，不时从中找到自嘲逗趣的题材，在生活中也是如此，记得三年前，我们分别之时，他送我一幅他的照片，签上名字后，一本正经地对我说："我的照片，只有一个用处，每逢大年三十把他贴在门上，可以避邪，大鬼小鬼不敢上门。"周围的人听到后笑得前仰后合。

　　有朋友告诉我，凌峰先生和当红歌星邓丽君有着深厚的友情，多次同台演出，近年来还为邓丽君赴大陆演出的事穿针引线，我问他能否透露点内情，一说到邓丽君，凌峰格外兴奋："你想了解邓家妹子的消息，可算是问到知根知底的人了。"他转身从行李箱里抽出一个信封，将两张和邓同台演出的照片送给我："我和邓丽君都是在台湾眷村长大的，同是歌手出身，少年时，在'夜巴黎'歌厅共事。邓丽君的母亲是山东人，由于这层半个老乡的关系，两人有了更多的共同语言。邓丽君也很爱演唱《船歌》，也许在台湾同是天涯沦落人，心有灵犀一点通的缘故。"邓在华语歌坛逐步走红，举办个人演出会时，凌峰总是必到的嘉宾。在拍摄《八千里路云和月》影片时，有人提出邓丽君来大陆演出的设想，先是按照探亲的方式，到上海、北京后再去西安，看望她的姑母，尽管希望好事多磨，但屡屡陡生变故，使该计划泡汤，终成遗憾。

十多年之后，退休在家的我闲看电视，恰恰天津卫视正播放邓丽君和诸多歌手的往事，凌峰作为特邀嘉宾，结尾时怀着沉重的心情说："1995 年 5 月 8 日，我正在青岛家中，这天早上，黑云急雨，打落庭院满地樱花，房间电话铃响起，台湾新闻界的朋友告知：'很不幸，你的邓家妹子去世了。'

图 9　在济南四门塔拍摄《八千里云和月》时的凌峰

图 10　1987 年，笔者与凌峰在青岛合影

想着英年早逝的小妹，这么多年我没忘记她对我事业的帮助。"

　　闲聊中，我向凌峰说起，观众对他留光头的形象感兴趣，他说，很久以前曾在反映辛亥革命的影片里饰演烈士杨洪盛，把头剃光了，后来又在《八二三炮战》中演一个光头老兵，这种造型很受观众认可，此后索性不留头发了，光头凌峰成了招牌。这叫千奇百怪，各有所爱。

　　和凌峰先生谈兴正浓，不觉已是深夜。告别时，他送我一束鲜花，并祝我全家春节快乐，岁岁平安。我真想告诉他：有他那幅照片镇在家里，我是不愁平安的。

（原载《老照片》第 143 辑，2022 年 6 月出版）

接待作家三毛

余长峰

1989年4月，我接待了中国台湾作家三毛。三毛（1943年3月—1991年1月），原名陈懋平，又名陈平，生于重庆，祖籍浙江定海。她来定海探亲时，我是舟山市台湾事务办公室主任，她的接待计划都是我们安排的。

听说她要来，我们作了具体安排，如送什么礼品，到哪些地方，谁来陪同，等等。在礼品方面，我们选择了岱山产的电子熊猫，她很喜欢，一路上一直带在身边。路线安排上，计划先去小沙（她老家）祭拜，再去沈家门看望她的亲友。接待宴请方面，由舟山市台湾事务办公室安排一次，定海区台湾事务办公室安排一次。会议安排方面，由市台湾事务办公室组织一次接待会，市文联组织一次座谈会。

4月的一天，三毛乘渡轮来定海。我们在鸭蛋山码头迎接，入住舟山华侨饭店。当晚，我们邀请市委副书记姚德隆代表市委参加欢迎宴会。席间，谈到祖国统一问题，三毛说，她有一个想法，现在有很多台胞要娶大陆女子为妻，这是一件大好事，要重视联姻这个工作，以后会是一个很大的凝合力。

第二天，三毛去小沙祭拜祖堂、祖宗。她先到祖堂，后到爷爷陈宗绪坟前祭拜。三毛扶着墓碑说："爷爷，魂魄归来，平平来看你了。"据说她爷爷是个做水泥生意的商人，原坟在现在小沙卫生院这个位置，1958年时被毁。因是个吊穴，棺材不着地，所以坟毁时尸骨没有完全腐烂，后有人在后山竹林里挖了个坑，把尸骨又埋了，但没有做记号。听说三毛要回来祭祖，区、乡、村一时都找不到埋尸骨的地方，就在后山半山腰选址做了一支坟（里面

图1　1989年4月，三毛参观小沙纺织厂时的合影。右四三毛，右二余长峰

并无尸骨），叫倪竹青写上墓碑"陈宗绪先生之墓"。三毛并不知情，她还在坟头抓了一把土带回台湾。

　　之后，又来到共五间平房的祖居，是她的爷爷陈宗绪在1921年建的。关于"三毛祖居"的命名还有一个小插曲。开始区台湾事务办公室建议叫"三毛故居"，问市台湾事务办公室意见。我们认为叫"故居"不确切，因为这里不是三毛的出生地，三毛本人也未曾居住过，最后决定叫"三毛祖居"。

　　在市文联举行的座谈会上，三毛背诵了李白的《静夜思》。请她题字时，她写了"好了"二字，署名"小沙女"，寓意不忘祖。当时，三毛在国内文艺圈有很大的影响力，听说三毛来舟山，舟山师专和省外大学的一些三毛迷给市台湾事务办公室来信要签名，有的还寄来了明信片，一些人甚至直接去华侨饭店。考虑到当时三毛身体条件并不是很好，因此我们都一一婉拒。

　　三毛在舟山期间，还参观了小沙纺织厂，拜访了定海环城南路的亲戚，

图2　接待三毛时敬酒。左三毛，右余长峰

图3　三毛参加舟山市文联举行的座谈会。右三毛，左余长峰

也去了沈家门倪竹青的家。三毛父亲陈嗣庆在上海读书，后在南京开了一个律师事务所，倪竹青经陈宗绪介绍去事务所当书记，与三毛家交往较多，三毛叫他"竹青叔"，倪竹青也是舟山当地有名的书法家。

舟山行程结束后，三毛去了杭州，住在花家山宾馆。我们还派人给她送去了她在家乡的录像、照片等物。

（原载《老照片》第 147 辑，2023 年 2 月出版）

追记俨老拍电影

吴隆友

俨老谢世已过二十四年，离摄制文献电影《山水画大师陆俨少》更有二十八个寒暑，忆及古人，恍如昨日。记得1988年年底，我去老先生府上，进得门去，一幅"谈话请勿超过五分钟"的字条醒目地映入眼帘，老人是如此珍惜时间，让我留下深深的印象。

见我到来，俨老便随即起身，说：龙友，我们到里屋去。当时，他边上坐有宾客，我说：有客人在，我们进去不合适吧？老人家说：不要紧，他没事，要了我的画，不好意思马上走，更浪费我时间，我们进去要谈正事。就这样，在里屋，我把自己打算拍电影的想法详详细细地叙说了，并告诉他拍摄费用已基本落实。他听了很高兴。

这以后，我们经历在杭州、桐庐、北京、深圳等地，用近一年时间完成影片制作。

1989年8月21日，我与林凡先生同车去怀柔水库边，老人家在为天安门城楼正中大厅作《春山不老图》，比丈二匹还大，左右两侧各配四幅八尺山水。先生作如此大图依然使用小笔。自古以来，画家们的习惯构图方法一般是从大到小，而俨老却是从小到大，并十分注意点线，突出骨法用笔，顺逆并使，长短相间，笔力遒劲，生挫老辣。因为先生丘壑满腹，才气过人，所以着墨发挥犹如进入自由王国，他用书法笔意以写捉笔，看他执笔，指实掌虚，回旋自如，用拇指、食指、中指执住笔杆，以无名指和小指辅助，再轻轻拨动中指，线条便顿挫转折，起微妙变化。他能做到每一根线，每一个点起讫清楚，都有交代。先生根据第一笔生发出第二笔，根据第二笔生发第

图 1　陆俨少先生与导演、摄影

图 2　陆俨少先生与电影导演、本文作者交谈

三笔，如此一生二，二生三，三生万物而至全幅，章法是自下而上，由近及远，从局部到整体，真可谓落笔成章。

京郊的水库边小住数日，摄影机为我记录了其大幅创作《春山不老图》的部分过程。

1989年8月27日，先生随长子陆京全家，畅游慕田裕长城。老人第一次坐缆车，心慌间伴随喜悦，尤其长孙女挽扶观景，老伴一旁作陪，老人家更觉兴奋，精彩的场面也都被我收入镜头。

1990年6月底7月初和10月底，摄制组两次赴深圳花了近二十天的时间，拍下现影片中先生部分作品的创作过程，他在用墨上由浓入淡，随淡随浓，一气呵成，得尽佳致，创作中十分注意画面气象的高华壮健，笔墨的多方变化，韵味的融液腴美。他的山水常常是满纸烟云，或是流泉，或是山峰，把静止的烘托成有生命的。

陆先生有一次到皖南写生，见日光斜照在山岭层林处，边缘起一道白光，之后又到新安江饱览云山之美。为表现古人未曾表现的东西，经反复琢磨，创始碎云法，即积大墨点成块、墨中见笔，留多条白线来表现云气、流泉及层林的轮廓光。这一技法上的创新非同小可，与钩云、钩水法相得益彰，增加装饰美，使画法焕然一新。云雾和波涛可谓陆先生山水画的两大特色，他的作品常常给人以云蒸霞蔚、浪涌瀑泻的艺术感受。老人家善画三峡的江流飞云，画黄山的云海高峰，画雁荡的飞瀑云气，他所创造的意境水墨淋漓、翠岚清晖，给人以无穷的遐想。

于山水画之外，1990年9月29日下午，老人家还兴之所至写了梅花，枝杆参酌陈老莲，画花略用石涛法，既有传统，又有新意，独具一格。

对于陆俨少先生，黄宾老曾有"陆俨少氏天才学力兼可观"的赞语。赵朴老为陆画题诗："下笔险夷纷万态，陆翁画妙世间无。"谢稚柳先生称赞陆画："青笔烂漫，风格自立，盖数百年来未曾有。"

先生长期来刻苦钻研古人画派，以后又师法造化，创立面目，不仅有很深的传统技法素养，更难得的是历经六十多年探索，自己独特的绘画语言已经形成，他突破和发展了中国山水画的传统技法，对于中国画的继承和创新，老人家做出了极其重要的贡献。

图3　陆俨少先生在拍摄现场

　　1990年9月30日上午，孔仲起、吴山明、吴永良、周沧米、童中焘、舒传曦等老师来到拍摄现场，老夫子很高兴，与他们切磋技艺，亲切交谈。同天下午，请来了书坛泰斗沙孟海先生，开始俨老担心，沙先生年事已高，能不能来？我说试试看，结果沙老兴致勃勃而来，二人见面有说有笑的场面，都逃不过我摄影机的镜头。

　　抗战期间先生被迫西行，胜利后几经周折，从长江乘筏顺水而下，途中观山形、察水势，给日后创作提供了充实的基础。为在影片中表现亲临三峡之险的经历，老人家多次与我表示要重返三峡拍摄，但在最后来信说："码头上要走几十级台阶，非我力之所能胜，两脚乏力，容易跌跤，家里人十分不放心，极力不让我去，为此打消此行，十分遗憾。"信中还谈到，启功、李可染、叶浅予都叫他注意，不要为拍电影搞得太累。所以1990年10月5日，我就选择在桐君山边江面最开阔的位置，完成俨老指点群山的镜头。剪片过程中，我将三峡的实景资料夹在俨老指点群山镜头的前后，影片放映时，

图4 陆俨少先生与外籍学生在一起

美院的几个老师来问我："老兄，你什么时候把老人家弄到三峡去了。"我说："没有，那是假的，在桐庐拍的，前后夹了三峡实景镜头，把你们弄糊涂了。"

第二天，去桐君山叶浅予家。我们将俨老从山下抬到山上，叶先生未归，片刻后，叶老跟随女儿，手拿竹梢，边打边走从远处而来，陆俨少先生见了高兴地说："他真还有童趣。"相见后，热情握手，急着讲述了别后思念之情，让边上的人看了都感动。

1990年10月8日，先生在浙江美院给学生上课，他多次讲述气韵、南北宗等问题。他说："中国画六法中，所谓气韵生动，其解说历来众说纷纭，莫衷一是。"他认为，首先应该弄清是何为气韵，气韵就是一幅画，除去具象部分之外，而沿存之抽象部分，简言之，此即为气韵。画贵有势，势有动态，所以笔韵必具生动之势，积点线以成画，点线本身具有独立之欣赏价值，所以，一幅画之有好韵味，点线起决定性之因素。为具象服务之外，不能一

图 5　陆俨少先生在深圳家中

图 6　沙孟海先生与陆俨少先生在交谈

刻放松，点线积聚而成画，而气韵出焉。他的观点，令在场的师生有种极其新鲜的感受。

拍摄的某一天，俨老突然问我："龙友，听说肖院长叫侬拍林风眠，是勿是我勿拍了。"我立刻回答："不会的，那只是肖院长的想法，林先生没同意。"

俨老从上海来到杭州多年，对西湖之美情有独钟，他多次表示，影片里西湖的镜头不要没有噢。1990 年 10 月 9 日上午，秋高气爽，风和日丽，我们弄了条小船，泛舟湖面，老人家谈笑风生，他的心愿有了小小的满足。

拍摄中，我加深了对先生的了解，知道先生自幼性喜绘事，曾得前清翰林王同愈及画坛名家冯超然等先辈赏识和指点。为避世俗，年轻时他迁居浙江德清县上柏山中，以种植自给，潜心耕读，至年迈忆旧，仍念念不忘，并作《上柏山居图》以示追怀。

先生也曾与我说起要衰年变法，并身体力行付诸行动，倘若天假以年，相信定会再出成果。他多次告诫弟子，作画定要有新鲜感，跟在人后，不是大家。他总结自己一生对艺术追求时说："我是四分读书、三分字、三分画。"半世纪来，他在诗文、书法上也花了极大的工夫。回顾因拍摄与先生交往的一年多时间，老人家勤奋耕耘艺术天地，特别注重珍惜时间，极其豪爽的性格，让我永远铭记。

（原载《老照片》第 117 辑，2018 年 2 月出版）

回忆梁左

姜铁军

　　著名剧作家梁左先生因心脏病突发而去世，如今已二十余年了。回忆起20世纪90年代与梁左交往的日子，仿佛就在昨天，他的音容笑貌不时地浮现在眼前……

　　90年代初，我在一家话剧院当编剧，被推荐参加中国戏剧家协会在北京举办的中青年编剧研讨班。给我们授课的都是在戏剧界有影响的剧作家、导演、教授，其中有导演冯小刚、何平，演员吕丽萍、方子哥，还有中央戏剧学院的教授张先，以及北京电影学院教授林洪桐、汪流等人。给我印象最深的是梁左，因为他讲课非常有特点，很受学员欢迎。后来我还与他有过一段交往，至今难忘。

　　记得是研讨班开课三四天后，张先教授给我们授课。他是下午来的，讲半天课。课程结束的时候，主持编剧研讨班的老师和我们说："明天的授课人我们做了一下调整，提前请梁左来给大家上课，如果没有什么事情，大家不要请假！"学员们十分兴奋，当时他创作的系列情景剧《我爱我家》在电视台热播，反响强烈，学员有许多创作的问题想向梁左请教，课程表上梁左的课被安排在后面，没想到提前了。当时我和黑龙江某话剧团的编剧小唐住在同一个房间，为了当面向梁左请教喜剧的创作问题，我们俩还好好地研究了一番，列出一个提纲。

　　第二天上午，梁左准时来了。他戴着眼镜，说话很幽默，慢声细语，抽烟很厉害，这支抽完没多久，接着又点上一支。他一坐下就说："我从北京大学毕业，可北京大学有些人觉得我搞相声、搞喜剧给北大丢了脸。我说的是真事，有一位教授在上课时就跟学生说，你们以后毕业不要学梁左，不务正业，给我们北大丢脸。"然后，他一本正经地问我们："我给北大丢脸了吗？"学员们哄堂大笑，课堂气氛一下活跃起来。梁左讲课的最大特点是，他讲喜剧创作，把学员们逗得前仰后合，他却从来都不笑，非常严肃。越这样，学员们越觉得好笑，听梁左讲课真是一种享受。

讲完课以后，就是学员提问时间，提的问题五花八门，有的问题甚至和剧本创作没什么关系，梁左都一一回答。有的问题他回答不好，就老老实实地告诉学员们："我对这个问题没有研究，你们请教别的老师好不好？"他为人谦虚、热诚，给学员们留下了很好的印象。有人问他，为什么从北京大学出来不去搞学术研究，而是去搞相声创作。梁左回答，之所以选择去艺术研究所搞相声，是因为觉得老百姓太需要笑声了，太需要幽默了。自己是从搞相声创作开始，后来才转搞电视剧的。"天天板着面孔生活，太累了。希望在座的回去后多搞喜剧，需要我帮助的话，我一定尽力！"他的话，让学员们心里特别温暖，像他这样的著名剧作家如此平易近人，很难得。

讲课结束后，我来到梁左的跟前，递给他一张名片，做了自我介绍，然后拿出我上课记录用的笔记本，请梁左给我留一个通讯地址。梁左很爽快地答应了，还特意留了一个电话号码，说他平时不坐班，有事情也可以给他打电话联系。在我们说话的时候，小唐用他的照相机给我们拍了照片，成为我与梁左交往的珍贵纪念。

因为在课堂上提问题的学员太多，我和同屋的小唐准备好的一些问题没有来得及提问，所以，一直想找个机会与他单独交流。过了几天，编剧研讨班给学员放一天假，叫大家放松一下。许多没来过北京的学员都想利用这个机会到北京的风景名胜去游览一下。我和小唐一商量，决定去找梁左请教一些创作上的问题。还没和他联系呢，心里就开始打鼓，人家是著名剧作家，有时间接待我们吗？会不会敷衍我们啊？可觉得机会难得，还是不要放过。于是，就给梁左打电话过去，没想到，他爽快地答应了，叫我们去找他。

我和小唐商量，去向梁左请教问题，总不好空手去，应该买点礼物带着。买点什么呢？梁左喜欢抽烟，我们俩商量了一下，就买了一条香烟。看到我们买的香烟，梁左笑了："不要客气，等我到东北去，你们请我吃饭就行了！"

笔者请梁左（右）签名留念

我们说："没问题，就怕你不去！"梁左说："有机会我一定去，一定去！"
我们抓紧时间，把一些喜剧创作需要解决的问题提出来，向他请教。他说：
"千万不要说请教，咱们一起探讨探讨是可以的。"接着，他给我们讲了一
些他创作喜剧的体会。他说，在生活中有些事情单独看上去并不是喜剧，但
这个事情在特定的情形下就成了喜剧。他举例子说，我们平时洗刷酒瓶子，
不小心把手指头插进了瓶嘴里，被里面的空气吸住了，拔不出来，这没有什
么喜剧性。可是如果刷瓶子的是个姑娘，她男朋友今天头一次到她家里来，
手指头插在瓶子里拔不出来会怎么样？男朋友来了，她手指头拿不出来，就
拎着瓶子和男朋友周旋，会是一种什么样的喜剧场面，想想就会让人发笑。
喜剧必须是在生活细节里去挖掘，把看上去并不可笑的细节放在一个特定的
环境里，让它变得非常可笑，又不荒诞，这对一个写喜剧的作者来说非常重
要。梁左用他的真知灼见，为我们上了一堂生动的喜剧写作课。那是一种享
受和满足，让我们真正学到了想学到的东西。

　　编剧研讨班结束后，我回到了单位。根据这次在研讨班上学到的喜剧编

剧知识和写作技巧，我整理了自己的一些创作素材，创作了喜剧《钓鱼》。剧本写好后，把它寄给了梁左，请他指教。出乎意料的是，他很快就给我回信，信中不仅有一些鼓励的话，还有对剧本的修改意见。经过他的认真修改，剧本果然增色不少，喜剧味道更浓，后来这个剧本由吉林电视台拍摄成了电视剧。这是我第一个被拍成电视剧的剧本。

（原载《老照片》第 150 辑，2023 年 8 月出版 ）

犹忆当年访名家

潘志豪

1993年，为了引进竞争机制，1月18日，新成立的上海东方电视台首次亮相。由此，东方电视台和上海电视台形成两峰对峙、双水分流的格局。一个大型都市，出现并列的两个电视台，这在当时中国大陆是绝无仅有的。

新成立的"东视"，推出了琳琅满目的新节目，其中最为观众注目的是《东方直播室》。顾名思义，该栏目是一档直播（部分节目为录播）的谈话类节目，长度30分钟，19点播出。为什么观众倾心于直播节目？一是观众可以直接参与，从被动的受众转化为授众；二是它保持了本色风味，那种"羌笛无调信口吹""衣冠不整下堂来"，反倒给人以真实可信的亲切感。当从荧屏上看到熟识或不熟识的朋友坐在直播室里侃侃而谈，间或在语言或动作上出一点小洋相，顿令观众仿佛身临其境，忍俊不禁。

自东方电视台开播之日起，我就担任《东方直播室》编导，躬逢其盛，何其幸哉！在二十五年后的今天回首往事，依然心潮起伏，难以自已……

———

1993年，由张丰毅、张国荣、巩俐和葛优主演的电影《霸王别姬》在上海首演，风头很健，观众尤其对横跨歌坛和影视的两栖明星张国荣更感兴趣。于是，《东方直播室》顺应观众的要求，向被歌迷们昵称为"哥哥"的张国荣发出了邀请。

7月25日下午，尽管事先采取了保密和保安的措施，但消息灵通的歌迷们早把南京路浙江路口的"七重天"（东方电视台台址）围得水泄不通。原定张国荣 15 时到场，因故误点；直到 18 时许，当一身淡灰西装、清新脱俗的张国荣在众人的陪同下现身时，还是引起了轰动。

张国荣是个低调内敛、不事张扬的人，毫无某些明星那种趾高气扬、盛气凌人的做派。进入演播厅后，几乎没有寒暄，他就听从编导的指令，很快就与主持人曹可凡开始了对话。

话题围绕电影《霸王别姬》和《胭脂扣》的拍摄经过以及幕后花絮进行。张国荣率直爽快，有问必答，只是有些拘谨，话语惜字如金，仿佛在草拟电报文稿。

平心而论，《霸王别姬》并非张国荣的上乘之作，他毕竟对京剧不太熟悉，尤其缺少旧时京剧名伶的那种沧桑感和风尘感。让我感到意外的是，他始终有一种羞怯——一种骨子里的羞怯。这种羞怯不涉美丑，无论年龄，更非关风月。也许，羞怯只是一种示弱美学，使我们非常受用，大家都变得绅

图 1 我和张国荣

士起来，生怕孟浪和轻慢，会亵渎了张国荣。

在对话中，张国荣的声音是幽幽的，动作是徐徐的，尤其手势是柔柔的，这种肢体动作，令我想起京剧旦角的那种妙曼的兰花指和婀娜的身段，这也更使他有种楚楚的女性味。我素来厌恶"娘娘腔"，但对张国荣的那份独特的温山软水——居然并不排斥。

我私下揣摩：这恐怕不是张国荣要追求那种"男性雌化，女性雄化"的病态时尚，而是为戏所累——因为他是个追求唯美的人。我知道，有的京剧男旦演员，由于长期在舞台上男扮女装的浸淫，以至于在生活中也常常会不自禁地流露出女性的情态动作。想不到"哥哥"也会如此这般，莫非是他演影片中的"程蝶衣"入戏太深，走火入魔了？

录了一段对话后，在休息的间隙，张国荣静坐一隅，那种文静安详也许只有他自己才能形容。我趁机过去和他说些题外话。他坦诚地告诉我：他对《霸王别姬》不太满意，但在拍摄中极其投入，以致很难自拔。因此，戏一拍完，他就找了个近乎封闭的地方努力调整自己的心态。我问他效果如何，他笑了笑，没有作答，但他那有些疲惫的脸上似乎写着答案……

采访结束后，他在我的笔记本上签上了龙飞凤舞的大名。我本想和张国荣合影留念，可是看到人们争先恐后地和"哥哥"合影，我知难而退打算放弃了。善解人意的 Leslie（张国荣的英文名）大概看出了我的尴尬，向我微微点了点头，又轻轻地拍了拍沙发。我赶紧过去坐在他身边，他很松弛地把右手放在我的背后。此时，剧务小童不失时机地按下了快门（图1）。

谁知十年后的 2003 年 4 月 1 日，张国荣纵身一跃，把生命永远定格在了四十六岁。让人在慨叹世事无常、人生苦短的同时，不禁想起他那最为动人心扉的绝唱："不知道为何你会远走……不知道为何你会放手……"

二

1993 年盛夏，著名舞蹈艺术家杨丽萍在沪举行了个人舞蹈演出专场，这是她全国巡回演出的第一站。

出身于云南白族农家的杨丽萍，十二岁即与舞蹈结下不解之缘。她创作主演的舞蹈曾多次获奖。舞蹈是一种"世界通用语"。杨丽萍还携着舞鞋走出国门，扬誉海外。美国已故的石油大王哈默曾盛赞：杨丽萍的舞蹈艺术"属于全人类"。

乍见之下，杨丽萍给人的感觉一个字便可概括："细"。细长身材，细眉细眼，细臂细腿，细声细语。坐在她身边（图2），和她对话，真是一种享受，会令人油然想起她的独舞"雨丝"，仿佛正有一股小溪，潺潺淌过你的心田……

不过，很快，我们便发现被自己的感觉欺骗了：眼前这位纤细清秀的女性不容小觑，在她心里装载着坚定而丰满的艺术见解。

在云南民间，孔雀舞原是男性集体舞蹈，男演员们穿上一副"孔雀架子"，模拟雄性孔雀的动作，展现男性的阳刚之气。然而，杨丽萍却另辟蹊径，穿上一袭长裙，运用肢体动作，流溢出女性的如水柔情，具有一股只可

图2　我和杨丽萍

459

图 3　此为直播结束后合影，中间穿红衣者为杨丽萍，其左一为沙叶新，左二为作者

意会不可言传的灵动之气和地域风情，是不可多得的舞蹈艺术精品。每说及此，这位细女子的眼中全是关不住的喜悦。

杨丽萍还明白无误地告诉我们：她的舞蹈风格就是一个字——"土"。山光水色的秀气，华夏传统的美感，尽入她的舞蹈语汇之中。因此，她从不给自己的舞蹈添上一轮炫目的光环。她指出："我不想表现什么伟大的人生哲理，只想表现一种意境，一种美感。至于观众们对我的舞蹈怎样定位，那是观众们的自我创造。"是的，看她的演出，常常使人既感到古朴典雅，却又极富现代气息。就如同和她对话，她有时像三月小溪叮叮咚咚，有时却"落花无言，人淡如菊"。

杨丽萍不仅在艺术上标榜"我从不刻意创新，而是一切顺其自然"，待人接物也毫不造作。她脸上几乎没有怎么化妆，身上的打扮更俗得叫人惊讶：彝族的服装、白族的首饰、独龙族的腰带、藏族的项链——她坦言："我追求的是大俗之雅。"

交谈的氛围越来越松弛了。我们问她："人们都说做女人难，做名女人更难。你有这种感受吗？"她颇有深意地一笑，答："我觉得做名女人不难。因为少数民族的成员大都心胸开阔，我不会拼命去追求什么，当然也不会给自己带来失落感，更不会让自己生活得太沉重太累。"

面对经济大潮的裹挟，她称自己不会"下海经商"，因为她自知缺少这方面的"悟性"。这使我们看到她性格中的另一极"定力"。

需要特别指出的是，该节目播出后，观众反响甚好，其中作为该节目的主持人沙叶新先生功不可没（图3）。沙先生是著名剧作家，代表作有《假如我是真的》《陈毅市长》《寻找男子汉》《大幕已经拉开》《耶稣·孔子·披头士列侬》等，其作品曾在全国引起轰动。沙先生虽然貌非潘安，年非"花季"，但秉性幽默，为人机智，出口成章，应答如流，而且谙熟语言艺术，久积舞台经验，因此，我们突发异想：请正是鼎盛春秋的沙先生担任节目主持人，和那些俊男靓女的主持人分庭抗礼，这必将有力冲击观众的欣赏惯性。当时，我还对先生笑言：我们已铁了心把你这位主持"新秀"，从书桌边送到荧屏上，请"先生大胆地往前走"吧。沙先生则故作严肃状：没关系，我姓名的一半就是"少十斤"，我就等着为当节目主持人减少十斤吧！

往事依稀浑似梦。今年7月26日，风骨铮铮的沙叶新先生驾鹤西去。从此幽明阻隔，天人永别，痛哉！

三

电梯门刚打开，五六个人簇拥着一条精壮的汉子出来。他穿着一身条纹套装，走路时上身有点摇晃，眼睛东张西望，孩子般真诚的笑容，分布在那只引人注目的大鼻子的周围，人们欢叫着——成龙！

在东方直播室里，几十只聚光灯笼罩着成龙。他毫不在意，居然文绉绉地把自己埋进大沙发里。

这种文绉绉只持续了不到一分钟，当主持人陈宝雷的一段开场白刚说完，成龙浑身的细胞早已亢奋了，只见他又说又笑，手舞足蹈，那只大鼻子则在面部灵活地搬来挪去。哈，采访成龙真是一件赏心乐事，你只要丢

图 4　我和成龙

给他一个话题，他的话语马上就像一江春水滔滔不绝，甚至连主持人也插不上话。

　　在港台演艺圈里，成龙的"观众缘"有口皆碑。别看他虎背熊腰，皮囊里却装着一颗对他的衣食父母——观众的敬畏之心。他可以为发烧友们签名，最多一天达三千份。他认为：签名对自己来说，不过举手之劳；而对影迷来说也许是终生难忘的记忆，因此他总是认真去做。

462

图5　我和成龙的补拍照

　　成龙在世界上如此有名，但他居然明白无误地表示：他也有崇拜的偶像。谁是成龙崇拜的偶像？成龙答：体操名将李宁、童非。说到这，成龙的神态十分认真，犹如他的影迷说起他的大名一样虔诚。

　　问起成龙这次上海之行有何愿望？他不假思索地说："看大熊猫。"说起大熊猫，简直戳到了他的痒处，他顿时眉飞色舞、笑逐颜开，活脱脱像个大孩子。可惜，他对大熊猫一片痴情，而大熊猫对他并不亲昵，那副爱理不理的模样，把成龙折腾得好不伤心。

　　这个在银幕上以阳刚之气征服观众的汉子，还坦率地告诉观众：年幼时，他不理解父母送子学艺的一片苦心，以致对双亲产生仇视情绪，后来马齿渐增，终于大彻大悟……在南斯拉夫拍电影时，他头部受了重伤，与死神搏斗了八天，但他对新闻界瞒得严严实实，为的是怕他母亲获悉后会承受不了打击……

成龙特别指出：在他踏上演艺圈时，父母曾告诫他：不要加入黑社会，不要吸毒。值得告慰他父母的是，这两件事他都没有做。成龙又笑了，自豪而真诚。

采访结束后，我要求和成龙合影。他笑着走到我身边，恶作剧似的突然一把搂住我，我猝不及防，不由自主地闭上眼睛，恰好此时摄影师按下快门，于是才有了那张我双目紧闭的照片（图4）。后来趁摄像师与成龙合影时，我又补拍了一张照片（图5）。

（原载《老照片》第121辑，2018年10月出版）

采访黄仁宇

吴玉仑

1998 年底，我们《读书时间》节目组跟随出版界的一个团去美国采访，任务有二：一是拍摄一个黄仁宇先生的专辑；二是采访《学习的革命》作者之一的珍妮特·沃斯。

到洛杉矶后，先参观了一个图书博览会，之后同行的出版社的一些人便都到迪士尼公园去玩了。我们则抓紧时间去圣地亚哥采访了沃斯，之后便马不停蹄地赶往纽帕尔茨采访黄先生。因为在沟通采访事宜的时候，我们得知黄仁宇先生的夫人患有癌症，马上要去纽约治疗，等我们采访完，他们老两口就要动身就医，所以不能后延。

采访黄仁宇是我一直想做的选题，只是苦于他在美国，岁数又大了，出行不方便，这么多年从没回过大陆，所以只能等待机会。

20 世纪 90 年代中期，学者散文开始流行，诸如"天一阁""王道士"等的文字在读者当中有很大影响和众多的追随者。

不久黄仁宇先生的《万历十五年》开始流行，那是因为他独特的叙事方法。在书中他这样写道——

这一年阳历的 3 月 2 日，北京城内街道两边的冰雪尚未解冻。天气虽然不算酷寒，但树枝还没有发芽，不是户外活动的良好季节。然而在当日的午餐时分，大街上却熙熙攘攘。原来是消息传来，皇帝陛下要举行午朝大典，文武百官不敢怠慢，立即奔赴皇城。……文武百官看到端门午门之间气氛平静，城楼上下也无朝会的迹象……不免心中揣测，互

图1　作者在黄仁宇家所在的小镇纽帕尔茨

相询问：所谓午朝是否讹传？

这种文字现在看着没什么可大惊小怪的，但想想二十多年前那会儿，我们啥时读过这样的历史书！读者纷纷赞叹"历史原来可以这样写"，而且你会发现，把历史书写得有散文味，比把散文写得有历史味更难。

可以这样说，黄仁宇的历史著作在这个时间节点上受到读者青睐是正逢其时。

汽车出了纽约市沿着高速公路开了一百多英里，穿过了凡是读过黄仁宇先生著作都知道的那条著名的赫逊河，我们便来到了纽帕尔茨小镇。那是1998年11月，一个阳光明媚的上午。冬日的阳光懒洋洋地洒在这个安静的小镇上，使这个远离喧嚣的地方更增加了一抹宜人的色彩。山清水秀，恬淡安逸，真是个养老的好地方。

黄先生说，他曾多次接待香港、台湾和世界其他地方的华人新闻记者，不过接受来自祖国内地的记者采访，还是第一次。这也让我们有点与有荣焉的感觉。

黄先生在自己的著作中多次提到赫逊河，并且还出版了一本学术著作《赫逊河畔谈中国历史》。想来他以此做书名有两层含义，一是他的家在这里；第二层意思可能要深奥点，那就是在万里之遥的赫逊河畔观察中国，会有"不在此山中"的清醒或者超然，可以摆脱圈子里的人情关系、学术派别以及政治氛围，写起来少一些干扰，少一些顾虑吧！

黄先生的书在国内畅销了二十多年，无论是学界还是普通读者，看了都说好。这几年也开始有一些质疑的声音，觉得对他的评价是不是太高了。历史学上的争论很正常，专业学术观点分歧其实也不太干我们普通读者的事，我这里主要想写写不到三个小时的采访里，面前的这个人给我留下的印象，和数年以后越来越清晰的感觉。

黄先生家的客厅不太大，屋子四处都摆放着书。见一侧墙上挂着孙中山

图2　主持人刘为和黄先生夫妇交谈

先生的手书条幅"乐天长寿",我刚要大惊小怪,黄先生赶紧说"那不是真品",语气自然而平和。居中一组沙发,墙壁上方悬一镜框,内镶横幅"应无所住而生其心",书法遒劲有力,没注意是何人所书。查此语"应无所住而生其心",乃出自《金刚经》。"住"指的是人对世俗、对物质的留恋度;"心"指的是人对佛理禅义的领悟。大意是说人应该对世俗物质无所执着,才有可能深刻领悟佛法。

黄先生个子不高,短短的一头白发,深色的眼镜衬着白皙的皮肤,一看就是做学问的模样,与那横幅蕴寓的意境很搭。

寒暄过后便开始了我们的采访。黄先生从自身的简历谈起,先从军,后来进入大学,半路出家开始钻研历史,写书的初衷和过程。他从《万历十五年》谈起,逐次谈及《中国大历史》《资本主义与二十一世纪》等书,并涉及中国的改革和对一些历史人物的评价。谈及具体的历史问题,黄先生差不多把他在书中反复强调的重点复述了一遍,这些都没给我留下更多的回味。

图3　同事熊文平摄像,我拿个反光板补光

图4 临告别时，黄先生把我们带去的书和他赠给我们的新出版
的书《新时代的历史观》认真地签上名送给我们

整个采访我觉得有两点可重点说一下。

其一，黄仁宇的书中有一个很特殊的表述，他多次提到"在数目字上进行管理"，这是我从没在其他历史书中见过的说法。所以我们自然要当面请教一下如何理解这个概念。黄老这样解释道——

"管制人类的方法基本上只有三个，第一个是精神上的激励，像牧师、政治指导员，鼓励人民为善；第二个方法是武力强迫你就范，警察诠释这个条例是怎么样的，你违反了法就要惩办；第三个方法就是激励每个人都去追

图5 侃侃而谈的黄仁宇先生

图6 我与黄仁宇夫妇合影

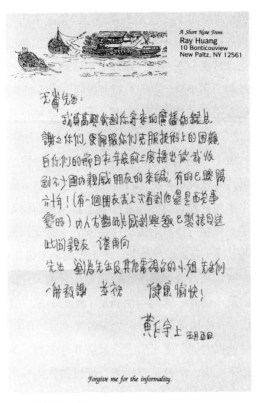

图7　黄先生手札

求自己的兴趣，然后造成一个系统，每个人彼此都互相竞争又互相合作。所以不管你是好人还是坏人只管你是不是合法或者非法，有了一个客观的标准。这种办法就是变成一个全面货币管制的办法。全面的货币管制就是工资、财政、税收、公债、私人的交易经理、法律，全部只有一个标准，就是说可以在数目字上管理。"（根据采访录音整理）

我的理解就是要有一个量化标准，一切用数字说话。类似现在所谓的"大数据"吧！

其二，还有一段采访给我留下了非常深刻的印象，以至于对我以后的阅读都有很大的启迪。黄仁宇先生特别强调对历史人物的评价无所谓他对错、无所谓他好坏，历史学家的任务就是站在一个高度说明，为什么在那个时间段在那个地方会出现那样的人，这个人在当时的情况下所发生的作用是怎样的，他给后世带来的影响是怎样的。不同的人看问题的角度不一样，不同的时间所得出的结论自然也会不一样，这都是正常的。

整个采访历经两个多小时，主持人刘为提问，我的同事熊文平负责摄像，我则拿一个反光板在需要的地方补一点光，所以我能够比较清晰地观察到整个场景。

黄先生坐在沙发上，但他不是后仰着将身体陷在沙发里，而是自始至终地将身体前倾，保持着仔细聆听的态度，用一种很尊敬对方的身体语言同我们交谈。我看得出来他这样长时间坐在沙发上将身体前倾是很吃力的，以至于他不得不用右手支撑在身体右后方，这使我有点感动。采访结束时黄先生对我们说，他的妻子得了癌症前景渺茫，能不能请她也讲几句，让她开开心，这又让我感动了一次，真乃谦谦君子也！黄先生对夫人评价很高，因为夫人是他每一部著作的第一读者。我们当然满足了他的心愿。我想黄夫人大概不知道他的先生黄仁宇在中国学界有多大的知名度。

节目在央视《读书时间》播出后观众反应非常强烈。不久我们接到了黄仁宇先生从美国寄来的信，字迹工整娟秀，配以黄先生专用的私人信笺，风格清新，看得出他是很认真的。

黄仁宇先生在信中很高兴地告诉我们，看了节目以后他非常高兴，很多在国内多年不见的朋友，也是通过这个节目看到了他并跟他取得了联系。最典型的一个例子，就是他和一个朋友上次见面还是在六十年前西安事变时，这次也是通过我们的节目见到了他，非常激动非常高兴。

遗憾的是才过了一年多，2000 年的时候我们就收到了黄先生去世的消息，真让我吃惊不小。黄夫人的癌症治疗得怎么样我们不得而知，但得知黄先生这么快就去世了，还真是心里有点堵得慌。

从美国回来后就陷入事务性工作中，当年《读库》的张立宪约我写一篇采访记，也因为静不下心来一直没动笔，这一放就是二十多年。

文中的几张照片都是当年采访时匆忙拍摄的，配上文字留个纪念吧！

（原载《老照片》第 138 辑，2021 年 8 月出版）